中国农村低保制度的
瞄准、减贫效应和行为激励研究

ZHONGGUO NONGCUN DIBAO ZHIDU DE MIAOZHUN,
JIANPIN XIAOYING HE XINGWEI JILI YANJIU

韩华为　著

中国财经出版传媒集团
经济科学出版社
Economic Science Press

图书在版编目（CIP）数据

中国农村低保制度的瞄准、减贫效应和行为激励研究/
韩华为著. —北京：经济科学出版社，2021.1
ISBN 978 - 7 - 5218 - 2321 - 9

Ⅰ. ①中… Ⅱ. ①韩… Ⅲ. ①农村 - 社会保障制度 -
研究 - 中国 ②农村 - 扶贫 - 研究 - 中国 ③农民 - 行为 - 激
励 - 研究 - 中国 Ⅳ. ①F323.89 ②F323.8 ③D422.64

中国版本图书馆 CIP 数据核字（2021）第 014874 号

责任编辑：张　蕾
责任校对：靳玉环
责任印制：王世伟

中国农村低保制度的瞄准、减贫效应和行为激励研究
韩华为　著
经济科学出版社出版、发行　新华书店经销
社址：北京市海淀区阜成路甲 28 号　邮编：100142
编辑工作室电话：010 - 88191375　发行部电话：010 - 88191522
网址：www. esp. com. cn
电子邮箱：esp@ esp. com. cn
天猫网店：经济科学出版社旗舰店
网址：http://jjkxcbs. tmall. com
北京季蜂印刷有限公司印装
710×1000　16 开　20 印张　360000 字
2021 年 2 月第 1 版　2021 年 2 月第 1 次印刷
ISBN 978 - 7 - 5218 - 2321 - 9　定价：120.00 元
（图书出现印装问题，本社负责调换。电话：010 - 88191510）
（版权所有　侵权必究　打击盗版　举报热线：010 - 88191661
QQ：2242791300　营销中心电话：010 - 88191537
电子邮箱：dbts@ esp. com. cn）

前　言

改革开放以来，伴随着经济快速增长以及积极的开发式扶贫战略，中国在农村减贫领域取得了举世瞩目的成就。但是，随着农村贫困人口结构及其致贫因素的变化，继续推进减贫的难度越来越大。2007 年，中国政府在全国范围内建立了农村最低生活保障制度（简称农村低保）。此后，中国农村减贫事业进入到开发式扶贫和救助式扶贫双轮驱动的新阶段。在目前以"精准扶贫"为主要方略的脱贫攻坚战中，以及在 2020 年以后的"后脱贫时代"，农村低保作为救助式扶贫的核心制度在农村减贫领域会始终发挥重要作用。

通过向家庭人均收入低于当地低保标准的农户进行现金转移，农村低保为绝对贫困人口提供"兜底保障"。自 2007 年在全国范围内铺开之后，农村低保制度发展非常迅猛。无论从覆盖人口数量，还是从投入资金金额来看，中国农村低保都已成为世界上规模最大的减贫性现金转移支付项目之一。农村低保的有效执行对于消除农村绝对贫困，维护社会稳定和社会正义具有重要的现实意义。本书将对农村低保政策效果展开全面、系统和深入的评估研究，这对于进一步优化农村低保制度设置，最终加强其减贫效果具有重大的政策意义。

20 世纪 90 年代以来，现金转移支付项目在发展中国家减贫领域蓬勃兴起。与此同时，国际文献中也涌现出一大批针对该类项目瞄准和政策效果的评估研究。现金转移支付在执行过程中的瞄准效果受哪些因素影响？现金转移支付能否对收入、消费支出、社会参与、生活满意度等福祉指标产生促进效应？现金转移支付是否会导致负向工作激励、导致对私人转移支付的挤出效应？基于来自不同国家现金转移支付项目的经验证据，相关文献就以上问题展开了广泛的讨论。本书力图推进农村低保制度在瞄准、减贫效果及行为激励效应方面的研究，这有助于在以上问题的讨论中提供中国农村情境下的系统回应，从而促进全球范围内对现金转移支付政策认识的进一步深化。

已有文献对现金转移支付项目的评估研究一般从三个方面展开。第一，对项目的执行过程，尤其是对项目执行过程中的关键环节进行评估。对于大多数现金转移支付项目，瞄准是其执行过程中最为关键的环节，因此对项目瞄准效果的考察必不可少。第二，对项目的最终效果进行系统评价。绝大多数现金转移支付项目以减贫为主旨，所以还必须深入探讨项目在改善福祉和降低贫困方面的效应。第三，在评估现金转移支付项目的政策效果时，还需要密切关注项目可能对相关个体所产生的负向行为激励，因为这些行为激励效应很可能会削弱项目的政策效果。因此，基于最新的数据资料和严格的计量分析方法，本书也将从瞄准、减贫效果和行为激励效应三个方面对中国农村低保制度展开实证评估。

为了方便读者对本书内容有总体上的把握，我们对本书结构和主要内容进行概述如下。本书共十一章，分成四篇。第一篇分析农村低保制度的瞄准效果，内容包括四章。在该篇中，我们不仅基于不同来源的微观数据和规范化的瞄准测度指标定量评估了农村低保制度的瞄准效果（第一章至第四章），而且从多个角度深入分析了农村低保瞄准偏误的原因（第一章至第三章）。最后，我们还探索了农村低保瞄准偏误的破解策略（第四章）。第一篇各章研究内容及主要结论分述如下。

第一章使用来自河南和陕西两省的大样本农户调查数据对农村低保瞄准效果进行了严格的评估。为了深入考察贫困测量误差对瞄准效果评估结果的影响，本章不仅测算了传统收入贫困识别策略下的低保瞄准效果，而且基于反事实模型测算了多维度贫困识别策略下的农村低保瞄准效果。研究结果发现：除了家庭人均收入之外，影响农村居民获得低保的因素还包括家庭人口结构、人力资本状况、家庭财产拥有情况。如果单纯地通过家庭收入来识别贫困，农村低保存在严重的瞄准偏误。而当通过多维度贫困识别策略控制贫困测量误差后，农村低保的瞄准偏误显著下降。这说明，农村低保的瞄准偏误有相当部分是因为贫困测量误差所导致。最后的评估结果表明，样本地区农村低保的瞄准偏误维持在可接受的范围内，农村低保的瞄准效果优于其他发展中国家同类型救助项目。

第二章基于 2012 年中国家庭追踪调查数据从瞄准效果、救助充足性和减贫效应三个方面系统考察了农村低保制度的保护效果。在上述三个方面中，本章着重分析了农村低保制度的瞄准问题。我们使用反事实模型和 Alkire-Foster 多维度贫困测量框架两种方法来改善贫困识别，并以此为基础评估了农村低保制度的对象瞄准效果（population targeting）。此外，我们还通过测算其人均低保缺口来考察农村低保的救助充足性，并以此来反映农村低保制度的补差瞄准效果（benefit targeting）。综合考察对象瞄准和补差瞄准有助于我们对农村低保执行中的瞄准精度做出更全面准确的评价。结果表明，尽管采用多维度贫困识别标准后农村低保瞄准效果有所改善，但其瞄准偏误仍然不容忽视。同时农村低保救助水平不足问题也较为严重。因此，我们认为未来农村低保制度改革的重点仍然是通过改善瞄准和提高救助水平来促进其保护性功能的实现。

第三章从社区瞄准机制的视角来分析农村低保瞄准问题，并进一步从贫困识别和精英俘获两个角度探讨了农村低保瞄准偏误的原因。首先，在收入贫困识别标准和多维度贫困识别标准下，我们使用 Targeting Differential 指标及其分解性框架系统评估了农村低保的瞄准效果。通过将 Targeting Differential 指标分解为村庄之间和村庄内部两个部分，我们可以分析不同瞄准阶段对总体瞄准效果的相对贡献。其次，基于本章所构建的社区层面的精英俘获检验框架，我们实证考察了农村低保瞄准中的精英俘获效应。本章研究结果发现，村庄内部的瞄准对总体瞄准效果的贡献率要远高于村庄之间的瞄准。在多维度贫困识别标准下，农村低保总体瞄准指标显著提高，村庄之间瞄准对总体瞄准效果的贡献率也大幅提升。社区层面的实证检验发现，农村低保在村庄内部瞄准中存在显著的精英俘获效应。

第四章探讨了代理家计调查在破解农村低保瞄准偏误方面的有效性。利用 2013 年中国家庭收入调查数据，本章构建了基于 OLS 回归模型和分位数回归模型的代理家计调查瞄准框架。基于四类测量方法，我们系统评估和比较了农村低保政策的实际瞄准效果和代理家计调查下的瞄准效果。研究结果显示，本章构建的代理家计调查框架拟合优度较高，所选代理指标与家庭人均收入水平关系显著。采纳代理家计调查瞄准方法时，农村低保的瞄准效果显著优于其实际瞄准效果。在改善农村低保瞄准方面，OLS 分地区回归和分位数回归代理家计调查框架比 OLS 总样本回归代理家计调查框架的效果稍好。代理家计调查方法在降低西部地区漏保率方面效果更好，而在降低东部和中部地区错保率方面效果更好。上述结论说明，在农村低保执行中引入代理家计调查方法有助于破解其瞄准偏误。

本书第二篇评估了农村低保制度在物质福祉、关系福祉和主观福祉三个方面的减贫效应。其中，农村低保在物质福祉的减贫效应中，我们集中考察了农村低保对收入贫困和家庭支出的影响效应（第五章和第六章）。对于关系福祉层面的减贫效应，我们重点考察了农村低保制度对受助者政府信任、社会信任和社会问题严重性主观感受方面的影响（第七章）。主观福祉减贫效应方面，我们则着重分析了农村低保制度在提升受助者生活满意度方面的作用（第八章）。第二篇各章研究内容及主要结论分述如下。

第五章评估了农村低保制度的收入减贫效应。基于 2010 年中西部五省大样本农户调查数据和部分样本地区的质性资料，本章对中国农村低保制度的反贫困效应及其决定因素进行了系统的实证研究。结果表明，农村低保显著降低了实保样本的贫困水平，但其对总样本和应保样本的减贫效果则不太理想。乡镇层面的回归结果表明，覆盖率低、瞄准偏误高，以及救助水平不足严重地限制了农村低保的减贫效果。基于质性资料的分析发现，引致这些限制因素的原因包括地方财力不足、低保管理模式不当、农村配套社保政策不完善，以及家计调查中存在的测量误差等。政策模拟结果显示，中国农村低保反贫困效应仍然存在很大的改善空间。

第六章评估了农村低保制度的家庭支出效应。基于 2010 年中西部五省大样本农户调查数据和倾向值匹配分析方法，本章实证考察了中国农村低保制度对受助家庭支出模式的影响效应。研究结果表明，获得农村低保能够显著提升受助家庭的医疗支出，但是对其教育支出却没有表现出显著的影响。换句话说，在主要的人力资本支出项目中，获得农村低保救助的家庭更倾向于提高医疗支出而不是教育支出。考虑不同的低保救助金额之后，我们发现只有获得较高金额的低保救助才会对医疗支出产生显著的促进作用。除此以外，获得农村低保会显著降低受助家庭的衣着支出、交通和通信支出、烟酒支出、赠送亲友支出、缴纳社保费支出和其他支出。

第七章评估了农村低保制度对受助者关系福祉水平的影响。基于 2012 年和 2014 年中国家庭追踪调查构成的面板数据，并使用倾向值匹配和双重差分相结合的计量方法，本章严格评估了农村低保对受助者政府信任、社会信任和社会问题严重程度主观感受的影响效应。研究结果发现，农村低保能够有效提升受助者，尤其是贫困受助者对地方政府的信任水平。获得低保可以改善贫困受助者对邻居的信任程度，但同时也会削弱其对父母的信任程度。农村低保能够有效降低受助者对贫富差距、医疗、社会保障问题严重程度的主观感受，且该效应在贫困群体中更为突出。在改善政治信任和社会信任，以及缓解社会问题严重程度感受方面，农村低保在西部地区的作用不如在东部和中部地区。

第八章评估了农村低保制度对受助者主观福祉水平的影响。基于2012年和2014年中国家庭追踪调查构成的面板数据，并使用倾向值匹配和双重差分相结合的计量方法，本章实证考察了农村低保对受助个体生活满意度的影响效应，同时还进一步探讨了主观社会地位和未来信心程度在上述效应中的中介作用。另外，本书还比较了这些效应在不同年龄组群中的异质性。研究结果发现，农村低保对受助个体的生活满意度有显著的正向促进作用，而主观社会地位和未来信心程度在农村低保与生活满意度之间的关系中具有中介效应。在对不同年龄组群样本中的分析发现，农村低保能够显著促进青年和老年受助个体的生活满意度，而且主观社会地位在这种关系中发挥着重要的中介作用。但是在中年人组群中，农村低保对生活满意度的影响及心理中介效应并不显著。

本书第三篇考察了农村低保制度所引致的负向行为激励。作为一项现金转移支付救助，农村低保很可能对有劳动能力受助者的就业行为产生影响。因此，在该篇中我们首先对农村低保制度的就业激励效应展开实证检验（第九章）。其次，考虑到亲友之间的私人转移在中国农村地区较为普遍，获得农村低保很可能对受助个体本应获得的私人转移产生潜在影响。这种影响可能在农村老年人群体中更为严重。所以，在该篇中我们还实证考察了农村低保制度对农村老人来自其子女的私人转移支付的挤出效应（第十章）。第三篇各章研究内容及主要结论分述如下。

第九章实证检验了农村低保制度的负向就业激励效应。基于中国家庭追踪调查2012年和2014两个年度构成的面板数据，并使用倾向值匹配和双重差分相结合的因果识别策略，本章实证检验了农村低保对具有劳动能力受助对象的就业激励效应，并进一步考察了该效应在不同群体中的异质性。研究结果发现：获得农村低保会显著降低有劳动能力受助个体的就业激励。不同的低保救助金额所产生的就业激励效应存在差异，获得较低救助金额对受助个体产生的就业效应并不显著，而获得较高救助金额能够对受助个体就业产生显著的负向效应。异质性分析结果表明，农村低保在女性、年龄较大、教育水平较低，以及健康状况差的群体中表现出显著的负向就业效应。农村低保的负向就业激励在东部比在中西部地区更为突出。

第十章实证检验了农村低保制度对私人转移支付的挤出效应。基于2015年中国健康与养老追踪调查数据，并使用倾向值匹配分析方法，本章实证考察了农村低保对老年受助者和其成年子女之间代际经济转移的影响效应。研究结果发现，获得农村低保会显著挤出老年受助者来自子女的代际转移净值。从转移的方向来看，挤出效应主要体现为低保对子女向老年父母代际转移的影响，而低保对老年父母向子女代际转移的影响则并不显著。从转移的构成来看，低保主要挤出了老年父母来自子女的非定期转移，而对定期转移的影响并不显著。低保对代际转移的挤出效应在不同收入组群中存在异质性。低保对代际转移的挤出效应仅在收入最低组群中表现显著。

本书第四篇只包含一章（第十一章），为研究述评与展望。第十一章构建了一个理解农村低保政策效果的分析框架，并基于该框架从福祉效应、瞄准效果和行为激励三个角度系统综述了农村低保政策效果评估文献。通过梳理已有文献可以得出下述共识：农村低保在降低收入贫困和促进消费水平方面效果显著；农村低保对受助者的社会参与和社会信任存在负面影响；农村低保瞄准偏误较高，贫困识别、精英俘获和福利耻感是导致其瞄准效果不佳的重要原因；农村低保对有劳动能力受助者存在显著的负向就业激励。未来研究可以从以下几个方面拓展：关注农村低保对营养、健康和教育等具有长期效应的物质福祉维度的影响，完善农村低保的关系福祉效应和主观福祉效应研究；对农村低保瞄准效果展开跟踪性评估，大力探索农村低保瞄准偏误的破解策略；推进农村低保的行为激励研究，重点关注农村低保对私人转移行为和诱惑性商品消费行为的激励效应；深入分析农村低保在儿童、老年人、残疾人等特殊群体中的政策效果。

在2020年之后的"后脱贫时代"，中国农村扶贫战略的重点将从消除绝对贫困转变为缓解相对贫困和多维度贫困。彼时，作为常规化的减贫制度，农村低保在为"困难"群体提供兜底保障方面仍然会发挥关键性作用。在此背景下，农村低保在制度设置方面需要作出调整优化，农村低保的实际执行也需要作出相应的强化。本书从瞄准效果、减贫效应和行为激励三个方面对农村低保制度的评估研究能为政策制定者和执行者提供全面而有效的实证基础。当然，随着社会、经济和制度环境的变化，未来还需要基于更新的数据资料和更前沿的研究方法对农村低保制度进行跟踪性的定量评估。这有待于笔者和其他更多学术同仁的共同努力。

韩华为

2020 年 7 月 29 日

目　录

第一篇

中国农村低保制度的瞄准效果

| 第一章 |

中国农村低保制度的瞄准效果研究 *

一、引　　言

2007 年国务院颁发《关于在全国建立农村最低生活保障制度的通知》之后，低保制度在我国农村地区迅速全面铺开。到 2012 年底，全国农村低保对象已达 2 814.9 万户（5 344.5 万人），全国平均低保标准和平均补差水平也分别上升到 172.3 元/人·月和 104.0 元/人·月（民政部，2012）。尽管覆盖面和救助水平不断提高，但是农村低保的瞄准偏误问题却一直受到社会各界的广泛诟病（徐月宾、张秀兰，2009）。

在此背景下，一些学者开始展开了对农村低保瞄准效果的评估研究，相关的文献主要包括定性研究和定量研究两大类。一些研究基于对个案的定性分析来探讨农村低保的瞄准问题及其成因。比如，李小云等（2006）基于福建沙县的实地调查，详细考察了农村最低生活保障制度在实施过程中的瞄准效果，结果发现由于低保资金的稀缺、低保识别标准不够明确，以及在政策执行过程中社区参与的缺乏等原因，农村低保户存在严重的漏保和错保现象。贺雪峰和刘勤（2008）在对湖北、河南、陕西等省的调查同样发现农村低保存在错保现象，通过对村庄治权和实践逻辑等社会学视角的分析，他们认为造成这种瞄准偏差的原因在于低保制度在一定程度上转化成了村组干部的治理手段和治理资源。

另外一类研究则基于微观调查数据对农村低保瞄准效果进行严格的定量评估和实证分析。李艳军（2011）利用来自宁夏农村的小样本家户调查数据

---

　　* 本章为笔者和徐月宾教授合作的一篇文章。原文发表于《中国人口科学》2013 年第 4 期。收入本书时做了适当改动。我们对亚洲开发银行和国家民政部提供的资助表示感谢。

对农村低保的瞄准效果进行了评估研究，结果发现农村低保没有很好的瞄准贫困家庭和个人，漏保和错保同时存在。易红梅和张林秀（2011）利用中科院农业政策研究中心2008年在全国五省的抽样调查数据，并在可持续农户生计框架下严格评估了我国农村低保制度的瞄准效果。结果发现样本中只有25.5%的极端贫困农户获得低保救助，而最富有的20%的农户却获得了近5.3%的低保名额，这说明现阶段我国农村最低生活保障制度的瞄准效果不高，瞄准错误非常显著。李实等（2018）利用2008年在592个国家扶贫开发工作重点县进行的农村贫困监测调查数据考察了农村低保的瞄准效果，结果发现约有11%的样本人口存在瞄准偏误，其中错保现象比漏保现象更为严重。

通过梳理现有文献，我们不难发现，关于我国农村低保制度瞄准效果的评估研究仍然处于初步探索阶段。一些文献局限于个案调查的定性分析，这类研究的优点是能够深入探索导致农村低保瞄准偏误的深层原因，但是它们无法对低保瞄准进行严格的评估，而且这类研究主观性较强。另外一些文献则基于小样本调查数据进行简单的统计分析，这些研究往往因为数据缺乏代表性而导致结论缺乏稳健性。对于少量利用大样本调查数据进行的定量研究来说，一方面它们在评估瞄准效果时未能综合利用国际通用的规范评估指标；另一方面，这些研究在评估瞄准效果时未能控制贫困测量误差的影响。而本章的研究正是出于对以上缺陷的弥补。基于来自河南、陕西两省的专门针对农村低保执行现状的大样本农户抽样调查数据，本章利用多种国际通用的瞄准效果评估指标，分别测算并比较了控制贫困测量误差前后的农村低保瞄准效果。本研究目的在于探索贫困测量误差对农村低保瞄准偏误的影响，此外，本章还力图为农村低保瞄准效果的测量评估提供一个科学有效的实证框架。

二、研究思路及实证框架

在对农村低保瞄准效果进行评估时，如何识别贫困家庭是其中至关重要的一环。对贫困最为传统的定义是以货币为标准的，一般情况下，通过家庭人均收入（或消费支出）与贫困线相比较来确定家庭是否处于贫困状态。但是，随着对贫困现象认识的深入，单纯以货币标准来定义贫困受到了越来越多的质疑（World Bank，2009）。阿玛蒂亚·森认为贫困是一个多维度的概念，贫困不仅仅是收入水平低下，还包括健康、教育等可行能力被剥夺。从更多的维度来扩展贫困的概念，并以此为基础来识别贫困已经成为理论界和政策界的共识（王小林、Alkire，2009）。

另外，即使通过收入来识别贫困，在实际的操作过程中也会遇到严重的测量误差问题。由于农村居民收入具有种类多、不稳定、难以货币化、容易隐匿等特点，再加上农民为获得低保救助而趋于低报家庭收入的较强激励，通过家计调查获得的家庭人均收入数据必然存在严重的测量误差。因此，在评估农村低保的瞄准效果时，如果仅以家庭人均收入来识别贫困，对贫困的"测量误差"就很可能被误以为是低保政策的"瞄准偏差"（Ravallion，2008）。总之，以收入识别贫困不仅与贫困概念的最新发展相左，而且在技术层面也更容易受到测量误差的影响。

基于以上原因，本章将采纳拉瓦雷（Ravallion，2008）发展出的反事实模型（counterfactual model）来克服以上缺陷。一方面，模型中考虑了包括收入在内的更多贫困维度，这体现了贫困概念的深化；另一方面，通过与家庭福利水平相关的众多变量来判断个体的贫困状态，这从技术层面可以有效地降低贫困的测量误差。下面是对该模型的简要介绍。

首先，我们用 Y 来代表家庭人均纯收入，并设定 Y^* 为一个衡量家庭福利水平的综合指标，该指标是一个不可观测的潜在变量，它代表折算为货币单位的家庭福利水平。家庭的福利水平不仅取决于家庭人均纯收入，而且还取决于家庭人口结构、财产占有状况、家庭成员健康水平及教育状况等其他因素。以 Y^* 为基础来定义贫困可以有效控制单纯以家庭人均收入来衡量贫困而导致的测量误差，从而更准确地识别真正需要接受救助的贫困农户。在这里，我们用向量 X 来表示除收入之外的与家庭福利水平相关的变量，在本章中 X 包括了家庭人口结构特征、户主特征、家庭经济特征、卫生及炊事设施、负面风险冲击等几大类因素。于是，对于任意农户 i，我们设定三者之间存在下面的关系：

$$\ln(Y_i^*) = \alpha\ln(Y_i) + \pi X_i + \varepsilon_i \tag{1-1}$$

其中，ε_i 代表影响家庭福利水平的其他随机冲击，并且 $\varepsilon_i \sim N(0, \sigma_\varepsilon)$。

如果用 Z 来表示农村贫困线，则对于任意农户 i，当 $Y_i^* < Z_i$ 时，该农户就具备了获得低保救助的资格。我们假定，所有获得低保救助资格的农户实际上都接受了低保救助[①]。由于 $\varepsilon_i \sim N(0, \sigma_\varepsilon)$，所以农户 i 获得低保的概率可以用下式来表示：

$$
\begin{aligned}
\Pr(Y_i^* < Z_i) &= \Pr(\ln Y_i^* < \ln Z_i) \\
&= \Pr(\alpha \ln Y_i + \pi X_i + \varepsilon_i < \ln Z_i) \\
&= \Pr(\varepsilon_i < \ln Z_i - \alpha \ln Y_i - \pi X_i) \\
&= F\big[(\ln Z_i - \alpha \ln Y_i - \pi X_i)/\sigma_\varepsilon\big]
\end{aligned} \quad (1-2)
$$

不难看出，式（1-2）实际上是一个因变量为农户是否获得低保救助的二项离散选择回归方程，并且其满足 Probit 模型的设定，因此我们可以基于 Probit 模型来估计 $\ln Y_i$ 和 X_i 的系数。利用该模型的回归结果，我们可以拟合出每个农户获得低保救助资格的倾向性分数（propensity-score，PPS）。该分数实际上是包括家庭人均收入在内的影响家庭福利水平的各类因素（Y，X）的加权平均数，倾向性分数越高，说明该家庭的福利水平越低从而获得低保的可能性越大，因此倾向性分数是一个更好的贫困识别标准。与拉瓦雷（Ravallion，2008）的做法相同，我们按照倾向性分数对所有样本农户进行排序，并规定倾向性分数最高的实际低保户数量个农户为贫困农户[②]。在此贫困识别策略下，本章力图获得控制贫困测量误差之后的农村低保瞄准评估结果。

三、数据及变量

本章所使用的数据来自北京师范大学社会发展与公共政策学院于 2010 年在河南和陕西两省进行的农村低保实施情况调查。该调查采用了分层随机抽样方法。首先在每个省按照人均地区生产总值的高低各选取 3 个县，其次在每个县内部，我们按照人均收入水平的高低分层随机抽取了 6 个乡镇 36 个

---

① 李小云等（2006）的案例研究结果发现，被确定为低保户的农村家庭几乎都会接受低保救助。

② 本章数据中实际的低保户数量为 438 户，那么这里我们规定倾向性分数最高的前 438 个农户为贫困农户。

村，之后在每个村对低保户和非低保户分别进行随机抽样，最终共获得4326个农户的调查资料。本次调查能够较典型的反映这两个中西部省份农村居民的社会经济状况，以及农村低保制度的执行情况。在实际调研过程中，调查员以问卷为资料收集工具进行入户面访。调查问卷涵盖了大量的住户及住户成员信息，与其他农村入户调查相比，本次调查尤其关注了农户获得低保救助的情况，以及与家庭福利水平相关的家庭收入和财产、家庭人口结构特征、家庭成员健康和教育状况、卫生及炊事设施、负面风险冲击等因素。

值得注意的是，为获得足够数量的低保户进行实证分析，本次调查对低保户采用了超比例抽样方法。因此，在进行实证分析之前，本章首先以县为单位分别计算了低保户和非低保户的权数，然后在分析过程中利用该权数对样本进行加权处理①。如果没有特别说明，本章其余部分的分析均为加权处理后的结果。表1-1给出了本研究主要样本变量的描述性统计。

表1-1　　　　　　　　　　　主要样本变量的描述性统计

项目	总样本		低保户样本		非低保户样本	
	均值	标准差	均值	标准差	均值	标准差
家庭人口特征						
家庭总人口数量	4.152	1.517	3.274	1.553	4.251	1.480
家庭劳动力数量	2.508	1.310	1.460	1.278	2.626	1.260
家庭学生数量	0.753	0.821	0.488	0.735	0.783	0.824
残疾人或重慢病患者数量	0.328	0.594	0.757	0.801	0.280	0.545
户主特征						
户主为男性	0.926	0.262	0.856	0.351	0.934	0.249
户主年龄	52.149	11.940	58.993	13.837	51.377	11.454
户主受教育程度						
小学及以下	0.382	0.486	0.667	0.472	0.350	0.477
初中	0.474	0.499	0.284	0.451	0.496	0.500
高中及以上	0.144	0.351	0.049	0.217	0.155	0.362
家庭经济特征						
家庭人均纯收入	5 166.926	6 186.269	2 005.145	1 421.889	5 523.477	6 411.417

----

① 低保户的权数 $Weight_1 = N_1/n_1$，非低保户的权数 $Weight_2 = N_2/n_2$。其中，N_1 代表该县实际农村低保户户数，N_2 代表该县实际农村非低保户户数；n_1 代表该县农村低保户调查样本量，n_2 代表该县农村非低保户调查样本量。

项目	总样本		低保户样本		非低保户样本	
	均值	标准差	均值	标准差	均值	标准差
家庭人均土地亩数	1.185	1.002	1.129	1.101	1.192	0.990
家庭人均住房面积	31.187	22.805	29.259	25.653	31.404	22.453
家庭财产拥有情况						
彩电	0.874	0.332	0.666	0.472	0.897	0.304
电脑	0.138	0.345	0.014	0.119	0.152	0.359
汽车	0.076	0.265	0.018	0.134	0.083	0.275
摩托车	0.444	0.497	0.140	0.347	0.478	0.500
固定电话	0.316	0.465	0.131	0.338	0.337	0.473
手机	0.845	0.362	0.541	0.499	0.880	0.325
大型拖拉机	0.032	0.177	0.008	0.091	0.035	0.184
小型拖拉机	0.073	0.260	0.041	0.198	0.077	0.266
三轮车	0.202	0.402	0.074	0.262	0.217	0.412
收割机	0.004	0.060	0.001	0.021	0.004	0.063
样本量及其占比	4 326(100.00)		438(10.13)		3 888(89.87)	

注：①劳动力定义为 15~65 周岁的具有劳动能力，且从事各类经济活动的家庭成员；

②家庭人均纯收入不包括农户接受的农村低保救助；

③最后一行括号前的数值表示样本量，括号中的数值表示各子样本数量占总样本量的百分比（单位为%）。

表 1-1 显示，4 326 个总样本中有 438 个农户接受了农村低保救助，农村低保对调查样本的覆盖率为 10.13%。除了表 1-1 中给出的结果，本研究还对家庭结构、家庭自评经济状况、家庭住房类型、厕所类型和炊事能源类型，以及调查前一年遭遇的负面冲击进行了描述性统计。家庭结构的统计结果表明，样本家庭中最普遍的结构是由夫妇或夫妇加孩子所构成的核心家庭（53.8%），其次是多代构成的扩展型家庭（34.1%），但是也有超过 10% 的家庭结构不完整，其中单身家庭的比例为 2.5%、单亲家庭的比例为 2.5%、隔代家庭的比例为 1.6%、其他类型家庭的比例为 5.3%。从自评经济状况来看，绝大多数样本家庭自评经济情况为一般（53.4%）或差（36.8%）。样本家庭住房类型以砖瓦平房为主（77.5%）。从家庭设施来看，样本家庭厕所类型以自家非冲水厕所为主（92.8%），炊事能源类型比例最高的则是柴草（39.8%）和煤（34.7%）。负面冲击的统计结果表明，对农户影响最为严重的是农业灾害，总样本中有 13% 的样本农户调查前一年农业生产遭受了

自然灾害。

此外，表 1－1 还对比了低保户样本和非低保户样本在各类家庭特征方面的差异。通过比较我们可以得到如下结论。第一，从家庭人口结构特征来看，低保户家庭规模较小，劳动力和学生数量均相对较少，但是残疾人或严重慢病患者的数量却比较多，这说明低保家庭的人力资本水平低于非低保家庭。同时，与非低保家庭相比，低保户是单身家庭、单亲家庭和隔代家庭的比例更高，这表明家庭结构不完整是低保家庭的一个重要特征。第二，从户主特征来看，与非低保户相比，低保户户主的年龄更高、户主性别为女性的比例更高、户主教育水平相对较低。由此不难看出，低保家庭的户主相对更为弱势。第三，从家庭经济特征来看，不论是相对客观的人均家庭收入，包括土地、住房、消费性耐用品、生产资料等在内的家庭财产状况，还是相对主观的自评经济状况，通过比较这些变量的结果，我们都可以发现低保家庭的经济状况要显著差于非低保家庭。第四，从卫生及炊事设施来看，低保家庭使用卫生条件较差的公用厕所和自家非冲水厕所的比例更高，低保家庭使用液化气、煤气、电等清洁能源做饭的比例较低。第五，与非低保家庭相比，低保家庭去年有家庭成员去世的比例更高，这说明低保家庭遭遇负面风险冲击的可能性更大。综上所述，描述性统计结果表明，与非低保家庭相比，低保家庭在人力资本水平、家庭结构完整程度、户主特征、经济状况、家庭卫生和炊事设施等方面都表现出了显著的劣势，同时，低保家庭还更可能遭遇负面风险的冲击。

四、实证结果及分析

利用河南、陕西两省的农户调查数据，本部分将对农村低保的瞄准效果进行严格的评估。作为比较的基准，我们首先以传统的收入贫困识别策略来对样本地区农村低保的瞄准效果进行评估。其次将给出反事实模型的回归结果，利用该结果我们可以构造更合理的贫困识别标准，也就是体现多维度贫困视角的贫困倾向性分数。最后，我们将按照贫困倾向性分数识别贫困家庭，并以此为基础给出控制贫困测量误差之后的瞄准评估结果。

（一） 忽视贫困测量误差时瞄准偏误极其严重

按照最为传统的定义，贫困户是指那些人均纯收入低于当地贫困线的家庭。按照该贫困定义，表1-2按照贫困状况和低保享受情况将所有样本农户划分为四个类别：贫困且享受低保、贫困但未享受低保、非贫困但享受低保，以及非贫困且未享受低保。其中，瞄准正确的包括贫困且享受低保和非贫困且未享受低保的两类农户，统计结果显示，这两类农户的比例分别为3.47%和81.64%；瞄准错误的则包括贫困但未享受低保和非贫困但享受低保的两类农户，统计结果表明，这两类农户的比例分别为8.23%和6.66%。由此可知，在全部农村样本中，有将近15%的农户发生了瞄准错误，该比率略高于李实等（2018）的结果。

表1-2　　　　四类农户的数量及构成比例—按收入水平识别贫困

农户类别	贫困	非贫困	总计
享受低保	150(3.47)	288(6.66)	438(10.13)
未享受低保	356(8.23)	3 532(81.64)	3 888(89.87)
总计	506(11.70)	3 820(88.30)	4 326(100.00)

注：①由于本章所使用的数据是2010年调查获得，所采集的家庭收入数据均为2009年发生，因此，我们使用2009年农村地区的国家贫困线（1 196元/年）来作为划分农户贫困状况的标准，如无特别说明，文章其他地方均使用该贫困线；

②表中括号前数值表示各种类别农户的数量，括号中的数值表示该类别农户在所有农户中所占的百分比（单位为%）。

为了更深入地理解农村低保的瞄准效果，本章计算了文献中经常使用到的四个瞄准评价指标。前两个指标是漏保率（exclusion error）和错保率（inclusion error），我们分别用 EE 和 IE 来表示。其中，漏保率指在所有贫困农户中未享受低保救助的农户的比例，而错保率则指在所有享受低保救助的农户中非贫困农户的比例。第三个指标是贫困人口获得的低保金占总低保金的比例，我们用 SHARE 来表示。该指标反映了总低保金在贫困户和非贫困户中间的分配状况。最后一个指标最先由科迪（Coady）、格罗斯（Grosh）和霍迪诺特（Hoddinott）提出，因此我们将其称为 CGH 指标（Coady et al.，2004）。从数值上来看，CGH 指标可以通过 SHARE 指标除以贫困率而获得。由于当总低保金平均分配给所有农户时，贫困农户可以获得的低保金比率恰好等于贫困率，因此，CGH 指标衡量的是与平均分配低保金相比，实际低保瞄准机制下贫困人口获得的低保金的相对大小。

表 1-3 给出了在收入贫困识别策略下上述四个瞄准指标的计算结果。漏保率的结果显示，总样本中有超过 70% 的贫困农户未获得低保救助。如此之高的漏保率可能与地方财政能力不足有很大关系。通过调查过程中获得的访谈资料我们获知，在河南省的一些样本县，农村低保执行的是按人口比例施保的瞄准策略，样本县按照低保资金的总量在各乡镇各村庄分配低保名额。在这样的瞄准策略下，有限的低保资金必然导致很多贫困农户无法被农村低保覆盖。与漏保率相比，错保率的结果稍低，但仍然存在 65.74% 的低保家庭为非贫困户。高错保率在某种程度上反映了中国农村低保"人情保和关系保"的现象。实地调研中，研究人员发现不少地方村干部在确定低保资格时具有很大的影响力，在县乡两级民政部门缺乏人力物力对村级上报的低保户进行全面核查的情况下，很多不符合低保要求的非贫困户被纳入了低保。除此之外，贫困测量误差也是造成高漏保率和错保率的一个重要原因。实地调查发现，在许多样本地区的低保实践中，低保资格的确定并不仅仅依靠比较家庭人均收入与低保标准的相对高低，还综合考虑低保申请家庭的财产状况、劳动力状况、子女教育、家庭成员的健康状况等因素。因此，如果在测量低保瞄准效果时我们只是通过家庭人均收入来识别低保资格，那么这种识别机制本身就会导致贫困测量误差。另外，由于农村家庭收入核算的困难，本研究对样本家庭收入的核算误差也会导致贫困测量误差。

表 1-3　　　　　农村低保瞄准指标分析—按收入水平识别贫困

地区	EE	IE	SHARE	CGH
河南	70.11	63.35	35.0	3.29
陕西	70.77	70.05	28.2	3.33
总体	70.32	65.74	32.2	3.31

注：EE、IE、SHARE 指标结果的单位为%，CGH 指标结果的单位为 1。

从 SHARE 指标来看，总样本中所有贫困人口仅获得了 32.2% 的总低保金。该指标反映出样本地区大量农村低保金被非贫困人口获取，在当前农村低保筹资不足的情况下，这种低保金的漏出严重削弱了该政策的反贫困效果。

最后从 CGH 指标的结果可以得出，与在所有样本中平均分配低保金相比，样本地区的贫困人口在实际瞄准机制下获得的低保金增加了 2.31 倍。平均分配低保金是一种普惠式的救助手段，虽然行政成本低，但这种方法牺牲了瞄准效率。表 1 - 3 中 CGH 指标统计结果表明，目前农村低保的瞄准效果大大优于普惠式救助。比较两省样本地区的四类瞄准指标发现，漏保率和 CGH 指标在两省样本地区差异不大，而两省样本地区的错保率和 SHARE 指标则存在较大差异。

为了更细致地考察低保金在样本中的分布状况，表 1 - 4 对河南、陕西和总体三个样本分别统计了总低保金在收入十等分组群中的分布情况。其中，第一列表示按家庭人均纯收入的高低将所有人口等比例分为十个组群，第二、四、六列给出了每个十等分组群获得的低保金占总低保金的比例，第三、五、七列则给出了累积获得的低保金占总低保金的比例。表 1 - 4 显示，总体样本中收入最低的 20% 的人口获得了超过 55% 的总低保金，收入最高的 20% 的人口获得的总低保金不足 1%，而收入水平在两者之间的人口获得的低保金为43.64%。这说明，尽管农村低保金较多的分配给了收入最低的群体，同时也较好地杜绝了高收入群体获得低保，但是中等收入群体同样分享了较高比例的低保救助金，这种分布状况同样反映出农村低保存在较严重的瞄准偏误。比起陕西的情况，我们可以看出河南样本的低保金瞄准效果稍好，但两者都表现出与总体样本统计结果类似的分布结果。

表 1 - 4　　　　　　　总低保金在收入十等分中的分布情况　　　　　　单位:%

收入十等分	本档比例（河南）	累积比例（河南）	本档比例（陕西）	累积比例（陕西）	本档比例（总体）	累积比例（总体）
1	34.18	34.18	30.73	30.73	32.84	32.84
2	21.75	55.93	23.85	54.57	22.90	55.73
3	14.40	70.34	18.32	72.89	14.45	70.19
4	10.86	81.19	10.34	83.23	12.42	82.61
5	10.43	91.62	8.56	91.80	9.97	92.57
6	4.55	96.16	2.85	94.64	2.85	95.42
7	2.39	98.55	2.71	97.35	2.59	98.01
8	0.79	99.34	2.06	99.41	1.36	99.37
9	0.66	100.00	0.59	100.00	0.63	100.00
10	0.00	100.00	0.00	100.00	0.00	100.00

（二）控制贫困测量误差的计量框架

根据式（1-2）及描述性统计分析中所涉及的全部变量，我们利用来自河南、陕西两省的农户调查数据进行回归。表1-5给出了Probit模型的回归结果。该回归的拟判定系数（Pseudo R^2）为0.4132，这说明回归方程中的自变量解释了因变量变异性的41.32%。值得注意的是，当以2009年全国统一的农村贫困线（1 196元／人·年）作为确定农户是否应该获得低保救助的资格线（Z）时，由于它对于所有样本保持不变，所以在回归时将被自动删除。

表1-5的回归结果显示，取对数后的家庭人均收入对是否获得低保资格的影响并不显著，但是其平方项对因变量则表现出显著的负向效应。这说明，当家庭人均收入超过某一水平时，该农户获得低保资格的概率会随着收入水平的提高而降低。至于当收入水平低于该临界点时，家庭人均收入与获得低保资格概率的关系不太显著，这可能与以下原因有关。首先，由于农村五保救助和低保救助在很多地方不能同时获得，收入最低的那部分农户很可能接受了五保供养，而失去了接受农村低保的资格。其次，收入最低的那部分农户在乡村社区中更容易遭受社会排斥，这同样可能导致其不易获得低保救助。

表1-5　　　　　　　　　反事实模型的回归结果

自变量	回归系数	P 值
ln（家庭人均收入）	0.1754	0.372
ln（家庭人均收入）的平方	−0.0308**	0.025
自评经济状况（参照组：最高）		
较高	−0.7172*	0.065
一般	−0.5580*	0.096
较低	0.5134	0.125
最低	1.2049***	0.001
家庭结构（参照组：夫妇家庭）		
单身家庭	0.4915***	0.008
夫妇和一个孩子家庭	0.5593***	0.000
夫妇和两个孩子家庭	0.3755**	0.013
夫妇和三个孩子家庭	0.2884	0.126
单亲家庭	0.8253***	0.000
多代家庭	0.4250***	0.001
隔代家庭	0.6024***	0.003

续表

自变量	回归系数	P 值
其他类型家庭	0.2711 *	0.094
家庭成员中学生比例	− 0.8524 ***	0.000
家庭成员中劳动力比例	− 0.5978 ***	0.000
家里有残疾人或重病患者	0.2760 ***	0.000
户主受教育程度（参照组：小学以下）		
小学	− 0.0460	0.624
初中	− 0.2058 **	0.034
高中	− 0.3077 **	0.027
大学及以上	0.0191	0.948
住房类型（参照组：其他类型）		
砖瓦平房	− 0.3041 ***	0.001
楼房	− 0.3326 **	0.033
消费性家庭财产		
电视	0.0594	0.439
电脑	0.0480	0.796
小轿车	− 0.3738 **	0.017
摩托车或电动自行车	− 0.2524 ***	0.000
固定电话	− 0.2863 ***	0.000
手机	− 0.2514 ***	0.002
生产性家庭财产		
大型拖拉机	− 0.2443	0.319
小型拖拉机	0.0271	0.822
三轮车	− 0.1522 *	0.071
地区虚拟变量（参照组：河南）	0.0586	0.512
常数项	− 0.4837	0.576
样本数	4 326	
Pseudo R^2	0.4132	

注：①除了表中所列的变量，回归中的自变量还包括户主性别、户主年龄、住房是否为自有产权、住房面积、厕所类型、炊事能源类型、人均耕地面积、过去 1 年是否遭遇负面冲击。这些变量回归结果均不显著，限于篇幅未列出；

② *** 、 ** 、 * 分别表示 1% 、5% 和 10% 的显著性水平。

除了家庭人均收入水平之外，还有很多其他因素影响农户是否能够获得低保救助。自评经济状况与获得低保救助的概率表现出显著的负向关系，与自评经济状况最高的家庭相比，那些自评经济状况最低的农户获得低保救助的概率更高。在绝大多数样本地区，向相关部门主动提出申请是贫困农户获得低保的前提条件。除了客观上收入水平较低外，自评经济状况最低还反映出农户具有很强的低保申请动机，这两种效应都会提高这类农户获得低保的概率。从家庭人口特征来看，不同家庭结构的农户获得低保救助的概率存在差异，与由夫妇两人构成的家庭相比，单身家庭、单亲家庭、多代家庭、隔代家庭，以及夫妇并育有孩子的家庭更可能获得低保救助。这说明，结构不完整的家庭（单身家庭、单亲家庭、隔代家庭），以及有老人和儿童从而照料负担较重的家庭在低保政策中会得到照顾。家庭成员中学生和劳动力比例越高，该农户获得低保救助的可能性越小。较高的劳动力比例反映出较高的实际创收能力，因此这些农户获得低保的概率较低。在其他条件相同的情况下，较高的学生比例说明该类家庭未来会拥有更多的人力资本，因此不易陷入长期贫困，这种效应弱化了这些家庭获得低保救助的可能性。家庭中有残疾人或重病患者会显著的提高该农户获得低保救助的概率。显然，较差的健康状况一方面会产生较高的医疗费用负担；另一方面也会减少家庭劳动时间，因此不难理解有残疾人和慢病患者的家庭获得低保的概率更高。从户主特征来看，户主的教育水平对该农户获得低保救助具有负向影响，与小学以下学历相比，那些户主具有初中和高中学历水平的农户更不易获得低保救助，这说明户主较低的人力资本水平是农户获得低保救助的重要影响因素。最后，从家庭财产方面来看，与其他房屋类型相比，拥有砖瓦平房和楼房的农户获得低保救助的可能性更低；同时，那些拥有小轿车、摩托车或电动自行车、固定电话、手机、三轮车的家庭获得低保救助的概率更小。

（三）控制贫困测量误差后瞄准效果显著改善

根据上述反事实模型的估计结果，本章拟合了总样本中每个农户获得低保救助的倾向性分数[①]。由模型设定可知，该倾向性分数实际上是一个考虑了更多维度的福利度量，因此以该分数作为标准可以更准确地识别农村贫困家庭。按照倾向性分数的大小，我们对所有农户进行排序。因为总样本中实际有 438 户获得低保救助，所以我们将倾向性分数最大的前 438 户识别为贫困农户。在此基础上，我们重新计算了表 1 - 2 和表 1 - 3，其结果显示在

---

① 该倾向性分数即 Probit 模型中每个样本因变量的估计值。

表1-6和表1-7中。

对比表1-2和表1-6可知，经过对贫困的重新识别，瞄准错误的比例从14.89%下降到8.57%，该结果低于李实等（2018）计算得出的瞄准错误率（11%）。比较表1-3和表1-7中的四类瞄准指标，我们可以发现通过反事实模型控制贫困测量误差后的瞄准效果有显著的改善。漏保率和错保率分别从之前的70.32%和65.74%下降到了42.28%和42.32%，两者下降的幅度分别高达39.87%和35.63%。这充分说明了贫困测量误差是农村低保瞄准偏误的重要影响因素。SHARE指标的结果显示，总样本中贫困人口获得的低保金比例从之前的32.2%上升到了57.0%。CGH指标的结果表明，与平均分配低保金相比，贫困人口获得的低保金比前者高出6.86倍。这里的SHARE指标结果和CGH指标结果均略低于陈少华等（Chen et al.，2006）测算出的中国城市低保的两类指标结果①，这粗略表明样本地区农村低保的瞄准效果劣于中国城市低保瞄准效果。尽管如此，根据CGH指标的国际比较发现，本章计算得出的该指标值在发展中国家的扶贫性救助项目中仍处于很高的水平（Coady et. al.，2004）②。由此可见，与收入贫困识别策略下的评估结果相比，通过多维度贫困识别策略控制贫困测量误差后，样本地区农村低保瞄准效果的评估结果获得了显著的改善。最后，当分别以河南、陕西两省样本计算，并且对比两种贫困识别策略下的瞄准评估结果时，也会发现与总样本分析相类似的结论。

表1-6　　　四类农户的数量及构成比例——基于多维度贫困识别策略

农户类别	贫困	非贫困	总计
享受低保	253(5.85)	186(4.29)	438(10.13)
未享受低保	185(4.28)	3 702(85.58)	3 888(89.87)
总计	438(10.13)	3 888(89.87)	4 326(100.00)

注：表中括号前数值表示各种类别农户的数量，括号中的数值表示该类农户在所有农户中所占的百分比（单位为%）。

---

① 陈少华等（Chen et al.，2006）中两项指标结果分别为64%和8.3。
② 柯迪等（Coady et. al.，2004）利用CGH指标比较了来自36个发展中国家的85个旨在减贫的社会救助项目的瞄准效果，最终结果发现超过85%的救助项目CGH指标值大于1，其中瞄准效果最好的救助项目是来自阿根廷的以工代赈项目（trabajar public works），其CGH指标值为4。

表1-7　　　　农村低保瞄准指标分析——基于多维度贫困识别策略

地区	EE	IE	SHARE	CGH
河南	40.16	39.84	59.50	8.33
陕西	46.17	46.78	53.50	7.21
总体	42.28	42.32	57.00	7.86

注：EE、IE、SHARE 指标结果的单位为%，CGH 指标结果的单位为1。

与表1-4类似，表1-8同样分别统计了河南、陕西、总体三个样本总低保金在十等分组群中的分布情况。但是，此时进行十等分划分的依据不再是家庭人均纯收入，而是代表了多维度贫困衡量的倾向性分数。表1-8中总体样本的统计结果显示，收入最低的20%的人口获得了将近87%的总低保金，收入最高的20%的人口获得的总低保金仅为0.13%，收入水平在两者之间的人口获得的低保金为12.93%。与表1-4中的结论相比，收入最低的20%的组群获得的低保金比例增加了31.21%，收入最高的20%的组群获得的低保金比例降低了0.5%，而收入水平在两者之间的组群所获得的低保金比例也降低了30.71%。通过低保金在十等分组群中的分布结果来看，在使用多维度贫困识别策略控制贫困测量误差之后，样本地区农村低保瞄准效果同样改善显著。

表1-8　　　　　　低保资金在倾向性分数十等分中的分布情况　　　　　单位:%

倾向性分数 十等分	本档比例 （河南）	累积比例 （河南）	本档比例 （陕西）	累积比例 （陕西）	本档比例 （总体）	累积比例 （总体）
1	67.64	67.64	60.37	60.37	64.73	64.73
2	18.52	86.16	25.38	85.75	22.21	86.94
3	9.94	96.10	8.58	94.33	8.46	95.40
4	2.14	98.24	3.90	98.23	2.82	98.21
5	0.54	98.78	0.97	99.19	0.73	98.94
6	0.79	99.56	0.19	99.38	0.55	99.49
7	0.33	99.89	0.29	99.68	0.31	99.81
8	0.11	100.00	0.00	99.68	0.06	99.87
9	0.00	100.00	0.32	100.00	0.13	100.00
10	0.00	100.00	0.00	100.00	0.00	100.00

收入贫困识别策略可能导致严重的贫困测量误差，而通过反事实模型构建的多维度贫困识别策略则能够有效地控制这种测量误差。本部分在克服贫困测量误差的基础上更精确地评估了农村低保的瞄准效果。比较控制贫困测量误差前后的低保瞄准效果可知：当忽视贫困测量误差时，无论是通过漏保率、错保率、贫困人口获得低保金比例、CGH 值等指标，还是通过分析总低保金在收入十等分组群中的分布状况，我们都发现样本地区农村低保存在非常严重的瞄准偏误；而当通过反事实模型有效控制贫困测量误差之后，各项评估指标及总低保金十等分组群分布结果都显示，样本地区农村低保的瞄准效果的改善非常显著。这说明，当前农村低保较严重的瞄准偏误有相当部分是由于对贫困的测量误差所导致。在使用更严格的计量方法有效控制贫困测量误差之后，我们得到的评估结果说明，样本地区农村低保的瞄准偏误得到显著降低。其中，CGH 指标结果甚至表明，与其他发展中国家所推行的类似救助政策相比，该地区农村低保的瞄准效果处于较高水平。

五、结论及政策启示

作为我国扶贫整体战略的重要组成部分，农村低保反贫困效果的发挥在很大程度上取决于其瞄准效果的高低。本研究的目的在于通过构建反事实模型来消除贫困测量误差，以此为基础来更准确地评估农村低保的瞄准效果。同时，本章还力图为农村低保瞄准效果的测量评估提供一个科学有效的实证框架。基于来自河南、陕西两省的农村低保制度执行情况调查数据，本章分别在收入贫困识别策略和多维度贫困识别策略下评估并比较了农村低保的瞄准情况。通过严格的实证分析，本章最终得到以下几点重要结论。

首先，当通过家庭人均收入来识别贫困时，样本地区农村低保制度存在严重的瞄准偏误。尽管农村低保救助对贫困人口的瞄准优于普惠式救助，但是漏保率、错保率等各项评估指标结果，以及低保金收入十等分分布结果都表明，样本地区农村低保制度既远远没有实现应保尽保，也未能避免严重的错保现象。其次，反事实回归结果显示，除了家庭人均收入之外，家庭人口特征、家庭结构、户主特征、家庭财产状况、家庭自评经济状况都是影响农户获得低保救助的重要因素。这说明，以上因素都是低保政策实践中识别贫困的重要因素，如果仅仅关注家庭人均收入而忽略其他贫困维度很可能会引致贫困测量误差。最后，根据反事实模型回归结果拟合的贫困倾向性分数，我们在控制了贫困测量误差之后重新评估了样本地区农村低保制度的瞄准效果。结果发现，漏保率和错保率也出现了显著的下降，低保金在十等分组群中的分布也趋于优化。这说明，是否控制贫困测量误差对于农村低保瞄准效果的评估结果具有重要影响。在控制贫困测量误差之后，农村低保制度的瞄准偏误显著降低，而且 CGH 指标的评估结果表明，样本地区农村低保的瞄准效果优于其他发展中国家扶贫性救助项目的瞄准效果。

根据上述主要结论，结合当前农村低保制度的政策实践，我们可以提出以下政策建议。首先，中国农村低保制度应该逐步改变通过收入来识别贫困的传统机制，采用多维度贫困识别机制既可以有效地降低贫困测量误差，同时还有利于降低家计调查所带来的高执行成本。具体地，基于本章反事实模型回归结果恰好可以构建一个科学的贫困识别框架，以此为基础进行的代理家计调查能够在更低的政策执行成本下有效提高农村低保的瞄准效果。其次，在改善贫困识别机制控制贫困测量误差以后，本章仍然发现农村低保存在瞄准偏误。这说明，除了贫困测量误差之外，还有很多因素会影响农村低保的瞄准效果。这些因素可能来自农村低保制度本身，或者也可能来自与其相关的财政政策、基层治理模式等方面。因此，需要更多的研究来探讨农村低保瞄准效果的影响因素，从而为政策的改进提供理论支持。

参考文献

[1] 贺雪峰，刘勤. 农村低保缘何转化为治理手段 [J]. 中国社会导刊，2008 (3).

[2] 李实等. 21 世纪中国农村贫困特征与反贫困战略 [M]. 北京：经济科学出版社，2018.

[3] 李小云，董强，刘启明，王妍蕾，韩璐. 农村最低生活保障政策实施过程及瞄准分析 [J]. 农业经济问题，2006 (11).

[4] 李艳军. 农村最低生活保障目标瞄准机制研究 [J]. 现代经济探讨，2011 (1).

[5] 民政部. 2012 年社会服务发展统计公报 [R]. 2013.

［6］徐月宾，张秀兰. 我国城乡最低生活保障制度若干问题探讨［J］. 东岳论丛，2009（2）.

［7］易红梅，张林秀. 农村最低生活保障政策在实施过程中的瞄准分析［J］. 中国人口资源环境，2011（6）.

［8］王小林，Sabina Alkire. 中国多维贫困测量：估计和政策含义［J］. 中国农村经济，2009（12）.

［9］Coady, D., Grosh M., & Hoddinott, J. (2004). *Targeting of transfers in developing countries：Review of lessons and experience*. Washington, D. C.：The World Bank.

［10］Chen, S., Ravallion, M., & Wang, Y. (2006). *Di Bao：A guaranteed minimum income in China's cities*. World Bank Policy Research Working Paper No. 3805.

［11］Ravallion, M. (2008). Miss-targeted or miss-measured? *Economics Letters*, 100（1）, 9 – 12.

［12］World Bank. (2009). *From poor areas to poor people：China's evolving poverty reduction agenda*. World Bank Report No. 47349 – CN.

| 第二章 |
中国农村低保制度的保护效果研究 *

一、引　言

改革开放以来，伴随着经济快速增长以及积极的开发式扶贫战略，中国在农村减贫领域取得了举世瞩目的成就。但是，近些年来，在经济增速放缓的同时，农村贫困模式也出现了一些新的变化。比如，农村贫困人口由原来的相对集中变得越来越分散（Golan et al.，2017）。相当比例的农村人口因不具备发展能力而陷入持续性贫困（都阳、蔡昉，2005）。不断推进的市场化改革和经济全球化使得农村家庭面临更多的风险和不确定性，从而导致其陷入暂时性贫困的可能性增加（朱玲，2011）。在此基础上，一些学者指出，新的贫困模式下很多农村贫困人口再难从传统的开发式扶贫项目中获益，建立更完善的社会保护网络应该成为新时期扶贫体制调整的重点（徐月宾等，2007）。

作为农村社会保护体系的核心制度，低保救助于 2007 年在中国农村地区全面铺开。之后，在各级政府的大力推动下，农村低保制度发展迅猛，到目前已经成为以"精准扶贫"为导向的农村减贫新战略的重要组成部分。国家民政部统计数据显示，截至 2015 年底，全国农村低保对象已达到 2 846.2 万户、4 903.6 万人。2015 年，全年各级财政共支出农村低保资金 931.5 亿元，全国平均农村低保标准和平均补助水平分别为 3 177.6 元/人·年和 1 766.5 元/人·年（民政部，2016）。无论从覆盖人口数量，还是从投入资金金额来看，中国农村低保都已成为世界上规模最大的减贫性现金转移支付项目之一

＊ 本章为笔者和高琴教授合作的一篇文章。原文发表于《公共管理学报》2017 年第 2 期，并在 2020 年 7 月获得中国社会保障学会颁发的第二届社会保障优秀科研成果二等奖。收入本书时做了适当改动。

（World Bank，2014）。因此，对农村低保救助制度执行效果进行全面系统的评估研究具有重大的政策意义。

在官方的政策文本中，农村低保被定位为一种"托底线"的政策工具来为贫困人口提供最后的安全网。农村低保主要通过家计调查来瞄准贫困人口，并且按照家庭人均收入低于当地低保标准的差额进行补贴①。从政策设计的角度不难看出，农村低保的政策目标在于缓解农村绝对贫困，而这一目标的实现则依赖于两个关键环节的有效执行：第一，贫困人口能够被精准甄别（瞄准问题）；第二，被精准甄别出的贫困人口能够得到足额施保（救助充足性问题）。如果瞄准和救助充足性都能按照政策规定严格执行，那么农户无论是因缺乏劳动能力而陷入持续性贫困，还是因负面冲击而造成暂时性困难，他们都能获得维持其基本生活水平的低保救助金，从而脱离贫困状态。因此，在评估农村低保的保护性效果时，本章也主要从瞄准效果、救助充足性，以及减贫效应三个方面来展开分析。评估减贫效应旨在揭示农村低保最终政策目标的实现状况，而瞄准效果和救助充足性的分析则有助于探索这两个关键环节是否得到有效执行。以上三个方面的系统评估可以为相关决策部门提供全景式的经验证据，这对于进一步优化农村低保政策设置，并最终加强其保护性效果具有重大价值。

在对农村低保进行效果评估时会遇到两个方面的挑战。第一个挑战表现为，在瞄准效果评估过程中究竟如何界定并识别绝对贫困。按照中央政府的政策文本，农村低保应该以家计调查为主要手段，并通过比较家庭人均收入水平和贫困线（低保标准）来识别绝对贫困家庭（低保家庭）。但是，在分权化的实际政策执行中，农村低保并没有严格按照政策文本中要求的瞄准策略来识别绝对贫困家庭（Kuhn et al.，2016）。中国农村地区现金、实物经济发达，非正规就业普遍存在，收入信息系统不完善，在这样的背景下，家计调查的执行成本非常高。再加上低保政策设置存在诱发申请者隐匿收入的较强激励，因此即使进行家计调查，最终的收入测量误差也很大。因此，很多地区采纳了更具成本和信息优势的"社区瞄准"机制来确定低保资格（刘凤芹、徐月宾，2016）。在社区瞄准机制下，为了识别绝对贫困家庭，收入核

---

① 见 2014 年 5 月 1 日起实施的《社会救助暂行办法》第一条、第二条、第九条和第十二条。

查、邻里走访、民主评议等多种手段被综合使用。此时，除了收入水平之外，影响家庭创收能力和实际生活水平的其他诸多因素都会成为识别绝对贫困家庭的重要标准。在这样的背景下，如果在瞄准效果评估中仍然仅仅以家庭收入作为贫困识别标准，那么以此为基础"评估出的瞄准偏误结果"就可能偏离"真实的瞄准偏误状况"。出现这种偏离的原因在于，评估出的瞄准偏误结果中有一部分只是由于评估中和现实执行中采纳差异化的贫困识别标准所导致。为了克服这一问题，本章在评估农村低保瞄准效果时，不仅以家庭收入来识别绝对贫困，而且进一步通过 Ravallion 反事实模型和 Alkire-Foster 多维度贫困测量框架两种方法来拓展贫困识别标准，以期在更精准识别农村绝对贫困的基础上获得更为可靠的瞄准效果评估结果。

农村低保效果评估面临的第二个挑战在于，低保救助引起的行为激励效应可能对评估结果产生干扰，因此需要对行为激励效应的严重程度进行必要的检验。在评估低保的瞄准效果、救助充足性和减贫效应时，均会涉及低保家庭接受救助前人均收入的反事实测量问题。该反事实收入无法直接观察获得，因此文献中一般通过"低保家庭接受救助后的人均收入－家庭人均低保金"来对其进行测量（Golan et al., 2017）。但是，使用该测量方法的一个重要前提是，低保救助本身不会对受助者产生行为激励效应。然而，来自理论和实证两方面的文献均不支持这样的假定①。当低保救助对受助者产生负（正）向的行为激励时，通过以上测量方法会低（高）估接受救助前的反事实收入，进而扭曲农村低保效果评估结果。另外，从农村低保的政策设计来看，家计调查的瞄准和补差式救助意味着贫困个体面临 100% 的边际税率，即救助前收入任何数额的增加都会导致救助金同等数额的减少。显然，这种政策设置本身就容易诱发负向行为激励。尽管在低保实际执行中，无论是瞄准还是救助金额的确定，均在很大程度上偏了初始的政策设置，但是关于农村低保行为激励效应的严重程度仍然未得到文献较为充分的考察。我们将使用倾向值匹配（PSM）和估计边际税率两种方法对低保引致的负向行为激励效应做出检验，这不仅有助于验证本章低保效果评估中反事实收入测量结果的可靠性，而且还可以为未来更为深入的农村低保激励效应研究提供一个

---

① 关于现金转移支付引起行为激励效应的文献见本章第二部分。

有用的逻辑起点。

本章的结构安排如下：第二部分对已有的相关文献进行梳理，并指出本章的潜在贡献；第三部分对本研究所使用的数据进行介绍，同时对关键性变量进行描述性统计分析；第四部分从瞄准效果、救助充足性和减贫效应三个方面评估农村低保的保护效果；为了进一步验证保护效果评估结果的可靠性，第五部分通过倾向值匹配比较方法和边际税率估计方法对农村低保的行为激励效应做出检验。第六部分给出结论和政策启示。

二、相关文献综述

（一）现金转移支付减贫机制理论研究

20 世纪 90 年代前后，减贫性现金转移支付项目开始在发展中国家蓬勃兴起，关于其减贫机制的理论研究成为发展经济学界的重大热点。德雷兹和森（Drèze and Sen，1989）开创性地将现金转移支付项目的减贫机制区分为保护性（protection）机制和促进性（promotion）机制两大类。现金转移支付的保护性减贫机制反映了传统的济贫观念，即通过提供救助使得贫困人口的当期收入不低于某个基准水平，从而保证其最基本的生存需要。促进性减贫机制则更多地关注现金转移对贫困的长期动态影响，它又可以进一步区分为正面促进性减贫机制和负面促进性减贫机制两类。在正面促进机制下，通过消除信贷约束和改善家庭内部资源配置等路径，现金转移可以促进家庭人力资本和物质资本的积累和生产能力的提升，从而帮助接受救济者跳出贫困陷阱（Barrientos，2012）。负面促进机制则主要体现为现金转移引起的负向行为激励。具体的，对受助者产生的负向就业激励，以及挤出受助家庭可获得的私人转移收入是这种负面促进的主要机制（Cox et al.，1998；Moffitt，2002）。

（二）国外现金转移支付项目的保护性减贫效果实证研究

对于现金转移支付项目的保护性减贫效果，国外文献主要通过比较项目执行前后家庭福利水平和贫困程度的差异，以及评估转移支付项目的瞄准效果两个方面来进行研究。来自发展中国家的大量证据表明，现金转移支付在提高受助家庭的消费水平（Case and Deaton，1998；Fiszbein et al.，2009），降低受助家庭的贫困状况方面效果显著（Maitra and Ray，2003）。但是，在发展中国家中，同样存在现金转移项目减贫效果不佳的证据（Lokshin and Ravallion，2000；Dominique，2004）。一系列文献基于漏保率、错保率、贫困人口获得救助份额、CGH、DCI 等指标评估了不同现金转移项目的瞄准效果，结果发现瞄准偏误在发展中国家现金转移项目实践中非常普遍（Coady et al.，2004）。进一步的，基于回归模型的分析表明，较高的瞄准偏误会显著降低项目的减贫效果（Suryadarma and Yamauchi，2013）。

（三）国外现金转移支付项目的负向行为激励实证研究

在对现金转移支付项目的负向行为激励的实证研究中，国外文献主要检验了转移项目的就业激励效应和对私人转移的挤出效应两种机制。首先，关于现金转移是否会造成负向就业激励的实证结果存在较大争议。在发达国家中，一些来自美国和加拿大的证据发现现金转移支付会显著降低受助者的工作时间和劳动收入（Burtless，1986；Lemieux and Milligan，2008），但欧美国家同时也存在现金转移未引起负向工作激励的证据（Moffitt，2015）。发展中国家中，来自斯里兰卡和墨西哥的证据并未发现显著的负向就业激励（Sahn and Alderman，1996；Parker and Skoufias，2000），而来自南非的研究却发现现金转移降低了受助者及其同住家庭成员的工作参与率和工作时间（Bertrand et al.，2003）。现金转移还可能对受助家庭可获得的私人转移支付产生挤出效应，关于该效应的证据在发展中国家也颇为普遍（Cox and Jimenez，1992；Maitra and Ray，2003）。一些研究还进一步发现这种挤出效应会随着贫困水平的提高而增强（Maitra and Ray，2003）。

（四）中国城市低保的保护性减贫效果和负向行为激励实证研究

由于中国城市低保建立时间较长，学界对其政策效果的研究较为充分。李实和杨穗（2009）、古斯塔夫森和邓曲恒（Gustafsson and Deng，2011），以及高琴等（Gao et al.，2009；2015a）基于 CHIP 数据，拉瓦雷等（Ravallion et al.，2008）和拉瓦雷（Ravallion，2009）基于国家统计局城市居民短问卷调查数据，都阳和朴之水（2007）和王美艳（Wang，2007）基于社科院人口所采集的大样本家户调查数据，均对城市低保的减贫效果进行了深入分析，结果一致表明，城市低保对降低受助家庭的贫困水平具有较显著的效应，但较大的瞄准误差却限制了其减贫作用的更好发挥。拉瓦雷（Ravallion，2008）在控制了收入测量误差的基础上重新考察了城市低保的瞄准效果，结果发现瞄准偏误仍然不容忽视。对于城市低保的负向行为激励效应，拉瓦雷等（Ravallion et al.，2008）基于倾向值匹配比较和估计边际税率两种方法进行了最初的探索。之后，拉瓦雷和陈少华（Ravallion and Chen，2015）使用工具变量法，在控制了潜在异质性和测量误差的基础上重新估计了城市低保的边际税率。这两项研究得到类似的结论，即城市低保并不会引致显著的负向行为激励。通过倾向值匹配基础上的回归分析，高琴等（Gao et al.，2015b）考察了城市低保对受助家庭户主时间利用模式的影响，结果发现低保并没有对户主工作时间产生显著影响，这从另一个侧面支持了拉瓦雷等（Ravallion et al.，2008）和拉瓦雷和陈少华（Ravallion and Chen，2015）的结论。

（五）中国农村低保的保护性减贫效果和负向行为激励实证研究

由于开展时间较晚，目前文献对中国农村低保保护性减贫效果，以及与此相关的负向行为激励的研究还相对较少。一些学者基于定性方法针对典型村庄的低保运行状况和政策效果进行了考察。例如，李小云等（2006）及李迎生和李泉然（2015）通过案例调查分析指出，在乡村特有的社会结构和基层治理模式下，农村低保运行中存在核查主体渎职徇私、核查过程主观随意、监督机制约束力弱化等问题，这直接导致了农村低保的错位分配和瞄准偏误。陈元刚和徐智垠（2013）则基于田野调查发现，农村低保存在潜在的负向行为激励效应和福利依赖风险。尽管针对典型案例的定性分析有助于挖掘低保运行失范的深层机理，但是这类研究存在主观性强和外部效度差的缺陷。要想对农村低保的运行效果，包括其保护效果和负向行为激励效应做出更可靠的评估，则需要基于大样本微观家户数据进行更严格的定量分析。

近几年，随着相关大样本微观数据搜集工作的推进，一些关于农村低保瞄准效果和减贫效应的定量评估文献开始出现。例如，易红梅和张林秀（2011）基于来自江苏、四川、陕西、吉林和河北 5 个省 101 个村庄的抽样调查数据，韩华为和徐月宾（2013）基于河南、陕西两省 72 个村庄的抽样调查数据，陈传波和王倩茜（2014）基于湖北、四川两省 120 个村庄的抽样调查数据，戈兰等（Golan et al.，2017）基于具有全国代表性的 CHIP 数据，均对农村低保的瞄准效果进行了严格的计量分析，结果显示，在以家庭收入为标准识别绝对贫困家庭时，农村低保瞄准效果不佳，漏保和错保并存。针对农村低保瞄准问题，也有一些研究得出不同的结论。比如，刘凤芹和徐月宾（2016）使用中西部五省抽样调查数据，在扩展贫困识别标准之后重新考察了农村低保的瞄准效果，结果发现，当在识别贫困家庭时综合使用收入、支出、人力资本状况、风险冲击等多个因素之后，农村低保的瞄准效果变得较为理想。少量文献也利用大样本数据对农村低保的减贫效果进行了初步评估，结论表明，农村低保对其受助样本的减贫效果比较理想，但对总样本和贫困样本的减贫效果则不明显，而较高的瞄准偏误和救助水平不足是制约农村低保减贫效果的重要因素（Golan et al.，2017；韩华为、徐月宾，2014）。

到目前为止，利用大样本数据和严格的计量方法考察农村低保负向行为激励的研究极其稀少。唯一能够获得的证据来自高琴等（Gao et al.，2015b），该研究基于 2010 年 CFPS 数据分析了农村低保对受助家庭户主时间利用模式的影响，结果发现获得低保会显著减少户主的工作时间，这一结论意味着农村低保存在引致负向行为激励的潜在可能性。

（六）文献评述及本章的潜在贡献

中国农村低保是典型的以减贫为主旨的现金转移支付项目。与此相关的减贫机制理论为本研究提供了基础性的研究框架。基于经典的现金转移支付减贫机制理论，结合农村低保具体的政策设置，我们不难得出以下判断：农村低保项目更多地体现了保护性减贫机制，而不是正面的促进性减贫机制[1]；另外，农村低保的政策设置容易诱发较为严重的负向行为激励，而这种激励效应对于保护性减贫效果评估中测算反事实收入水平具有重要影响。基于此，本章实证研究将重点集中于农村低保保护性减贫效果的评估，为了保证评估结果的可靠性，我们会进一步对农村低保负向行为激励的严重程

---

[1]　与农村低保项目相比，开发式扶贫项目（比如产业扶贫、教育扶贫、金融扶贫等项目）则更直接地体现了正面促进性减贫机制。

度做出初步检验。

国外针对现金转移支付保护性减贫效果和负向行为激励效应的实证研究，以及对中国城市低保的相关研究在实证方法层面为本章提供了重要借鉴。而具体到农村低保保护性减贫效果和负向行为激励效应的已有研究文献，却主要存在以下几个方面的缺陷。首先，从所使用的数据来看，大部分文献使用的家户数据局限于特定的几个省份（易红梅、张林秀，2011；韩华为、徐月宾，2013；陈传波、王倩茜，2014；韩华为、徐月宾，2014；刘凤芹、徐月宾，2016）。在唯一使用了具有全国代表性数据的一项研究中，由于家庭层面的低保金数据无法获得，该研究只能通过乡村层面甚至县市层面的平均值来对其进行估算，而这种估算显然降低了研究结论的可靠性（Golan et al.，2017）。其次，对于瞄准效果的研究，以往文献大多通过家庭人均收入来识别贫困，但是农村低保实际执行过程中对贫困的界定和识别更趋多维化，单一的收入贫困识别手段会将"贫困测量误差"混淆为"低保瞄准偏差"。尽管刘凤芹和徐月宾（2016）在农村低保瞄准评估中将更多的维度纳入贫困识别中，但是该研究在加总各项贫困维度时未能使用规范性的框架，因此沿该思路的考察需要基于更严格的多维度贫困测量技术进行深化。最后，对于农村低保负向行为激励效应的研究大多以基于田野调查的定性研究为主，尽管高琴等（Gao et al.，2015b）给出了初步的探索，但该研究仅考察了低保对家庭户主工作时间的影响。低保不仅可能对户主以外的其他家庭成员的行为产生影响，而且还可能通过挤出可获得的私人转移支付对低保家庭的收入产生负面效应，而这些都是低保负向行为激励的重要作用机制，所以还需要基于更恰当的方法对负向行为激励给予更全面的考量。

相应的，本研究边际贡献主要体现在以下几个方面。第一，本章实证研究基于2012年来自全国24个省份的数据，这使得结论更具有代表性和时效性。第二，在瞄准效果研究中，本研究通过Ravallion反事实模型和Alkire-Foster多维度贫困测量框架两种方法拓展贫困识别标准，以期在更精准识别农村绝对贫困的基础上获得更为可靠的瞄准效果评估结果。第三，本章将基于倾向值匹配（PSM）和估计边际税率两种方法来对农村低保的负向行为激励做出检验，这不仅有助于验证本章低保保护效果评估中反事实收入测量结果的可靠性，而且还可以为未来更深入探讨农村低保激励效应提供重要启发。

最后，本章从经验上较为全面地考察了农村低保的政策影响，为检验政策实施效果以及未来优化政策实施方案提供了扎实的经验证据。

三、数据和变量描述

（一）数据来源

本章实证研究所使用的数据主要来自北京大学中国社会科学调查中心执行的中国家庭追踪调查（china family panel studies，CFPS）。为了提高抽样的代表性，CFPS 采用了多阶段、内隐分层和与人口规模成比例的系统概率抽样设计。该调查以 2010 年为基期，每两年进行一次追踪，旨在通过对来自全国代表性的样本村居、家庭、家庭成员的跟踪调查，以反映中国的经济发展和社会变迁状况。作为一项具有全国代表性的高质量微观数据集，CFPS 数据在社会科学各领域已经得到了广泛的应用。2010 年 CFPS 基期调查中并未包含关于农村家庭低保金收入的信息，该调查 2012 年第一次追踪时开始增加对其进行询问。考虑到低保金收入是本研究涉及的核心变量之一，因此我们主要以 CFPS 2012 年第一次追踪调查数据为基础来展开实证分析。除了低保金收入，CFPS 2012 年在个体和家庭两个层面提供了包括人口、社会和经济等方面的大量信息，这些信息为本章深入探讨农村低保救助的保护效果和负向行为激励效应提供了充分的数据基础。另外，相关的低保标准和农村消费物价指数数据则来自民政部网站及各年度中国统计年鉴。

本章以农村家庭为研究单位。但是，除了家庭特征之外，研究过程中还需要控制户主特征。因此，我们首先将 CFPS 2012 成人数据库并入家庭数据库，然后选择其中的农村样本。删除相关变量的缺失值之后，最终我们获得来自 24 个省（区市）[①]，155 个县（区市），487 个行政村的 8 251 个农村家庭样本。按照 CFPS 2012 的抽样设计，在所有省（区市）中，辽宁、上海、广东、河南和甘肃这五大省（市）的样本具有各自省（市）的代表性。表 2-1

[①]　尽管 CFPS 2012 涵盖了全国 25 个省（区市），但北京市所有样本均为城市家庭样本，所以 CFPS 2012 农村样本涵盖了其中的 24 个省（区市）。

给出了全国，以及五个具有代表性省（市）的样本数量及农村低保基本信息（见表2-1）。该表数据显示，全国农村家庭低保覆盖率为12.70%，人均低保金和平均低保标准分别为432.08元/人·年和1 718.40元/人·年。各省（市）之间在低保覆盖率、人均低保金①和平均低保标准方面差异显著。从低保覆盖率来看，西部省份甘肃最高，中部省份河南居中，而来自东部的辽宁、广东和上海最低。平均低保标准则正好相反，来自东部的上海、广东和辽宁居于最高，中部省份河南居中，而西部省份甘肃则最低。对于人均低保金，东部地区总体上高于中西部地区，但是，西部的甘肃则显著高于中部的河南。

表2-1　　　　　　　　样本数量及农村低保基本信息

地区	总样本量（户）	低保样本数（户）	低保覆盖率（%）	人均低保金（元/人·年）	平均低保标准（元/人·年）
辽宁	729	62	8.50	541.51	1 944.48
上海	286	14	4.90	609.73	4 320.00
广东	647	47	7.26	604.80	2 352.24
河南	960	109	11.35	320.09	1 254.24
甘肃	1 193	260	21.79	543.96	1 092.24
全国	8 251	1 048	12.70	432.08	1 718.40

资料来源：第二到五列根据CFPS 2012样本数据计算获得，最后一列来源于民政部网站公布的2011年12月份全国及各省份平均低保标准，http://files2.mca.gov.cn/cws/201202/20120209130328306.htm。

（二）变量描述性统计分析

表2-2对家庭总样本、非低保家庭样本和低保家庭样本的户主特征和家庭特征分别进行了描述性统计。另外，表2-2还检验了各类特征在非低保样本和低保样本之间是否存在显著性差异。从户主特征来看，与非低保户户主相比，低保户户主年龄更大、不在婚比例更高、受教育程度更低、失业和因年老病残无法工作的比例更高、健康水平更差、少数民族的比例更高。从家庭特征来看，与非低保家庭相比，低保家庭的儿童数量少，老年人数量多，

① 这里的人均低保金=低保家庭获得的低保金÷家庭总人口。在农村低保实际执行中，"低保户变成低保人"的现象广泛存在（贺雪峰，2013），表现为低保家庭中并不是所有成员都能获得低保。因此，该表中人均低保金从数值上显著低于官方公布的低保人口人均低保金。

家庭人均纯收入和净资产都更低。最后，从地区分布来看，低保家庭更多地集中在西部地区，而东部地区的非低保家庭比例更高。所有这些差异都具有统计上的显著性。

表 2-2　　　　样本家庭主要特征的描述性统计

项目	总样本		非低保户样本		低保户样本	
	均值	标准差	均值	标准差	均值	标准差
户主特征						
年龄	51.154	12.994	50.543	12.670	55.257	14.332***
性别（女性=1）	0.233	0.423	0.231	0.421	0.250	0.433
婚姻状况（不在婚=1）	0.128	0.334	0.111	0.314	0.244	0.429***
受教育程度						
文盲或半文盲	0.257	0.437	0.236	0.425	0.402	0.491***
小学	0.270	0.444	0.268	0.443	0.283	0.451
初中	0.348	0.476	0.361	0.480	0.257	0.437***
高中及以上	0.125	0.330	0.135	0.341	0.059	0.236***
就业状况						
在业	0.823	0.382	0.838	0.369	0.721	0.449***
因年老或病残无法工作	0.099	0.299	0.083	0.276	0.205	0.404***
离退休	0.011	0.103	0.012	0.107	0.005	0.069*
做家务劳动	0.014	0.118	0.014	0.119	0.014	0.116
其他	0.054	0.225	0.053	0.225	0.056	0.229
自评健康						
非常健康	0.081	0.273	0.085	0.279	0.056	0.229**
很健康	0.176	0.381	0.183	0.387	0.131	0.338***
比较健康	0.329	0.470	0.337	0.473	0.277	0.448***
一般	0.206	0.405	0.205	0.404	0.216	0.412
不健康	0.207	0.405	0.191	0.393	0.319	0.466***
少数民族	0.130	0.336	0.111	0.315	0.253	0.435***
中共党员	0.090	0.287	0.090	0.287	0.090	0.286
家庭特征						
家庭规模	3.916	1.788	3.930	1.765	3.820	1.932
18岁以下儿童数量						
0个	0.445	0.497	0.440	0.496	0.481	0.500*
1个	0.313	0.464	0.317	0.465	0.285	0.451
2个及以上	0.242	0.428	0.243	0.429	0.235	0.424

项目	总样本		非低保户样本		低保户样本	
	均值	标准差	均值	标准差	均值	标准差
60 岁及以上老人数量						
0 个	0.539	0.499	0.568	0.495	0.344	0.475 ***
1 个	0.251	0.434	0.237	0.425	0.349	0.477 ***
2 个及以上	0.210	0.407	0.196	0.397	0.306	0.461 ***
家庭人均纯收入（千元）	9.862	13.073	10.352	12.919	6.569	13.621 ***
家庭人均净资产（千元）	58.325	118.513	61.666	124.085	35.880	66.281 ***
所在地区						
东部	0.392	0.488	0.413	0.492	0.249	0.432 ***
中部	0.292	0.455	0.293	0.455	0.284	0.451
西部	0.316	0.465	0.293	0.455	0.467	0.499 ***
样本量	8 251		7 203		1 048	

注：①本表中家庭人均纯收入不含低保救助金；

②家庭人均净资产来自靳永爱和谢宇（2014）的测算结果。这里的家庭资产为扣除家庭负债的家庭净资产，具体包括土地、房产、金融资产、生产性固定资产、耐用消费品几大类资产的净值；

③检验各类特征在低保样本和非低保样本之间的显著性差异时，对于连续性变量，使用 t 检验，对于虚拟变量，则使用卡方检验，检验结果在最后一列显示；

④ $*p < 0.1$，$**p < 0.05$，$***p < 0.01$。

四、农村低保的保护效果分析

在本章中，我们将基于样本数据从瞄准效果、救助充足性和减贫效应三个角度对农村低保的保护效果进行系统评估。为了叙述方便，每个小节均遵循以下结构：首先介绍研究方法，然后给出基于该方法的实证结果并进行简要的讨论。

（一）农村低保的瞄准效果

如何精确地识别绝对贫困家庭是瞄准效果分析的关键环节。由于政策文本所规定的家计调查瞄准方法和补差式的救助模式，传统的农村低保瞄准分析一般都通过家庭人均收入为标准来识别绝对贫困家庭。但是，在实际的低保政策执行过程中，很多地区使用了社区瞄准机制。在社区瞄准机制下，除了收入水平之外，影响家庭创收能力和实际生活水平的其他诸多因素都会成为识别绝对贫困家庭的重要标准。为了避免将"贫困测量偏误"混淆为"低保瞄准偏误然",我们需要扩展农村绝对贫困识别标准,并通过规范化框架构建体现多维度贫困的加总性指数,并以此为基础来评估农村低保的瞄准效果。具体的,我们将通过 Ravallion 反事实模型和 Alkire-Foster 多维度贫困测量框架两种方法来实现以上目标。

1. 基于 Ravallion 反事实模型的绝对贫困识别

与拉瓦雷（Ravallion,2008）所使用的反事实模型类似,我们设定潜变量 Y^* 为一个衡量家庭福利水平的综合指标,它代表折算为货币单位的家庭福利水平。Y 代表家庭人均纯收入。向量 X 表示影响家庭福利水平的其他变量,它包括表 2-2 所列出的除家庭人均纯收入之外的所有变量。对于任意农户 i,我们设定三者之间存在如下关系:

$$\ln(Y_i^*) = \alpha \ln(Y_i) + \pi X_i + \varepsilon_i \qquad (2-1)$$

其中,ε_i 代表影响家庭福利水平的随机冲击,并且 $\varepsilon_i \sim N(0, \sigma_\varepsilon)$。如果用 Z 来表示低保标准,则对于任意农户 i,当 $Y_i^* < Z_i$ 时,该农户就可以获得低保救助。由于 $\varepsilon_i \sim N(0, \sigma_\varepsilon)$,所以农户 i 获得低保的概率可以用下式来表示:

$$
\begin{aligned}
\Pr(Y_i^* < Z_i) &= \Pr(\ln Y_i^* < \ln Z_i) \\
&= \Pr(\alpha \ln Y_i + \pi X_i + \varepsilon_i < \ln Z_i) \qquad (2-2) \\
&= \Pr(\varepsilon_i < \ln Z_i - \alpha \ln Y_i - \pi X_i) \\
&= F[(\ln Z_i - \alpha \ln Y_i - \pi X_i)/\sigma_\varepsilon]
\end{aligned}
$$

不难看出,式（2-2）恰好满足因变量为农户是否获得低保的 Probit 模型设定,因此我们可以基于 Probit 模型来估计各类自变量前面的系数。值得注意的是,本研究使用的低保标准是各省份内部的平均低保标准,如果在控制省份虚拟变量的基础上继续控制低保标准,则必然引起完全共线性。所以,我们在回归方程中控制省份虚拟变量之后,并没有再添加低保标准变量。表 2-3 给出了 Probit 模型的回归结果。回归结果显示:显著提高农户获得低保概率的因素包括户主为女性、户主不在婚、户主较低的受教育程度、户主因年老或病残无法参加工作、户主较差的健康状况、家庭儿童数量较少、家庭老人数量较多、较低的家庭人均纯收入和人均净资产。

表 2 - 3　　　　　　　　农村低保获得决定因素 Probit 回归结果

自变量	回归系数	标准误	回归系数	标准误
户主特征				
年龄	- 0.001	0.003	- 0.002	0.003
性别（女性 = 1）	- 0.104	0.063 *	- 0.115	0.064 *
婚姻状况（不在婚 = 1）	0.430	0.081 ***	0.423	0.080 ***
受教育程度（基准组 = 文盲或半文盲）				
小学	- 0.133	0.066 **	- 0.191	0.068 ***
初中	- 0.146	0.069 **	- 0.216	0.072 ***
高中及以上	- 0.301	0.102 ***	- 0.347	0.107 ***
就业状况（基准组 = 在业）				
因年老或病残无法工作	0.172	0.087 **	0.185	0.089 **
离退休	- 0.233	0.255	- 0.136	0.285
做家务劳动	0.062	0.177	0.043	0.190
其他	0.076	0.111	0.003	0.111
自评健康（基准组 = 不健康）				
一般	- 0.131	0.073 *	- 0.140	0.074 *
比较健康	- 0.161	0.068 **	- 0.164	0.069 **
很健康	- 0.314	0.083 ***	- 0.262	0.084 ***
非常健康	- 0.236	0.109 **	- 0.222	0.110 **
少数民族	0.484	0.070 ***	0.069	0.087
中共党员	0.096	0.090	0.073	0.091
家庭特征				
家庭规模	0.033	0.018 *	0.029	0.018
18 岁以下儿童数量（基准组 = 0 个）				
1 个	- 0.001	0.069	- 0.038	0.071
2 个及以上	- 0.192	0.088 **	- 0.320	0.088 ***
60 岁及以上老人数量（基准组 = 0 个）				
1 个	0.212	0.064 ***	0.217	0.065 ***
2 个及以上	0.378	0.073 ***	0.396	0.073 ***
ln（家庭人均纯收入 - 人均低保救助金）	- 0.138	0.017 ***	- 0.145	0.017 ***
家庭人均净资产（基准组 = 最少的 25%）				
较少的 25%	- 0.137	0.063 **	- 0.155	0.065 **
较多的 25%	- 0.336	0.072 ***	- 0.352	0.073 ***
最多的 25%	- 0.445	0.077 ***	- 0.438	0.079 ***

续表

自变量	回归系数	标准误	回归系数	标准误
常数项	0.135	0.216	0.331	0.384
地区虚拟变量	未控制		控制	
Wald 卡方检验	428.440***		538.450***	
Pseudo R^2	0.1269		0.1692	
样本数	8 251		8 251	

注：* p<0.1，** p<0.05，*** p<0.01。

利用以上回归结果，我们可以拟合出每个农户获得低保救助的倾向性分数。该倾向性分数可以被看作一个多维度贫困度量，倾向性分数值越大，说明该农户的贫困程度越高。以此为基础，我们通过考察低保金十等分分布和测算低保瞄准指标两类方法来对农村低保的瞄准效果进行评估。

首先，按照倾向性分数对所有样本农户进行排序，分成十等分之后，我们可以计算每个十等分组群所获得的低保金占低保金总额的比例。表 2-4 给出了低保金在十等分组群中的分布情况。为了比较消除贫困测量误差前后的分布差异，该表同时也给出了按照家庭人均收入排序后十等分组群的低保金分布状况。不难看出，基于反事实模型消除贫困测量误差之后，通过低保金倾向值十等分分布显示的农村低保瞄准效果要更好。收入最低的 20% 的人口获得的总低保金比例仅为 32.99%，而倾向性分数最低的 20% 的人口获得总低保金比例则提到了 51.15%。收入最高的 50% 的人口获得的总低保金比例高达 34.3%，而倾向性分数最高的 50% 的人口获得的总低保金比例则降低为 21.16%。尽管如此，相当比例的低保金仍然被家庭福利水平较高的群体获得，这表明农村低保还是存在显著的瞄准偏误。

表 2-4　　　　全部低保金在十等分样本组群中的分布情况

收入十等分	收入十等分获得低保金比例	收入十等分获得低保金累积比例	倾向性分数十等分	倾向性分数十等分获得低保金比例	倾向性分数十等分获得低保金累积比例
1	18.13	18.13	1	28.96	28.96
2	14.86	32.99	2	22.19	51.15
3	10.79	43.78	3	13.29	64.44
4	10.41	54.19	4	7.96	72.40
5	11.51	65.70	5	6.44	78.84

收入十等分	收入十等分获得低保金比例	收入十等分获得低保金累积比例	倾向性分数十等分	倾向性分数十等分获得低保金比例	倾向性分数十等分获得低保金累积比例
6	8.79	74.49	6	6.10	84.94
7	8.31	82.80	7	5.83	90.77
8	7.97	90.77	8	5.22	95.99
9	3.92	94.69	9	2.29	98.28
10	5.31	100.00	10	1.72	100.00

评价农村低保瞄准效果的另外一种方法是测算其瞄准指标。本章基于样本数据测算了四类瞄准指标：漏保率（所有贫困农户中未获得低保救助的比例）、错保率（所有获得了低保救助的农户中非贫困农户的比例）、贫困人口获得的低保金占总低保金的比例（用 SHARE 来表示）和 CGH 指标（Coady et al.，2004）。从数值上来看，CGH 指标可以通过 SHARE 除以贫困发生率获得。由于当总低保金以普惠方式平均分配时，贫困农户可以获得的低保金比率恰好等于贫困发生率，因此，CGH 指标衡量的是与普惠式平均分配救助金相比，实际低保瞄准机制下贫困人口获得的低保金的相对大小。漏保率和错保率越高，说明低保瞄准效果越差，而 SHARE 和 CGH 越高，说明低保瞄准效果越好。

无论测算哪种瞄准指标，都需要首先对贫困人口进行识别。传统的方法是按照家庭人均收入是否低于某条贫困线来确定贫困。为了获得稳健的测算结果，我们在识别收入贫困过程中使用了四条不同的贫困线。这四条贫困线分别是：各省平均农村低保标准①、农村官方贫困线（2 300 元/人·年）以及两条国际贫困线（1.25 元/人·天和 2.00 元/人·天）。经过购买力平价和农村消费物价指数的折算和调整，低水平的国际贫困线（1.25 美元/人·天）比官方贫困线更低，而高水平的国际贫困线（2 美元/人·天）则高于官方贫困线②。同时，为了消除地区间物价差异引起的偏误，本章还通过勃兰特和

① 由于 CFPS 数据未给出区县名称信息，因此，尽管民政部管理数据给出了全国各区县的低保标准，但是我们仍然无法使用区县低保标准来识别相应区县样本的贫困状况。

② 调整地区物价差异之前，以 2012 年不变价表示，官方贫困线等价于 2 494 元/人·年，1.25 美元/人·天和 2.00 美元/人·天分别等价于 2 015 元/人·年和 3 223 元/人·年。

霍尔茨（Brandt and Holz，2006）给出的地区间农村物价指数对官方贫困线和两条国际贫困线进行了调整。

如前所述，在农村低保的政策背景下，根据家庭人均收入来识别农村绝对贫困可能将"贫困测量偏误"混淆为"低保瞄准偏误"。为了克服这种缺陷，我们另外用基于 Ravallion 反事实模型拟合得到的倾向性分数来识别贫困。按照倾向性分数对所有农户进行排序后，我们定义倾向性分数最高的 1 048 个农户为贫困农户。之所以选择倾向性分数最高的 1 048 户为界定贫困的节点，是因为样本中实际低保户数量恰好为 1 048 户。在这里，我们采纳了与拉瓦雷（Ravallion，2008）和戈兰等（Golan et al.，2017）完全一致的处理策略。

表 2 - 5 给出了不同贫困识别策略下的瞄准指标结果。在收入贫困识别策略下，无论选择何种贫困线，中国农村低保的漏保率都超过了 70%，尽管错保率稍低于漏保率，但该比率仍然处于 56. 35% ~ 70. 27% 这一较高水平。贫困人口获得的低保金占总低保金的比例（SHARE）随着贫困线的提升而上升，但是即便在最高的贫困标准下，贫困人口也仅能获得 42. 92% 的低保金。CGH 指标结果显示，与普惠式平均分配低保金相比，贫困人口在低保瞄准机制下获得的低保金增加了 0. 89 ~ 1. 27 倍。基于倾向性分数的贫困识别策略下，漏保率降低为 60. 44%，大大低于收入贫困识别策略下的漏保水平。另外，错保率为 57. 46%，略高于收入贫困识别策略在 2. 00 美元/人·天的贫困标准下的水平。SHARE 则与收入贫困识别策略在 2 300 元/人·年贫困标准下的结果相当。最后，CGH 的测算结果显示，与普惠式的平均分配机制相比，贫困人口在低保瞄准机制下获得的低保金增加了 2. 7 倍，这显著高于收入贫困识别策略下的结果。与其他类似项目的 CGH 指标结果相比，尽管这一水平低于拉瓦雷等（Ravallion et al.，2008）对中国城市低保 CGH 的测算结果，但它在发展中国家的减贫性现金转移支付项目中仍然处于较高水平①。

---

① 基于 CGH 指标，柯迪等（Coady et al.，2004）比较了来自 36 个发展中国家的 85 个以减贫为目标的现金转移支付项目的瞄准效果，结果发现所有项目中有 85% 的 CGH 值大于 1，其中瞄准效果最好的项目其 CGH 值为 4。

表 2 - 5　　　　　　　　　不同贫困识别标准下的各类瞄准指标

贫困识别标准	漏保率（%）	错保率（%）	SHARE（%）	CGH
家庭人均收入				
各省（区市）低保标准	73.24	70.24	28.76	2.27
1.25 美元/人·天	75.16	66.42	31.59	2.05
2 300 元/人·年	76.36	61.90	37.25	2.04
2.00 美元/人·天	78.01	56.35	42.92	1.89
倾向性分数	60.44	57.46	37.47	3.70

注：①各省（区市）低保标准为 2011 年 12 月份实际数据，资料来源同表 2 - 1；

②1.25 美元/人·天和 2.00 美元/人·天为 2005 年不变价，首先根据 ICP2005 年购买力平价（1 美元折合人民币 3.46 元）折算为人民币，然后根据国家统计局农村居民消费价格指数折算为 2012 年不变价。2 300 元/人·年为 2010 年不变价，根据国家统计局农村居民消费价格指数折算为 2012 年不变价。

2. 基于 Alkire-Foster 多维度贫困测量框架的绝对贫困识别

森（Sen，1979）将绝对贫困识别方法分为间接测量和直接测量两大类。以家庭收入为标准的贫困识别属于间接测量方法。此时，收入用来衡量家庭经济资源，贫困线则衡量家庭基本需要，通过比较经济资源和基本需要的相对大小来识别绝对贫困。尽管在国内外贫困研究领域得到了非常广泛的应用，但很多学者指出间接测量框架存在较大缺陷。首先，家庭收入并不能完整反映家庭经济资源水平，除收入之外，资产、医疗保险、信贷支持、公共服务等资源都有助于满足家庭基本需要（Beverly，2001）。其次，大多数的绝对贫困线并未考虑不同家庭在基本需要方面的差异。这种差异受到家庭构成和风险冲击等因素的影响（Sen，1987）。最后，收入测量误差较大也会引致贫困识别偏误，这一点在农村地区尤为严重（韩华为、徐月宾，2013）。与间接测量相对应，直接测量则通过一组多维度的物质剥夺（Material Deprivation）指标来识别绝对贫困家庭。如果说收入水平低只是导致绝对贫困的一个重要原因，那么物质剥夺指标则是对家庭陷入绝对贫困状态的直接度量。通过测量视角的转化，基于多维度物质剥夺指标的直接测量手段能够对绝对贫困做出更精准的识别（Mayer and Jencks，1989）。因此，本部分也将尝试通过直接测量方法来识别绝对贫困，并在此基础上深化农村低保瞄准效果的分析。具体的，我们选择通过营养、住房、生活设施、耐用消费品、教育、医疗和日常支付七个维度的物质剥夺来直接测量农户绝对贫困状况。对于各个维度所选择的衡量指标及其剥夺界定见表 2 – 6。

表 2 – 6　　　农户物质剥夺的维度、指标及其剥夺界定和权重设置

维度	指标	指标定义及剥夺界定	权重
营养	高营养食品	过去一周家庭成员未能食用肉、水产品、奶制品、豆制品、蛋类等高营养食物视为贫困，取值为 1，否则为 0	1/7
住房	住房拥挤	家中没有完全自有产权住房，或者因住房面积过小导致 12 岁以上的子女与父母同住一室、老少三代同住一室、12 岁以上的异性子女同住一室、床晚上架起白天拆掉、客厅里也架起床的情形，则视为贫困，取值为 1，否则为 0	1/7
生活设施	饮用水	不能饮用自来水、矿泉水、纯净水等清洁水源视为贫困，取值为 1，否则为 0	1/28
	厕所	没有室内或室外冲水厕所视为贫困，取值为 1，否则为 0	1/28
	电	家中不通电或经常断电视为贫困，取值为 1，否则为 0	1/28
	做饭燃料	不能使用电、液化气、天然气、沼气等清洁燃料做饭视为贫困，取值为 1，否则为 0	1/28
耐用消费品	消费品	汽车、电动自行车、摩托车、冰箱、洗衣机、电视机、电脑、手机八类耐用消费品中，家中最多仅拥有一件则视为贫困，并且如果家中有汽车则视为不贫困，贫困取值为 1，否则取值为 0	1/7
教育	教育支出困难	家庭教育支出/家庭非食品消费支出 >40%，则视为贫困，取值为 1，否则为 0	1/7
医疗	医疗支出困难	家庭自付医疗支出/家庭非食品消费支出 >40%，则视为贫困，取值为 1，否则为 0	1/7
日常支付	支付困难	家庭人均手持现金和银行存款总额小于等于 200 元，则视为贫困，取值为 1，否则为 0	1/7

注：①教育支出困难和医疗支出困难的剥夺界定之所以如此设置，主要参照了国际通行的界定灾难性医疗支出的标准，即如果一个家庭自付医疗支出占其非食品消费支出的比例高于 40%，则认定该家庭遭遇灾难性医疗支出（Xu et al., 2003）；

②目前农村官方贫困线为 2 300 元/人·年（2010 年不变价），可以折合为约 200 元/人·月（2012 年不变价），所以日常支付剥夺选择 200 元作为临界值，也就是说，如果一个家庭人均现金或存款小于 200 元，那我们认为该家庭在日常支付方面极可能陷入困境。

资料来源：CFPS 2012 家庭和个体问卷。

进一步的，我们通过 Alkire-Foster 多维度贫困测量框架（下文简称为 AF 方法）来对七个维度的物质剥夺指标进行加总并完成贫困识别。AF 方法是目前各种多维度贫困测量方法中最为成熟、应用最广泛的方法。该方法首先对各个维度设置剥夺界限，识别每个维度的剥夺状况，然后加总剥夺维度数，当剥夺维度数超过某一临界值（K）时，则将该家庭识别为多维度贫困家庭。AF 方法更规范性的介绍请见阿尔基尔和福斯特（Alkire and Foster, 2011）。有两个方面需要格外强调。第一，加总剥夺维度数时需要对各个维度赋予权重，我们依照 AF 方法应用中常见的赋权方式，即为七个维度赋予等权重，然后在各个维度内部的不同指标进一步赋予等权重（见表 2-6）。第二，为了考察不同 K 值下瞄准效果的差异，我们选取 K = 1/7，K = 2/7，K = 3/7 三个 K 值。之所以没有选取大于 3/7 的 K 值，主要原因是当 K 大于 3/7 时，最终识别出的多维度贫困家庭数量非常少①，基于此获得的低保瞄准分析结果难以提供有价值的政策启示。

在通过 AF 方法获得多维度贫困识别结果的基础上，表 2-7 对农村低保瞄准效果进行了更深入的考察。按照收入贫困和多维度贫困状况，我们将所有农户分为四种类型。结果表明，收入贫困且多维度贫困的农户享受低保的比例最高，而非收入贫困且非多维度贫困的农户享受低保的比例最低。然而即使当 K = 3/7，收入贫困且多维度贫困的农户享受低保的比例达到最高的 37.04%，这也意味着对于这类贫困状况最为严重的家庭，仍然有 62.96% 被漏保，这与表 2-4 中基于 Ravallion 反事实框架测算出的漏保率（60.44%）非常接近。从错保方面来看，当 K 逐渐增大时，非收入贫困且非多维度贫困农户中获得低保的家庭占总低保户的比例也随之增加。K = 3/7 时，这一错保比例达到最高的 58.31%，该结果与表 2-4 中基于 Ravallion 反事实框架测算出的错保率（57.46%）同样很接近。表 2-7 最后一列显示，当 K = 3/7 时，非收入贫困且非多维度贫困农户获得总低保金的比例为 59.43%，换句话说，发生收入贫困或多维度贫困的农户获得的总低保金比例 SHARE 等于 40.57%，该比例略高于表 2-5 中基于 Ravallion 反事实框架测算出的 SHARE 值（37.47%）。总体来看，在 AF 方法识别多维度贫困基础上对农村低保瞄准效果的深入考察发现，尽管瞄准效果相比仅通过收入识别贫困时有所改善，但农村低保的瞄准偏误仍然比较显著。

---

① 当 K = 4/7 时，总样本多维度贫困发生率仅为 0.7%。

表 2-7　　　　　低保户和低保救助金在不同贫困类型家庭中的分布　　　　单位:%

贫困类型	该类家庭占样本总量的百分比	该类家庭中享受低保的比例	该类家庭中的低保户数占低保户总数的比例	该类家庭所获低保金占低保金总额的比例
K = 1/7				
非收入贫困且非多维度贫困	42.7	8.15	25.25	26.51
收入贫困但非多维度贫困	7.26	16.74	9.71	10.08
非收入贫困但多维度贫困	39.02	12.11	36.78	36.33
收入贫困且多维度贫困	11.02	27.73	28.26	27.08
总计	100		100	100
K = 2/7				
非收入贫困且非多维度贫困	72.68	9.58	50.63	51.42
收入贫困但非多维度贫困	13.69	19.27	22.13	22.71
非收入贫困但多维度贫困	9.04	13.69	11.61	11.39
收入贫困且多维度贫困	4.59	34.76	15.63	14.48
总计	100		100	100
K = 3/7				
非收入贫困且非多维度贫困	79.76	9.79	58.31	59.43
收入贫困但非多维度贫困	16.81	22.27	32.29	32.05
非收入贫困但多维度贫困	1.96	21.33	3.84	3.41
收入贫困且多维度贫困	1.47	37.04	5.56	5.11
总计	100		100	100

注: 识别收入贫困家庭时, 使用的贫困线为 2 300 元/人·年 (2010 年不变价)。

(二) 农村低保的救助充足性

低保项目要想为贫困农户提供充分的保护, 不仅要对其进行精确的瞄准, 而且还需要为其提供充足的救助。下面, 我们以应该获得低保的贫困家庭 (下文简称为应保家庭) 为研究对象, 分析农村低保对其救助水平的充足性。按照农村低保的政策设置, 判断救助水平是否充足的标准体现为获得低保金之后该家庭的收入是否能够达到或高于贫困线。因此, 与瞄准效果评估不同, 本章我们仍将使用传统的收入贫困识别策略来识别应保家庭。基于各省低保标准和官方贫困线（2 300 元/人・年)①，针对应保已保家庭、应保未保家庭和全部应保家庭，我们分别统计了他们在接受低保前的人均收入（a）、人均获得的低保金（b）和人均低保缺口。其中，人均低保缺口在数值上等于低保标准（或官方贫困线）与（a）+（b）总和之间的差额。

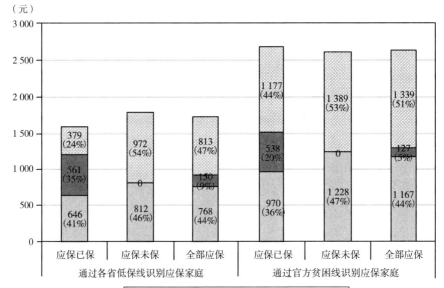

图 2-1 应保家庭的人均低保金及人均低保缺口

注：方框中，上侧数值表示各部分所代表的实际金额（元），下侧括号中的百分比表示各部分金额占低保线（或贫困线）的比例。

根据图2-1给出的结果，无论采用何种贫困标准，对于全部应保家庭来说，其接受低保前人均收入占贫困标准的比例均为44%。由于低保救助在金额上不够充分，具体表现为，在贫困标准分别为各省低保线和官方贫困线时，全部应保家庭获得的低保金收入占贫困标准的比例分别仅为9%和5%，这直接导致了应保家庭较高的低保缺口。低保缺口占贫困标准的比例在两种贫困标准下分别高达47%和51%。与应保已保家庭相比，应保未保家庭面临更高

---

① 由于低保标准和官方贫困线对农村低保具有更现实的政策含义，所以我们没有给出基于国际贫困线（1.25 美元/人・天和 2.00 美元/人・天）的分析结果。事实上，基于国际贫困线得出的结论同样表明农村低保在救助充足性方面有待进一步的改善。

的低保缺口。当通过各省低保线识别应保家庭时，应保已保家庭的低保缺口率为24%，而应保未保家庭的低保缺口率为54%。当通过官方贫困线识别应保家庭时，应保已保家庭的低保缺口率为44%，应保未保家庭的低保缺口率为53%。无论对于哪个群体，农村低保缺口率均远高于高琴等（Gao et al.，2015a）中得出的城市低保缺口率[1]。以上分析说明，低保救助未能给农村贫困家庭提供充足的保障，除了应保未保家庭需要覆盖之外，应保已保家庭的保障水平也有待进一步提高。这与韩华为和徐月宾（2014）基于中西部五省数据发现的结论一致。

（三）农村低保的减贫效应

本章将评估农村低保的减贫效应。评估过程中，我们将使用 FGT 指数来度量中国农村总体贫困水平。该指数可以表示为（2－3）式：

$$P_{\alpha} = \frac{1}{N} \sum_{Y_i \leqslant z} \left(\frac{z - Y_i}{z} \right)^{\alpha}, \quad \alpha \geqslant 0 \qquad (2-3)$$

其中，N 代表总人口，z 和 Y_i 分别代表贫困线和第 i 个人的收入水平，$z - Y_i$ 代表第 i 个人的贫困距。α 为参数，当 α 分别取 0、1 和 2 时，该指数分别代表了贫困发生率（P_0）、贫困距指数（P_1）和平方贫困距指数（P_2）。这三个指数分别衡量了贫困的广度、贫困的深度和贫困人口内部的不平等程度。对于应保样本和实际获得低保的样本（简称为低保样本），我们分别计算了其接受低保金前和接受低保金后的贫困发生率、贫困距指数和平方贫困距指数，最后用救助前后三个指数的变化率来衡量农村低保的减贫效果。在计算过程中，我们使用的贫困线包括农村官方贫困线和两条国际贫困线。同样的，对于三条贫困线在各省份的取值，我们同样根据勃兰特和霍尔茨（Brandt and Holz，2006）调整了地区间物价差异。

表 2－8 给出了农村低保对应保样本和低保样本的减贫效应测算结果。不难看出，农村低保对低保样本的减贫效应较为显著。当采用 2 300 元/人·年的官方贫困线时，接受低保救助后，低保样本的贫困发生率、贫困距指数和平方

---

[1] 高琴等（Gao et al.，2015a）基于 2007 年数据计算了城市低保的缺口率，其应保已保、应保未保和全部应保人口的城市低保缺口率分别为 12%、37% 和 23%。

贫困距指数分别降低了 10.01%、23.22% 和 33.22%。当采用 1.25 美元/人·天作为贫困线时，三个减贫指标的降幅更高些；而采用 2.00 美元/人·天作为贫困线时，其降幅略低。不过，无论采用哪条贫困线，相比其在降低贫困发生率方面的作用，农村低保在降低贫困人口的贫困距，以及在消除贫困人口内部的收入不平等方面效果更为显著。与低保样本的测算结果类似，对于应保样本来说，低保救助前后贫困距指数和平方贫困距指数的降幅要远高于贫困发生率的降幅，而且随着贫困线的提高，农村低保的减贫效应随之减弱。但是，农村低保对应保样本的减贫效果要显著低于对低保样本的减贫效果。这与韩华为和徐月宾（2014）中所获得的结论相一致。除了救助水平不足之外，较高的瞄准偏误导致部分应保样本得不到低保的实际覆盖，这些因素使得农村低保对其干预对象（应保样本）的减贫效应大打折扣。

表 2-8　　　　低保救助对应保样本和低保样本的反贫困效应　　　　单位：%

样本	贫困发生率（α=0）			贫困距指数（α=1）			平方贫困距指数（α=2）		
	救助前	救助后	降低比例	救助前	救助后	降低比例	救助前	救助后	降低比例
应保样本									
1.25 美元/人·天	100.00	97.59	2.41	55.37	51.68	6.66	39.25	35.51	9.54
2 300 元/人·年	100.00	97.99	2.01	55.46	52.58	5.20	39.38	36.29	7.85
2.00 美元/人·天	100.00	98.20	1.80	54.98	52.89	3.81	39.14	36.77	6.06
低保样本									
1.25 美元/人·天	28.78	25.48	11.47	17.58	12.53	28.70	13.08	7.96	39.12
2 300 元/人·年	32.59	29.33	10.01	20.13	15.46	23.22	15.11	10.09	33.22
2.00 美元/人·天	38.05	34.42	9.53	23.41	19.20	18.01	17.83	13.05	26.77

农村低保政策的初衷在于为陷入绝对贫困的家庭提供最后的安全网，因此其保护性减贫功能的实现程度就成了低保政策效果评估中最为核心的部分。本章结论表明，农村低保在实现其保护性功能方面效果欠佳。我们认为可能的原因主要包括以下两个方面。一方面，在低保筹资以地方财政为主体的事权分配格局下，较差的保护性效果直接源于地方财政无法为农村低保项目提供足够的资金支持。尤其对于经济发展水平较为落后的省（区市），贫困人口比例高，对低保救助的需求更大，尽管中央财政针对其农村低保的转移支付逐年上升，但是相对较弱的财政能力仍然迫使不少落后地区地方政府采取

"因财施保、低标准、低覆盖"的救助策略。这一点很容易从落后省（区市）较低的低保标准中得到体现，如表 2 - 1 所示，甘肃 2011 年底的平均低保标准为 1 092.24 元/人·年，该标准仅为同时期上海农村低保标准的 25.28%，为当年全国官方贫困线的 43.79%。另一方面，农村低保保护效果较差，还与农村基层相关部门在低保执行中的行政管理能力不足，治理模式欠完善，以及监督机制不够健全有关。这些原因在当下中国乡村以"熟人社会"为特点的关系网络结构下，导致出现了"人情保、关系保、维稳保"等违规低保形态，而真正符合低保条件的贫困人口却被"漏保"。在实际执行中，与医疗、教育、住房等多种救助项目相捆绑使低保成为含金量极高的身份标识，这种制度安排提高了农村非贫困家庭去"争低保"的激励，从而加剧了"错保、骗保"等现象。这些瞄准偏误都极大地损害了农村低保的保护性减贫效果。

五、进一步的检验：农村低保行为激励效应是否严重？

以上对农村低保保护性效果进行实证分析时，我们通过"接受救助后的人均收入 - 人均低保金"来获得低保家庭接受救助前人均收入的反事实测量。这种处理方式中隐含着一个重要前提假设，即低保所诱发的行为激励效应为零。但是，现金转移支付减贫机制理论表明，获得农村低保可能导致受助者减少劳动供给，或者挤出其本来可获得的私人转移支付。而中国农村低保补差式的救助设置也意味着贫困人口有很强的激励去通过以上行为反应来维持或争取低保。所以，本章将通过倾向值匹配比较和估计边际税率两种方法来检验农村低保的行为激励效应，以确保上文保护性效果评估结果的可靠性。

（一）倾向值匹配比较

检验负向行为激励的第一种方法是比较低保户"接受救助后的家庭人均收入 - 人均低保金"和与其相匹配的非低保户家庭人均收入的差异。我们使用倾向值匹配方法（propensity score matching，PSM）来为每一个低保户寻找出与其在各种特征上相类似的非低保户。与之相匹配的非低保户家庭人均收人就可以作为该低保户在接受救助前家庭人均收入的反事实测量。正如图 2 - 2 所显示，如果该反事实测量结果的均值显著高于低保户"接受救助后的家庭人均收入 - 人均低保金"的均值，那么可以判断农村低保会导致较严重的负向行为激励。

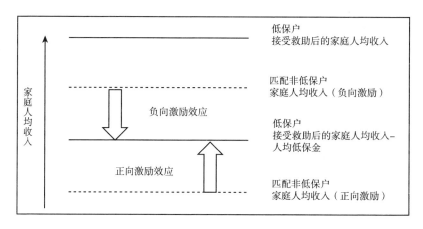

图 2 - 2　农村低保行为激励效应倾向值匹配比较

由于基于式（2 - 2）Probit 模型回归结果拟合得到的倾向性分数充分地包含了户主特征、家庭特征和省份固定效应信息，因此一个很自然的想法就是以该倾向性分数为标准来为低保户寻找匹配对象。在此基础上，我们使用分层内部最近邻域匹配策略（k = 5）（Nearest Neighbor 5 Matching within Strata）。具体地，对每一个低保户，在它所处省份内部选择倾向性分数与其最接近的 5 个非低保户作为其匹配对象。然后，我们比较低保户"接受救助后的家庭人均收入 - 人均低保金"的均值和匹配组非低保户家庭人均收入均值的相对大小，并对该差异进行统计检验。倾向值匹配后的比较结果显示，低保户"接受救助后的家庭人均收入 - 人均低保金"的均值比匹配组非低保户家庭人均收入均值仅高出 31.45 元，而且 t 检验显示两者不存在显著差异（t 值 = 0.1）①。

---

　　① 为了保证结论的稳健性，我们还基于分层内部最近邻域匹配（k = 1, 2, 3, 4），以及分层内部半径匹配（c = 0.01, 0.005）进行了估计，结果发现低保户"接受救助后的家庭人均收入 - 人均低保金"的均值与匹配组非低保户家庭人均收入均值的差异分布在 - 37.11 ~ 111.80，而且 t 检验显示这些差异均不显著。这说明本部分基于倾向值匹配比较得到的结论具有较好的稳健性。

以上结果不支持农村低保引起显著的负向行为激励。但是，考虑到数据和方法层面的局限，对这个证据的解读需要格外谨慎。首先，尽管在拟合倾向性分数时控制了大量特征变量，但是仍然存在一些不可观测的异质性，这些异质性可能引起内生性和样本选择问题。受到横截面数据的限制，本研究无法更好地消除这些偏差①。其次，在拟合倾向性分数时，我们控制了"接受救助后的家庭人均收入 – 人均低保金"，换句话说，倾向性分数本身就包含了家庭收入的信息，以此为基础进行匹配，就必然会使得低保户和与其匹配的非低保户在人均收入方面有趋同的倾向。所以，对于农村低保不存在显著的负向行为激励效应，比较结果显示两者之间不存在显著差异只是一个较弱的证据。拉瓦雷等（Ravallion et al. , 2008）使用相同的方法考察了城市低保的负向行为激励问题，尽管得出与本部分相类似的结论，但他们同样也指出，考虑到检验方法存在的内在局限性，该结果只能作为相关研究的一个起点。对低保救助负向行为激励的检验需要基于更严格的实证方法做进一步的探索。

（二）估计农村低保的边际税率

作为一个重要的政策参数，边际税率（marginal tax rate）可以较好地反映现金转移支付项目总体行为激励效应的方向和大小。按照补差式的政策设置，低保家庭任何数量的收入增加都会引起低保金相同数量的减少。从这个意义上来看，农村低保金的边际税率高达100%。极端情况下，低保家庭成员没有任何的激励去提高收入，这显然意味着非常严重的负向行为激励。在本部分中，我们将通过样本数据估计农村低保的实际边际税率，从而考察其负向行为激励的严重程度。具体的，边际税率由下面回归方程（2 – 4）中的系数估计值 $\hat{\beta}$ 给出：

$$T_{ri} = \alpha + \beta(Y_{ri} - T_{ri}) + \psi_r + \mu_{ri} \qquad (2-4)$$

其中，T_{ri} 和 Y_{ri} 分别表示第 r 个省份第 i 个家庭的人均低保金和接受低保救助之后的家庭人均收入，$Y_{ri} - T_{ri}$ 则被用来测量第 r 个省份第 i 个家庭接受

---

① 面板数据有助于消除内生性。但一些学者指出，即使基于面板数据，同样存在其他方面的识别问题（Ravallion and Chen, 2016）。

低保救助之前的初始人均收入，ψ_r 为省份固定效应，加入该变量是为了控制低保执行在各省之间的差异，μ_{ri} 为随机扰动项。除了作为基准模型的 OLS 回归，考虑到作为因变量的人均低保金在"0"处存在截取（censoring），所以我们还基于 Tobit 回归估计了 β。最后，为了在一定程度上消除家庭人均收入测量误差引起的偏误，我们还给出了 β 的工具变量（IV）估计结果[1]。具体的，这里使用表 2-3 模型中除家庭收入和省份虚拟变量之外的所有自变量作为（$Y_{ri} - T_{ri}$）的工具变量。另外，为了考察边际税率在不同组群间的差异，我们对全部样本、低保样本和应保样本分别进行 OLS、Tobit 和 IV 三种回归。

表 2-9 给出了最终的回归结果。对于总体样本，尽管在统计上具有显著性，但 OLS 回归估计出的边际税率仅为 0.113%，也就是说，家庭接受低保救助之前的初始人均收入每上升 100 元，人均低保金仅下降 0.113 元。Tobit 回归和 IV 回归估计结果同样显著，而且在数值上较 OLS 估计值更高。对于低保样本，其边际税率的估计值略高于全部样本。由于应保样本是农村低保项目的干预对象，因此以该样本为基础的边际税率估计值对于理解低保的负向行为激励效应更具意义。不难看出，对于应保样本，无论基于哪种回归模型，其边际税率的估计值都高于全部样本和低保样本。其中，Tobit 回归给出的边际税率估计值最高，然而即使如此，家庭接受低保救助之前的初始人均收入每 100 元的上升也仅会引起人均低保金 1.95 元的下降。与拉瓦雷和陈少华（Ravallion and Chen，2015）对城市低保边际税率的估计结果相比较，本部分得到的农村低保边际税率更低[2]。

---

① 这里的工具变量并不是用来解决收入的内生性问题，而是用来纠正收入的测量误差。凯斯和迪顿（Case and Deaton，1998）研究南非老年救助和拉瓦雷等（Ravallion et al.，2008）研究中国城市低保救助过程中使用了这种处理方法。按照凯斯和迪顿（Case and Deaton，1998）的解释，之所以可以通过该方法纠正收入测量误差，主要原因在于：一是这些工具变量（包括户主特征、家庭结构等）本身的测量误差较小；二是这些工具变量与收入测量误差相关的可能性不大。拉瓦雷等（Ravallion et al.，2008）则指出，这种处理收入测量误差的方法只有在估计非条件边际税率时才能满足识别条件。本部分估计的正是非条件边际税率，所以可以采用该方法来处理收入测量误差，以期获得更可靠的边际税率估计结果。另外，第一阶段的结果表明，最小特征值统计量 F = 35.5336 > 10，这说明这些工具变量能对（$Y_{ri} - T_{ri}$）做出显著的解释。

② 拉瓦雷和陈少华（Ravallion and Chen，2015）使用多种方法估计了城市低保的边际税率，结果分布在 -0.031 ~ -0.145。

表 2 - 9　　　　　　　　　不同回归模型下的边际税率估计结果

样本	OLS		Tobit		IV	
	回归系数	标准误	回归系数	标准误	回归系数	标准误
全部样本	- 0.00113	0.00017 ***	- 0.01042	0.00147 ***	- 0.00639	0.00059 ***
低保样本	- 0.00130	0.00086			- 0.00777	0.00313 **
应保样本	- 0.01071	0.00228 ***	- 0.01951	0.00567 ***	- 0.01732	0.00557 ***

注：①在本表的回归中，全部样本包含 8 251 个家庭，低保样本包含 1 048 个实际获得低保救助的家庭，应保样本为倾向性分数最高的 1 048 个家庭；

②由于低保样本的人均低保金均大于 0，也就是说，该样本不存在截取问题，所以不需要对其进行 Tobit 回归；

③ ** p < 0.05， *** p < 0.01。

当然，从方法层面来看，以上估计边际税率的计量模型也存在问题。很显然，模型中的自变量仍然使用"接受救助后的人均收入 - 人均低保金"来测量反事实的接受救助前的人均收入。在利用横截面变异性来识别边际税率时，只有负向行为激励与接受救助前的人均收入不相关的情况下，这种处理方式才不会引起边际税率估计值的偏差（Ravallion and Chen，2015）。但事实上，不同的初始家庭收入水平下，低保救助引起的负向行为激励是可能存在差异的。对该问题的进一步探讨则依赖于更好的数据支持（比如面板数据）和与之相匹配的计量方法。尽管存在上述局限性，但是表 2 - 9 中给出的估计结果是如此之低，不仅远远低于农村低保政策设置所意味的 100% 的边际税率，而且显著低于国际文献中给出的现金转移支付最优边际税率参考值（Kanbur et al.，1994）①。因此，该分析结果同样无法支持农村低保存在显著性负向行为激励效应。综上所述，以上两种方法的初步检验均未发现低保引发严重的负向行为激励，这在一定程度上为本章保护性效果评估中救助前收入反事实测量方法提供了支持，进而说明保护性效果评估结果具有较高的可靠性。

六、结论及政策启示

基于 2012 年中国家庭追踪调查（CFPS）数据，本章从瞄准效果、救助

---

① 例如，坎伯等（Kanbur et al.，1994）以减贫效果最大化为目标，并且在考虑了就业激励的基础上，研究了现金转移支付项目的最优边际税率问题，最后得出最优边际税率应该分布在 60% ~70%。

充足性和减贫效应三个方面对中国农村低保救助制度的保护效果进行了全面系统的考察。为了更准确地评估低保瞄准偏误水平，我们使用 Ravallion 反事实模型和 Alkire-Foster 多维度贫困测量框架来改善贫困识别。考虑到行为激励效应可能对保护效果评估结果的扭曲性影响，本章通过倾向值匹配（PSM）和估计边际税率两种方法对农村低保救助的行为激励效应进行了初步的检验。研究结果表明，尽管其瞄准效率在发展中国家同类型减贫项目中处于较高水平，但农村低保的瞄准偏误仍然不容忽视；农村低保救助水平不足问题严重；尽管获得救助对低保样本的减贫效果较为显著，但对应保样本的减贫效果则不太理想。另外，初步的实证检验并未发现低保救助有显著的负向行为激励效应，尽管该结论还有待更严格的验证，但它也在某种程度上支持了本章保护性效果评估中救助前家庭人均收入反事实测量的合理性，从而确保了农村低保瞄准、救助充足性和减贫效应评估结果的可靠性。

　　本章结论为相关研究者和政策制定者提供了更具全景性的扎实证据，这对于低保制度未来进一步完善具有重要价值。具体的，本章实证研究结论对农村低保政策优化具有以下几点启示。首先，进一步深化保护性功能仍然是农村低保政策优化的重中之重。具体地，可以从以下几个方面做出改进。第一，加强中央财政对落后地区农村低保转移支付力度，使地方政府在按照基本生活标准制定低保标准、逐步提高覆盖水平和救助水平时不再受到低保资金不足的掣肘。第二，从人员数量和业务能力层面提升基层低保行政力量，加快低保信息管理系统的建设，开发更科学有效的家计核算指标体系和调查方法，通过精准识别贫困人口来避免瞄准偏误。第三，改善低保救助与新农保、新农合等社保政策之间的有效衔接，同时弱化低保与医疗、教育等其他救助项目的捆绑，加强低保执行过程中的民主参与和民主监督，在制度层面降低产生瞄准偏误的风险。其次，尽管目前农村低保负向行为激励问题不够显著，但是随着未来低保瞄准效果的改善，低保救助金额的逐步提升，该问题可能会显露并愈发严重。因此，在低保制度的完善过程中，对于预防负向行为激励也应该做出充分的重视。

参考文献

[1] 陈传波，王倩茜. 农村社会救助瞄准偏差估计：来自 120 个自然村

的调查 [J]. 农业技术经济，2014 (8).

[2] 陈元刚，徐智垠. 我国农村最低生活保障的福利依赖现状及防范研究：以重庆市涪陵区部分乡镇、湖北恩施市屯堡乡为例 [J]. 重庆理工大学学报，2013 (10).

[3] 都阳，蔡昉. 中国农村贫困性质的变化与扶贫战略调整 [J]. 中国农村观察，2005 (5).

[4] 都阳，朴之水. 中国的城市贫困：社会救助及其效应 [J]. 经济研究，2007 (12).

[5] 韩华为，徐月宾. 农村最低生活保障制度的瞄准效果研究：来自河南、陕西省的调查 [J]. 中国人口科学，2013 (4).

[6] 韩华为，徐月宾. 中国农村低保制度的反贫困效应研究：来自中西部五省的经验证据 [J]. 经济评论，2014 (6).

[7] 贺雪峰. 低保户为何变为低保人 [J]. 决策，2013 (2).

[8] 靳永爱，谢宇. 中国家庭追踪调查：2010 年和 2012 年财产数据技术报告 [R]. 中国家庭追踪调查技术报告 CFPS-29，2014.

[9] 李实，杨穗. 中国城镇低保政策对收入分配和贫困的影响作用 [J]. 中国人口科学，2009 (5).

[10] 李小云，董强，刘启明，王妍蕾，韩璐. 农村最低生活保障政策实施过程及瞄准分析 [J]. 农业经济问题，2006 (11).

[11] 李迎生，李泉然. 农村低保申请家庭经济状况核查制度运行现状与完善之策：以 H 省 Y 县为例 [J]. 社会科学研究，2015 (3).

[12] 刘凤芹，徐月宾. 谁在享有公共救助资源？中国农村低保制度的瞄准效果研究 [J]. 公共管理学报，2016 (1).

[13] 民政部. 2015 年民政事业发展统计公报 [R]. 2016.

[14] 徐月宾，刘凤芹，张秀兰. 中国农村反贫困政策的反思：从社会救助向社会保护转变 [J]. 中国社会科学，2007 (3).

[15] 易红梅，张林秀. 农村最低生活保障政策在实施过程中的瞄准分析 [J]. 中国人口资源环境，2011 (6).

[16] 朱玲. 应对极端贫困和边缘化：来自中国农村的经验 [J]. 经济学动态，2011 (7).

[17] Alkire, S., & Foster, J. (2011). Counting and Multidimensional Poverty Measurement. *Journal of Public Economics*, 95 (7), 476 – 487.

[18] Barrientos, A. (2012). Social transfers and growth: What do we know? What do we need to find out? *World Development*, 40 (1), 11 – 20.

[19] Bertrand, M., Mullainathan, S., & Douglas, M. (2003). Public policy and extended families: Evidence from pensions in South Africa. *World Bank Economic Review*, 17 (1), 27 – 50.

[20] Beverly, S. (2001). Measures of material hardship: rationale and recommendations. Journal of Poverty, 5 (1), 23 – 41.

[21] Brandt, L., & Holz, C. (2006). Spatial price differences in China: estimates and implications. *Economic Development and Cultural Change*, 55 (1), 43 – 86.

[22] Burtless, G. (1986). The work response to a guaranteed income: A survey of experimental evidence. In Munnell, A. (Eds.), *Lessons from the income maintenance experiments* (22 – 59). Washington, DC: Federal Reserve Bank of Boston and Brookings Institution.

[23] Case, A., & Deaton, A. (1998). Large cash transfers to the elderly in South Africa. *Economic Journal*, 108 (450), 1330 – 1361.

[24] Coady, D., Grosh M., & Hoddinott, J. (2004). *Targeting of transfers in developing countries: Review of lessons and experience.* Washington, D. C.: The World Bank.

[25] Cox, D., Eser, Z., & Jimenez, E. (1998). Motives for private transfers over the life cycle: An analytical framework and evidence for Peru. *Journal of Development Economics*, 55 (1), 57 – 80.

[26] Cox, D., & Jimenez, E. (1992). Social security and private transfers in developing countries: The case of Peru. *The World Bank Economic Review*, 6 (1), 155 – 169.

[27] Dominique van de Walle. (2004). Testing Vietnam's public safety net. *Journal of Comparative Economics*, 32 (4), 661 – 679.

[28] Dreze, J., & Sen, A. (1989). *Hunger and public action.* Oxford: Ox-

ford University Press.

［29］ Fiszbein, A. , Schady, N. , Ferreira, F. , Grosh, M. , Kelleher, N. , Olinto, P. , & Skoufias, E. (2009). *Conditional cash transfers: Reducing present and future poverty.* Washington, DC: World Bank.

［30］ Gao, Q. , Garfindel, I. , & Zhai, F. (2009). Anti-poverty effectiveness of the Minimum Living Standard Assistance Policy in rural China. *Review of Income and Wealth*, 55 (1), 630 – 655.

［31］ Gao, Q. , Yang, S. , & Li, S. (2005a). Welfare, targeting, and anti-poverty effectiveness: The case of urban China. *Quarterly Review of Economics and Finance*, 56: 30 – 42.

［32］ Gao, Q. , Wu, S. , & Zhai, F. (2015b). Welfare participation and time use in China. *Social Indicators Research*, 124, 863 – 887.

［33］ Golan, J. , Sicular, T. , & Umapathi, N. (2017). Unconditional cash transfers in China: Who benefits from the Rural Minimum Living Standard Guarantee (Dibao) Program? *World Development*, 93, 316 – 336.

［34］ Gustafsson, B. , & Deng, Q. (2011). Dibao receipt and its importance for combating poverty in urban China. *Poverty & Public Policy*, 3 (1), 1 – 32.

［35］ Kanbur, R. , Keen, M. , & Tuomala, M. (1994). Labor supply and targeting in poverty alleviation programs. *World Bank Economic Review*, 8 (2), 191 – 211.

［36］ Kuhn, L. , Brosig, S. , & Zhang, L. (2016). The brink of poverty: Implementation of a social assistance programme in rural China. *Journal of Current Chinese Affairs*, 45 (1), 75 – 108.

［37］ Lemieux, T. , & Milligan, K. (2008). Incentive effects of social assistance: A regression discontinuity approach. *Journal of Econometrics*, 142 (2), 807 – 828.

［38］ Lokshin, M. , & Ravallion, M. (2000). Welfare impacts of the 1998 financial crisis in Russia and the response of the public safety net. *Economics of Transition*, 8 (2), 269 – 295.

［39］ Maitra, P. , & Ray, R. (2003). The effect of transfers on household expenditure patterns and poverty in South Africa. *Journal of Development Economics*, 71 (1), 23 – 49.

［40］ Mayer, S. , & Jencks, C. (1989). Poverty and the distribution of material hardship. *Journal of Human Resources*, 24 (1), 88 – 114.

［41］ Moffitt, R. (2002). *Welfare Program and Labor Supply*. NBER Working Paper No. 9168.

［42］ Moffitt, R. (2015). *Economics of means-tested transfer programs*: *Introduction*. NBER Working Paper No. 21751.

［43］ Parker, S. , & Skoufias, E. (2000). *Final report*: *The impact of PROGRESA on work*, *leisure*, *and time allocation*. Washington, DC: International Food Policy Research Institute.

［44］ Ravallion, M. (2008). Miss-targeted or miss-measured? *Economics Letters*, 100 (1), 9 – 12.

［45］ Ravallion, M. (2009). How relevant is targeting to the success of an antipoverty program. *World Bank Research Observer*, 24 (2), 205 – 231.

［46］ Ravallion, M. , & Chen, S. (2015). Benefit incidence with incentive effects, measurement errors and latent heterogeneity: A case study for China. *Journal of Public Economics*, 128, 124 – 132.

［47］ Ravallion, M. , Chen, S. , & Wang, Y. (2008). Does the Dibao program guarantee a minimum income in China's cities? In Lou, J. , & Wang, S. (Eds.), *Public finance in China*: *Reform and growth for a harmonious society* (pp. 317 – 334). Washington, DC: The World Bank.

［48］ Sahn, D. , & Alderman, H. (1996). The effect of food subsidies on labor supply in Sri Lanka. *Economic Development and Cultural Change*, 45 (1), 125 – 145.

［49］ Sen, A. (1979). Issues in the measurement of poverty. *Scandinavian Journal of Economics*, 81 (2), 285 – 307.

［50］ Sen, A. (1987). *The standard of living*. New York: Cambridge University Press.

［51］ Suryadarma, D. , & Yamauchi, C. (2013). Missing public funds and targeting performance: Evidence from an anti-poverty transfer program in Indonesia. *Journal of Development Economics*, 103, 62 – 76.

［52］ Wang, M. (2007). Emerging urban poverty and effects of the Dibao program on alleviating poverty in China. *China & World Economy*, 15, 74 – 88.

［53］ World Bank. (2014). *The state of social safety nets* 2014. Washington, DC: The World Bank.

［54］ Xu, K., Evans, D., Kawabata, K., Zeramdini, R., Klavus, J., & Murray, C. (2003). Household catastrophic health expenditure: A multi-country analysis. *Lancet*, 362 (9378), 111 – 117.

| 第三章 |
农村低保户瞄准中的偏误和精英俘获[*]

一、引　言

在总体预算有限的情况下，减贫项目能否准确瞄准贫困对象，这对于实现其最终政策目标至关重要。信息不完全是贫困瞄准过程中普遍面临的问题（Ravallion，2017）。为了克服信息不完全引致的瞄准偏误，许多发展中国家的减贫项目采纳了分权式的社区瞄准机制（Yamauchi，2010）。在社区瞄准机制下，上级政府将扶贫资源分配到各个社区，然后主要依靠社区作为代理人来确定其辖区内的贫困对象。与上级政府相比，社区更容易获得其辖区内居民的福利信息，这种信息优势有利于更精确地瞄准贫困家庭（Alderman，2002）。但是，社区瞄准机制也可能面临两方面的挑战。首先，针对什么是贫困，社区往往与中央政府有差异化的理解，因此，社区瞄准中的贫困识别标准可能会偏离中央政策规定（Alatas et al.，2012）。如果在瞄准评估中仍然采用中央政策所规定的贫困识别标准，那么就会将"贫困测量偏误"混淆为"项目瞄准偏误"（Ravallion，2008）。其次，社区瞄准机制下，贫困家庭的确定过程很可能会受到社区内精英俘获的威胁。在发展中国家农村地区，居民在社区之间很难自由流动，各社区之间存在显著的异质性，同时社区民主制度不健全导致政治问责机制弱化，这些因素均削弱了社区代理人利用信息优势精准确定贫困家庭的激励。在这样的背景下，社区内经济精英和政治精英很容易利用权力优势俘获本应由贫困家庭享受的扶贫资源（Galasso and Ravallion，2005）。

---

[*] 本章原文发表于《经济学动态》2018 年第 2 期。收入本书时做了适当改动。本章为韩华为主持的国家自然科学基金项目"中国农村低保救助的瞄准、减贫效应和行为激励研究"（71703008）的成果之一。

农村最低生活保障制度（简称农村低保）是中国现阶段"精准扶贫"战略体系的重要组成部分。截至 2016 年底，农村低保在全国范围内已经覆盖 2 635.3 万户，4 586.5 万人。2016 年，全国各级财政共支出农村低保资金 1 014.5 亿元[①]。无论从覆盖人口数量，还是从投入资金总额来看，农村低保都已经成为世界上规模最大的减贫性转移支付项目之一（World Bank，2014）。按照政策设置，农村低保由中央和地方财政共同筹资，贫困家庭从村级自下而上进行申请、审核和审批，相关部门以家计调查为贫困识别手段，最终实现应保尽保[②]。但是实践中，农村低保的瞄准过程出现了显著的政策变通。整个瞄准过程大致可以分为两个阶段。首先，上级政府逐层分配低保资金或名额至村庄。基于下属辖区上年度低保对象数量和财政困难程度等因素，中央、省、市逐层将低保资金转移至县级财政[③]。各级财政下达的低保资金汇总到区县之后，区县和乡镇政府再按照下属辖区的人口总数和结构、经济发展状况、遭遇自然灾害等因素将低保名额逐层分配至村庄。大量案例研究发现"逐层分配低保名额"在实践中非常普遍（Li and Walk，2016；Kuhn et al.，2016；孙嫱，2016）。其次，低保指标下达至村庄之后，村庄内部也并没有严格采纳家计调查方法，而是综合使用入户核查、贫困排序、民主评议的方式来确定低保家庭（李迎生、李泉然，2015）。基于此，一些学者认为，农村低保执行过程中实际采纳的是"社区瞄准机制"（刘凤芹、徐月宾，2016）。

农村低保之所以采纳社区瞄准机制，一方面可能是受限于基层民政部门行政能力不足；另一方面更重要的原因可能在于上级政府认可了社区瞄准机制在识别辖区内绝对贫困家庭方面所具有的信息优势。中国农村地区现金、实物经济发达，非正规就业普遍存在，收入信息系统不完善。另外，在核查家庭经济状况时，农户有较强的隐匿其收入或财产的激励。在这样的情况下，社区瞄准机制能够利用附着于村庄社会网络中的家户信息来提高低保瞄准效果。

但是，与其他发展中国家社区瞄准减贫项目类似，农村低保在村庄内部

---

① 数据来源于民政部 2017 年 8 月发布的《2016 年社会服务发展统计公报》。

② 具体请见《关于加强农村最低生活保障资金使用管理有关问题的通知》《民政部关于进一步规范农村最低生活保障工作的指导意见》，以及《社会救助暂行办法》相关部分。

③ 具体请见《城乡最低生活保障资金管理办法》第三章第九条。

的瞄准过程中同样可能遭遇贫困识别和精英俘获两个方面的问题。首先，按照中央政策文本规定，农村低保瞄准应该主要以家庭人均收入作为其贫困识别标准①。然而，大多数村庄内部对贫困的理解却是多维度的。因此，实际低保瞄准过程中的贫困识别标准也随之体现出这种多维性（张昊，2017；朱梦冰、李实，2017）。在评估低保瞄准效果时，如果仍然以家庭收入作为单一的贫困识别标准，那么瞄准偏误结果中必然有一部分只是由于评估过程和实际执行中采纳差异化的贫困识别标准所导致。其次，采纳社区瞄准机制的农村低保可能会遭遇精英俘获的威胁。在中国农村地区，受到土地和户籍制度的约束，居民在村庄之间自由流动性较差，村庄之间在经济资源、公共品提供方面具有较大的异质性。在此条件下，按照传统分权理论，村庄对其居民的政治问责较弱，村干部缺乏利用信息优势改善低保瞄准的激励（Seabright，1996）。另外，从社会结构来看，中国村庄是典型的具有差序格局特征的熟人社会，社会关系对于获取社区内资源具有重要影响。当低保资源被分配到各个村庄之后，村干部在确定村庄内部低保资格时具有很大的影响力。在欠缺有效监管的情况下，村干部及其亲友可能俘获本应该分配给贫困农户的低保资金，从而导致"人情保、关系保"。近年来，随着低保制度的规范化，村庄民主评议逐渐构成了农村低保社区瞄准机制的重要环节。但是，有案例研究发现，即使在民主评议过程中，经济资源和社会资本方面具有优势地位的村庄精英也可以通过游说、拉票等手段俘获低保资格（邢成举，2014）。

　　基于中国家庭追踪调查（CFPS）农户和社区两个层面的数据，在社区瞄准机制的视角下，本章基于 Targeting Differential 指标及其分解性框架系统评估了中国农村低保的瞄准效果。同时，本章还进一步从贫困识别和精英俘获两个角度探讨了低保瞄准偏误的原因。本章不仅为社区瞄准研究提供了中国农村低保背景下的最新证据，而且研究结论对于优化农村低保政策也具有较大的借鉴意义。后文结构安排如下：第二部分为相关文献综述；第三部分介绍数据；第四部分给出农村低保总体瞄准效果的测量及其分解结果；第五部分讨论差异化的贫困识别标准对农村低保总体瞄准效果及其分解结果的影响；第六部分实证检验村庄内部低保瞄准中的精英俘获效应；最后部分为结论。

---

　　① 具体请见《社会救助暂行办法》第九条、第十二条。

二、文献综述

社区瞄准机制下，减贫项目对受助对象的瞄准过程可以大体区分为两个阶段：首先是上级政府对社区的瞄准，其次是社区对受助对象的瞄准。因此，针对该类项目的瞄准分析不仅要评估其总体瞄准效果，还需要考察不同瞄准阶段对总体瞄准结果的相对贡献比例。拉瓦雷（Ravallion，2000）最早构建了对社区瞄准减贫项目总体瞄准指标的分解性框架，他开创性的使用 Targeting Differential（TD）指标衡量这类项目的总体瞄准效果，并进一步将该指标分解为社区之间和社区内部两个部分。基于该框架，加拉索和拉瓦雷（Galasso and Ravallion，2005）从救助名额角度对孟加拉国食品教育计划的 TD 指标进行了测算和分解。施蒂费尔和奥尔德曼（Stifel and Alderman，2005）与基利克等（Kilic et al.，2015）则从救助名额和救助金额两个角度，分别对秘鲁牛奶补贴项目和马拉维农业补贴项目的瞄准效果进行了 TD 指标的测算和分解。以上研究发现，在大多数情况下，这些减贫项目的总体瞄准效果主要归因于社区内部的瞄准。然而，到目前为止，TD 指标及其分解框架仍然未能应用到中国减贫项目社区瞄准研究之中。

在一篇关于社区瞄准机制的综述性文章中，康宁和凯万（Conning and Kevane，2002）强调了贫困识别和精英俘获两大因素对减贫项目瞄准效果的影响。贫困识别方面，他们指出，与上级政府相比，社区代理人更倾向于采纳更具社会合意性和地方适应性的贫困标准来识别受助对象。中央政府倾向于使用家庭人均收入（或消费）来识别贫困，而社区则倾向于从更多维度来认识贫困（Alatas et al.，2012）。但是，在大多数针对社区瞄准减贫项目瞄准效果的测算和分解研究中，研究者仍然仅仅基于中央视角的经济资源指标来识别贫困，而忽略了人力资本水平、家庭人口结构、风险冲击等社区居民具有共识性的重要贫困维度（Galasso and Ravallion，2005；Kilic et al.，2015）。不过，近年来有少量文献开始就该问题在中国减贫项目背景下展开探索。比如，拉瓦雷（Ravallion，2008）在考察中国城市低保瞄准效果时发现，城市低保在瞄准过程中采纳了更宽泛的贫困识别标准，瞄准评估中如果采用单一的收入贫困标准，就会低估项目的瞄准效果。基于不同的数据来源，韩华为、徐月宾（2013）、韩华为、高琴（2017）、戈兰等（Golan et al.，2017）对中国农村低保瞄准效果的研究发现，除收入之外，家庭结构、劳动力数量、健康状况、家庭财产等因素都是重要的贫困识别标准，忽略它们会显著低估农村低保的瞄准效果。

社区瞄准机制下，精英俘获会损害减贫项目瞄准效果的观点由来已久（Wade，1982）。社区瞄准中的精英俘获体现为，少数政治或经济精英利用权力优势，通过操控信息和观念，以及限制其他人参与决策来影响公共资源分配结果，并最终占有本来向贫困群体转移的公共资源的现象（Conning and Kevane，2002）。理论层面，传统的分权理论指出，完全理性而且可以自由流动的居民可以通过"用脚投票"来回应地区之间差异化的公共绩效（Tiebout，1956）。这种"用脚投票"机制强化了地区政治问责机制，从而可以有效抑制精英俘获的产生（Seabright，1996）。但是，这种机制赖以成立的假设前提并不符合大部分发展中国家农村地区的实际情况（Bardhan，2016）。在更一般化的假设前提下，巴德翰和穆克吉（Bardhan and Mookherjee，2000；2005）基于竞争性政治框架探讨了分权体制下的精英俘获问题，结果表明，地方层面的精英俘获并不具有必然性，是否发生精英俘获受到正反两个方向多种因素的影响。除了各种政治因素之外①，他们尤其强调地区内部经济不平等对精英俘获具有重要影响，不平等程度越高的地区发生精英俘获的可能性越大。由此观之，减贫项目的社区瞄准是否会受到精英俘获的影响，已有的理论文献并不能给出确定性的答案，对该问题的探讨需要在特定的社会、文化和制度背景下展开更多的实证检验。

对社区瞄准减贫项目中精英俘获效应的实证检验，已有文献主要从家户和社区两个层面展开。基于微观数据，家户层面的研究考察了家户成员为经济或政治精英，或者家户与社区内精英具有亲属关系，对其获得减贫项目的影响。一系列国外文献沿此思路展开实证研究。贝斯利等（Besley et al.，2012）和潘达（Panda，2015）基于不同的数据考察了印度济贫配给卡项目中的精英俘获效应，结果显示，村庄行政长官所在家庭获得济贫配给卡的概率更高，另外，与村庄行政长官具有亲属关系也会显著提高农户获得济贫配给卡的概率。凯耶尔和德尔康（Caeyers and Dercon，2012）基于埃塞俄比亚

---

① 在这些政治因素中，选民较低的政治意识、利益群体较高的凝聚度会促进精英俘获的产生，而更激烈的选举竞争、较高的选举不确定性等因素则会遏制精英俘获的形成。

农村家户调查数据的研究表明，与村庄负责人有亲属关系能够显著提高农户获得公共食品救助的概率和数量。基利克等（Kilic et al.，2015）在马拉维农村地区同样发现，那些与村庄负责人关系紧密的农户更容易获得济贫性农业投入补贴。不过，也有来自印度尼西亚基于随机对照实验的证据显示，村庄负责人及其亲属在获得减贫项目方面并不具有显著优势（Alatas et al.，2013）。国内一些学者也从家户层面检验了社区瞄准减贫项目中的精英俘获效应。陈前恒（2008），胡联等（2015），胡联、汪三贵（2017）分别考察了沼气扶贫项目、互助金项目和精准扶贫建档立卡过程中的精英俘获效应后发现，村庄内部精英家庭获得项目的可能性更大。

　　社区瞄准中的精英俘获效应还可以基于社区层面的数据来进行检验。具体检验的思路可以通过图 3-1 来进行阐明。社区内部的经济不平等主要通过两条路径来影响社区瞄准效果。一方面，较高的经济不平等使得社区更容易区分不同家庭的经济状况，从而有利于识别贫困家庭并提高瞄准效果。另一方面，较高的经济不平等意味着较高的权力不平等，这会对社区内民主决策产生负面影响（孟天广、陈昊，2014），这种情况会引致较严重的精英俘获并降低瞄准效果。如果不平等引致的精英俘获效应大于其在识别贫困农户方面的正面效应，则不平等最终就会对瞄准效果产生负向影响。因此，通过考察社区内部经济不平等对社区瞄准效果的影响，就可以对社区瞄准中的精英俘获效应做出间接性检验。国外不少学者基于该策略针对不同项目展开了实证检验。其中，来自孟加拉国学校膳食项目和印度就业减贫项目的证据支持社区瞄准中存在精英俘获效应（Galasso and Ravallion，2005；Bardhan and Mookherjee，2006）。但是，山口（Yamauchi，2010）对印度尼西亚扶贫贷款项目、西姆等（Sim et al.，2015）对印度尼西亚现金转移支付项目的研究却发现，较高的经济不平等与村庄内部的项目瞄准效果呈现出显著的正向关系，在这种情况下，社区瞄准中的精英俘获效应无法得到确切的支持①。针对中国减贫项目社区瞄准中的精英俘获效应，文献中还未出现基于村庄层面数据的实证检验。

----

　　①　出现该结果有两种可能原因：第一，社区瞄准不存在精英俘获效应，所以不平等有助于识别贫困家庭的效应导致瞄准效果得到改善；第二，社区瞄准存在精英俘获效应，但该效应小于不平等在识别贫困家庭方面的正向效应，所以最终导致瞄准效果趋向于改善。

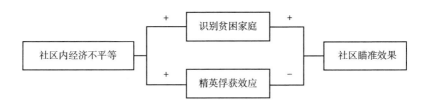

图 3-1   基于社区层面数据检验精英俘获效应的思路
注：图中的"＋"代表正向效应，"－"代表负向效应。

基于不同来源的中国农户调查数据，一系列文献已经对农村低保瞄准效果进行了严格的定量评估，大多数研究发现农村低保总体瞄准效果不佳（韩华为、徐月宾，2014；Golan et al.，2017；朱梦冰、李实，2017；Kakwani et al.，2019）。但是，已有文献对农村低保瞄准偏误原因的探究却不够充分。一些案例研究讨论了农村低保瞄准偏误的体制性原因（Kuhn et al.，2016；张昊，2017；Li and Walker，2018）。尽管这些定性分析有助于挖掘低保瞄准偏误背后的深层机理，但是定性分析具有外部效度较差的缺陷，这限制了其研究结论的可推广性。一些定量研究也探讨了差异化的贫困识别标准对低保总体瞄准效果的影响，但这些分析均未能在对总体瞄准指标的分解性框架下展开（刘凤芹、徐月宾，2016；韩华为、高琴，2017；Golan et al.，2017）。对于村庄内部农村低保瞄准过程中可能存在精英俘获效应，基于大样本数据的严格实证检验仍为空白。

与以往农村低保瞄准研究相比，本章的边际贡献主要体现在以下三个方面：第一，通过 TD 指标评估农村低保总体瞄准效果，并将该指标分解为村庄之间和村庄内部两个部分，以此分析不同瞄准阶段对总体瞄准效果的相对贡献。第二，使用 Ravallion 反事实框架考察农村低保执行中实际采纳的贫困识别标准，并分析差异化的贫困识别标准对总体瞄准效果，以及不同瞄准阶段对总体瞄准效果相对贡献的影响。第三，基于村庄层面的数据，对低保瞄准中的精英俘获效应做出实证检验。

三、数据来源及变量说明

本章实证研究所使用的数据来自北京大学中国社会科学调查中心执行的

中国家庭追踪调查（China Family Panel Studies，CFPS）。CFPS 采用了多阶段、内隐分层和与人口规模成比例的系统概率抽样设计。该调查以 2010 年为基期，每两年进行一次追踪，旨在通过对来自全国代表性的样本村居、家庭、家庭成员的跟踪调查，以反映中国的经济发展和社会变迁状况。作为一项具有全国代表性的高质量微观数据集，CFPS 数据在社会科学各领域已经得到了广泛的应用。关于 CFPS 更详细的介绍，请见谢宇等（2014）。

到目前为止，CFPS 一共公布 2010 年、2012 年、2014 年三期数据，但是只有 2012 年的家庭调查包含了"是否获得低保救助"和"所获低保金数额"两项信息①。考虑到两项信息均是本研究涉及的核心变量，因此本章仅使用了 CFPS 2012 家庭和个体调查数据。除了低保信息之外，CFPS 2012 在家庭和个体两个层面提供了包括人口、社会和经济等方面的丰富信息，这些信息充分地满足了本章实证研究需求。另外，在村庄层面实证检验低保瞄准中的精英俘获效应时，初始村庄特征数据主要来自 CFPS 2010 社区调查。此外，也有少量村庄特征变量是通过 CFPS 2012 农户数据加总计算而得。瞄准评估中所使用的农村消费物价指数数据来自各年度中国统计年鉴。

为了提高由农户数据加总村庄特征变量的准确性，我们删除了那些农户样本小于 10 户的村庄样本②。同时，出于数据的完整性，我们还删除了相关变量存在缺失值的样本。最终，本章家庭层面的数据来自 24 个省（区市）134 个区县的 8 002 个农户样本③，社区层面的数据则来自 274 个村庄样本。其中，在 8 002 个农户样本中，有 1 022 个农户为低保户，农村低保覆盖率为

---

① CFPS 2010 和 2014 仅调查了家庭是否获得低保金，而没有调查所获低保金数额的信息。

② 为了提高抽样精度，CFPS 在村庄内部采用地图地址法构建抽样框，并采用随机起点的循环等距抽样方式抽取样本家户。这保证每个村庄抽取的样本能够大致代表该村庄家户总体。因此，我们可以通过基于村庄样本农户数据来构造村庄内部低保瞄准效果、财产不平等、贫困发生率等加总性变量。但是，我们也需要说明，由于村庄内家户样本量较少，必然存在的抽样误差会导致以此构造的加总性变量具有偏畸。尽管我们通过删减家户样本量过少（小于 10 户）的村庄来对其进行控制，但这种偏畸仍然不可避免。比如，对于那些低保覆盖率较低的村庄，抽到的低保样本会非常少，这会导致这些村庄低保瞄准效果的加总结果会存在较大偏误。除了增加村庄家户样本量之外，另外一种解决方法是，在村庄内部抽样中针对低保户和非低保户进一步进行分层，然后对低保户采取超比例抽样，最后在分析中根据村庄内低保户和非低保户的实际比例进行加权。我们期待未来针对农村低保的调查能够采用这种抽样方法，从而更好地克服抽样误差对分析结果造成的偏畸。

③ 北京样本均为城市家庭样本，所以 CFPS 2012 农村样本仅涵盖了 25 个省（区市）中的 24 个。

12.77%①。本章所涉变量的基本特征详见表3 – 1和表3 – 2。其中，需要特别说明的是，表3 – 2中有四个变量，即村庄内部家庭人均财产基尼系数（gini）、村庄全部样本农户获得低保金均值（adb）、村庄内部贫困发生率（pov）、村庄中户主为文盲或半文盲的比例（illr）是根据农户层面数据加总计算获得。表3 – 2中剩余的变量则均来自社区层面的调查数据。

表3 – 1 农户层面的变量及其描述性统计（N = 8002）

变量名称	变量标签	均值	标准差
户主特征			
年龄	age	51.331	12.853
性别（女性 = 1）	sex	0.229	0.420
婚姻状况（不在婚 = 1）	mar	0.127	0.333
受教育程度（参照组为文盲或半文盲）	edu_0	0.260	0.438
小学	edu_1	0.271	0.444
初中	edu_2	0.347	0.476
高中及以上	edu_3	0.122	0.327
就业状况（参照组为在业）	emp_0	0.825	0.380
因年老或病残无法工作	emp_1	0.099	0.299
离退休	emp_2	0.010	0.100
做家务劳动	emp_3	0.013	0.114
其他	emp_4	0.052	0.222
自评健康（参照组为不健康）	hea_0	0.210	0.407
一般	hea_1	0.207	0.405
比较健康	hea_2	0.326	0.469
很健康	hea_3	0.176	0.380
非常健康	hea_4	0.081	0.273

---

① 中国官方没有公布农村家庭数量的统计数据，所以我们只能比较基于人口数计算的样本低保覆盖率和官方低保覆盖率的差异。来自民政部和国家统计局的数据表明，2012年农村低保人口占农村总人口的8.32%。我们相应地计算了样本中所有低保人口占样本总人口的比重，结果为12.65%。除了抽样误差之外，样本中农村低保覆盖率高于官方结果的原因可能来自低保实践中将"低保户"变为"低保人"的政策变通（张昊，2017）。为了让更多的家庭可以获得救助，低保实践中把瞄准对象从家庭变为个人，导致一个家庭可能只有部分成员获得低保。因为本章数据仅询问了家庭是否获得低保，而无法进一步识别哪些成员获得了低保，这实际上高估了农村低保人口，最终导致基于样本计算的低保覆盖率高于官方统计结果。

续表

变量名称	变量标签	均值	标准差
少数民族	min	0.132	0.339
中共党员	cpm	0.092	0.288
家庭特征			
家庭规模	fsz	3.939	1.789
18 岁以下儿童数量（参照组为 0 个）	chd_0	0.443	0.497
1 个	chd_1	0.311	0.463
2 个及以上	chd_2	0.246	0.430
60 岁及以上老人数量（参照组为 0 个）	old_0	0.534	0.499
1 个	old_1	0.254	0.435
2 个及以上	old_2	0.212	0.409
家中有成员因病住院	imp	0.237	0.425
ln（家庭人均纯收入）	ln_pi	8.591	1.385
家庭人均财产四等分（参照组为最低）	ast_0	0.250	0.433
较低	ast_1	0.250	0.433
较高	ast_2	0.250	0.433
最高	ast_3	0.250	0.433
家庭过去一周未能食用高营养食品	dep_n	0.028	0.164
家庭不能饮用清洁水源	dep_w	0.482	0.500
家庭没有室内外冲水厕所	dep_t	0.705	0.456
家庭不能使用清洁燃料做饭	dep_f	0.496	0.500
家庭存在住房困难	dep_h	0.134	0.340
家庭发生教育支出困难	dep_e	0.118	0.322
家庭发生医疗支出困难	dep_m	0.172	0.377

注：①本表中家庭人均纯收入不含低保救助金；
②家庭人均财产来自靳永爱、谢宇（2014）的测算结果；
③高营养食品包括肉、水产品、奶制品、豆制品、蛋类等；
④清洁水源包括自来水、矿泉水、纯净水；
⑤清洁燃料包括电、液化气、天然气、沼气；
⑥住房困难指因住房面过小导致出现 12 岁以上的子女与父母同住一室、老少三代同住一室、12 岁以上的异性子女同住一室、床晚上架起白天拆掉、客厅里也架床的情形；
⑦教育支出困难指家庭教育支出/家庭非食品消费支出 >40%；
⑧医疗支出困难指家庭自付医疗支出/家庭非食品消费支出 >40%。

表 3 - 2　　　　　村庄层面的变量及其描述性统计（N = 274）

变量名称	变量标签	均值	标准差
村庄内部家庭人均财产基尼系数	gini	0.415	0.110
村庄全部样本农户获得低保金均值（元）	adb	222.752	269.217
村庄内部贫困发生率	pov	0.179	0.151
村庄户籍人口数（千人）	pop	2.059	1.681
村庄中户主为文盲或半文盲的比例	illr	0.297	0.178
村庄有超过总户数10%的大姓	bigf	0.763	0.426
村庄人均土地面积（亩）	pld	3.848	26.986
村庄中有学校	sch	0.69	0.463
村庄中有医疗机构	hos	0.825	0.381
村庄中有集体企业	com	0.172	0.378
村委会到每家每户道路中土路的比例	ladr	0.634	0.356
村庄已经实施村民直选	elec	0.759	0.428
村庄设立村务公告栏	brod	0.905	0.294
村庄设立举报箱	box	0.657	0.476
村委会专职社工人数（个）	swn	1.617	2.585
日常交通方式，村庄到本县县城花费时间（小时）	tcou	1.211	1.992
村庄已经开通有线/卫星电视	tv	0.701	0.459
村庄地貌为平原	ter_1	0.270	0.445
村庄地貌为丘陵	ter_2	0.340	0.474
村庄地貌为高原	ter_3	0.051	0.221
村庄地貌为其他	ter_4	0.339	0.462
村庄位于东部地区	reg_e	0.266	0.443
村庄位于中部地区	reg_c	0.299	0.459
村庄位于西部地区	reg_w	0.434	0.497

四、农村低保瞄准效果的测量及分解

本章我们将使用拉瓦雷（Ravallion，2000）构建的可分解性 TD 指标来测量农村低保的瞄准效果。由于 TD 指标可以分解为村庄之间瞄准和村庄内部瞄准两个部分，我们借此可以考察农村低保两个瞄准阶段对总体瞄准效果的相对贡献份额。根据所使用数据的差异，TD 指标可以分为两种类型。第一种是基于救助名额的 TD 指标，可以通过式（3－1）中的 NT 来表示。其中，NG^p 代表总样本中贫困户获得低保的比例，NG^n 代表总样本中非贫困户获得低保的比例，两者相减可得基于救助名额的 TD 指标 NT。NG^p 可以反映农村低保瞄准中的漏保偏误（exclusion error），当不存在漏保的情况下，其取最大值 1。NG^n 可以反映农村低保瞄准中的错保偏误（inclusion error），当不存在错保的情况下，其取最小值 0。NT 的取值则在 －1 到 1 之间，NT 越大，说明农村低保名额分配的瞄准效果越好。对 NT 的分解则由式（3－2）表示。其中，H 代表总样本的贫困发生率，H_j 代表第 j 个村庄样本农户的贫困发生率，H_{ji} 代表第 j 个村庄中第 i 个样本农户的贫困状况，当该农户为贫困户时，取值为 1，否则为 0。NG 代表总样本的低保户比例，NG_j 代表第 j 个村庄样本农户的低保户比例，NG_{ji} 代表第 j 个村庄中第 i 个样本农户的低保获得状况，当该农户为低保户时，取值为 1，否则为 0。N_j 代表第 j 个村庄的样本农户数量。式（3－2）中加号前后的两个部分分别代表在低保名额总体瞄准效果中，上级政府在村庄之间的瞄准效果和村庄内部对贫困农户的瞄准效果。

$$NT = NG^p - NG^n \qquad (3-1)$$

$$NT = \underbrace{\frac{\sum_j N_j(NG_j - NG)(H_j - H)}{\sum_j \sum_i (H_{ji} - H)^2}}_{\text{（村庄之间）}} + \underbrace{\frac{\sum_j \sum_i (NG_{ji} - NG_j)(H_{ji} - H_j)}{\sum_j \sum_i (H_{ji} - H)^2}}_{\text{（村庄内部）}} \quad (3-2)$$

TD 指标的第二种类型为基于救助金额的 TD 指标。可以通过式（3－3）中的 VT 来表示。其中，VG^p 代表总样本中贫困户户均获得的低保救助金额，VG^n 代表总样本中非贫困户户均获得的低保救助金额，两者相减可得基于救助金额的 TD 指标 VT。VG^p 越高，说明农村低保对贫困户的救助程度越高，而 VG^n 越高，则说明农村低保资源向非贫困户泄露的程度越高。VT 的值越大，说明农村低保救助金额的瞄准效果越好。对 VT 的分解则由式（3－4）表示。其中，H、H_j、H_{ji}、N_j 与式（3－2）中的含义相同。VG 代表总样本户均获得低保金额，VG_j 代表第 j 个村庄样本农户户均获得低保金额，VG_{ji} 代表第 j 个村庄中第 i 个样本农户所获得的低保金额。式（3－4）中加号前后的两个部分分别代表在低保金额总体瞄准效果中，上级政府在村庄之间的瞄准效果和村庄内部对贫困农户的瞄准效果。另外，为了便于不同贫困识别标准之间测算及分解结果的比较，我们一般通过对式（3－4）等式两边同除 VG^p 来对 VT 进行标准化。

$$VT = VG^p - VG^n \qquad (3-3)$$

$$VT = \frac{\sum_j N_j (VG_j - VG)(H_j - H)}{\sum_j \sum_i (H_{ji} - H)^2} + \frac{\sum_j \sum_i (VG_{ji} - VG_j)(H_{ji} - H_j)}{\sum_j \sum_i (H_{ji} - H)^2} \qquad (3-4)$$

$$\text{（村庄之间）} \qquad\qquad\qquad \text{（村庄内部）}$$

在使用 TD 指标测量并分解农村低保瞄准效果时，必然需要确定贫困识别标准。在这个部分，我们采用收入贫困识别标准，即通过比较家庭人均收入和贫困线的方法来识别贫困农户。为了检验结果的稳健性，我们在识别贫困农户时使用了三条不同的贫困线[①]。这三条贫困线分别是：中国最新的农村官方贫困线（2 300 元/人·年，2010 年不变价）和世界银行提出的两条国际贫困线（1.25 美元/人·天和 2.00 美元/人·天，2005 年 PPP 不变价)[②]。经过购买力平价和农村消费物价指数的折算和调整，低水平的国际贫困线（1.25 美元/人·天）比农村官方贫困线更低，而高水平的国际贫困线（2 美元/人·天）则高于农村官方贫困线[③]。为了消除地区间物价差异引起的偏误，本章还通过勃兰特和霍尔茨（Brandt and Holz，2006）给出的地区间农村物价指数对农村官方贫困线和两条国际贫困线进行了调整。

表 3－3 给出了基于收入贫困识别标准的农村低保 TD 指标的测算和分解结果。当通过农村官方贫困线来识别收入贫困农户时，基于救助名额的 TD 指标测算和分解结果显示，分别有 23.2% 的贫困户和 10.2% 的非贫困户获得低保救助，NT 指标结果为 0.130。该结果说明，农村低保名额分配的瞄准效

---

① 我们没有使用各地的低保标准作为贫困线，因为各地低保标准的制定和调整会受到地方财力的影响，各地差异化的低保标准本身就反映了水平不平等，因此不适宜作为全国范围内识别农村贫困的标准。

② 世界银行 2015 年调整了国际贫困线，低贫困线调整为 1.9 美元/人·天（2011 年 PPP 不变价），但实际上调整前后的贫困标准并没有实质变化，该调整仅仅体现了从 2005 年 PPP 到 2011 年 PPP 的价格变化。

③ 以 2012 年不变价表示，中国农村官方贫困线等价于 2 625 元/人·年，1.25 美元/人·天和 2.00 美元/人·天分别等价于 2 015 元/人·年和 3 223 元/人·年。

果不理想，漏保和错保偏误都很严重。NT 指标的分解结果表明，低保名额总体瞄准效果的 81.54% 都归因于村庄内部的瞄准。另外，基于救助金额的 TD 指标测算和分解结果则显示，贫困户和非贫困户获得低保金均值分别为 298.687 元和 134.592 元，VT 指标结果为 164.095 元。该结果说明，尽管贫困户获得低保金均值远高于非贫困户，但是仍然有大量低保资源泄露到了非贫困群体中。对标准化 VT 的分解结果表明，农村低保救助金额瞄准效果的 89.44% 都归因于村庄内部的瞄准。

表 3 - 3　　　　　　　农村低保 TD 指标的测算和分解结果

（收入贫困识别标准和多维度贫困识别标准）

贫困识别标准	1.25 美元/天		2 300 元/年		2.00 美元/天		倾向性分数	
基于救助名额的瞄准指标及其分解								
贫困户获得低保的比例（NG^p）	0.247		0.232		0.220		0.374	
非贫困户获得低保的比例（NG^n）	0.105		0.102		0.099		0.092	
$NT = NG^p - NG^n$	0.142		0.130		0.121		0.282	
NT 指标的分解	数值	贡献率%	数值	贡献率%	数值	贡献率%	数值	贡献率%
村庄之间	0.023	16.197	0.024	18.462	0.028	23.140	0.119	42.199
村庄内部	0.119	83.803	0.106	81.539	0.093	76.860	0.163	57.801
基于救助金额的瞄准指标及其分解								
贫困户获得低保金均值（VG^p）	303.843		298.687		282.986		425.121	
非贫困户获得低保金均值（VG^n）	142.078		134.592		131.291		130.188	
$VT = VG^p - VG^n$	161.765		164.095		151.695		294.933	
标准化 VT = VT/VG^p	0.532		0.549		0.536		0.694	
标准化 VT 指标的分解	数值	贡献率%	数值	贡献率%	数值	贡献率%	数值	贡献率%
村庄之间	0.036	6.767	0.058	10.565	0.082	15.298	0.311	44.813
村庄内部	0.496	93.233	0.491	89.435	0.454	84.702	0.383	55.187

表 3 - 3 还显示，当采用 1.25 美元/天和 2.00 美元/天两条国际贫困线时，与采用农村官方贫困线相比，农村低保救助名额和救助金额的瞄准效果及其分解结果略有变化。但总体来看，无论采用哪条贫困线，农村低保的瞄

准效果都不够理想。此外，不同贫困线下的分解结果均表明，村庄内部的瞄准对总体瞄准效果的贡献要远高于村庄之间的瞄准。该结果与加拉索和拉瓦雷（Galasso and Ravallion，2005）及基利克等（Kilic et al.，2015）使用收入识别标准和 TD 指标，分别对孟加拉国和马拉维两种社区瞄准减贫项目的分解结果类似。

五、多维度贫困识别标准与农村低保瞄准效果

按照中央政策文本规定，农村低保应该主要通过收入来识别贫困家庭。但是，大量案例研究发现，农村低保在实际执行中识别贫困农户时会考虑更多的因素（Kuhn et al.，2016；张昊，2017；Li and Walker，2018）。为了避免将"贫困测量偏误"混淆为"低保瞄准偏误"，本部分我们将通过 Ravallion 反事实框架来分析多维度贫困识别标准下的农村低保瞄准效果。该框架首先通过回归模型来探讨低保实际执行中的贫困识别因素，然后基于回归结果估算贫困倾向性分数，最后以此分数为标准识别贫困家庭并考察农村低保的瞄准效果。与拉瓦雷（Ravallion，2008）类似，我们设定潜变量 Y^* 为一个衡量家庭福利水平的综合指标，它代表折算为货币单位的家庭福利水平。Y 代表家庭人均纯收入。向量 X 表示影响家庭福利水平的其他变量，它包括表 3-1 所列出的除家庭人均纯收入之外的所有变量，以及省份虚拟变量。对于任意农户 i，我们设定三者之间存在式（3-5）中的关系：

$$\ln Y_i^* = \alpha \ln Y_i + \pi X_i + \varepsilon_i \tag{3-5}$$

其中，ε_i 代表影响家庭福利水平的随机冲击，并且 $\varepsilon_i \sim N(0, \sigma_\varepsilon)$。$Z$ 代表各地低保标准。对于任意农户 i，当 $Y_i^* < Z_i$ 时，该农户就可以被识别为贫困农户并获得低保救助。由于 $\varepsilon_i \sim N(0, \sigma_\varepsilon)$，所以农户 i 获得低保的概率可以用下式来表示：

$$
\begin{aligned}
\Pr(Y_i^* < Z_i) &= \Pr(\ln Y_i^* < \ln Z_i) \\
&= \Pr(\alpha \ln Y_i + \pi X_i + \varepsilon_i < \ln Z_i) \\
&= \Pr(\varepsilon_i < \ln Z_i - \alpha \ln Y_i - \pi X_i) \\
&= F\left[(\ln Z_i - \alpha \ln Y_i - \pi X_i)/\sigma_\varepsilon\right]
\end{aligned}
\tag{3-6}
$$

不难看出，式（3-6）恰好满足因变量为农户是否获得低保的 Probit 模型设定，因此我们可以基于 Probit 模型来估计各类自变量前面的系数。值得注意的是，因为 CFPS 未给出样本区县名称，所以我们无法控制区县层面的低保标准，而只能控制各省份的平均低保标准，如果在控制省份虚拟变量的基础上继续控制各省平均低保标准，则必然引起完全共线性。所以，我们在回归方程中控制省份虚拟变量之后，就没有再添加各省平均低保标准变量。

表3-4 给出了 Probit 模型的回归结果。结果显示，农村低保实际执行中，以下因素将提高农户被识别为低保户的概率：户主不在婚、户主受教育程度较低、户主因年老或病残无法工作、户主自评健康较差、户主为少数民族、家庭儿童数量较少、家庭老人数量较多、家中有成员因病住院、家庭人均纯收入较低、家庭人均净资产较低、家庭不能使用清洁燃料做饭和家庭存在住房困难。利用表3-4回归结果，我们可以拟合出每个样本农户被识别为低保户的倾向性分数（即贫困概率）。该倾向性分数可以被看作消除了收入测量误差之后的多维度贫困度量。倾向性分数值越大，说明该农户的多维度贫困程度越高。按照倾向性分数对所有样本农户进行排序后，我们定义倾向性分数最高的 1 022 个农户为贫困农户。之所以选择倾向性分数最高的 1 022户为界定贫困的节点，是因为样本中实际低保户数量恰好为 1 022 户。在这里，我们采纳了与拉瓦雷（Ravallion，2008）和戈兰等（Golan et al.，2017）完全一致的处理策略。

表3-4　　　　　　　　农村低保获得 Probit 回归结果

自变量	回归系数	标准误	自变量	回归系数	标准误
户主特征			emp_3	0.070	(0.183)
age	-0.001	(0.003)	emp_4	0.105	(0.114)
sex	-0.081	(0.064)	hea_1（hea_0）	-0.128 *	(0.075)
mar	0.495 ***	(0.083)	hea_2	-0.106	(0.070)
edu_1（edu_0）	-0.105	(0.067)	hea_3	-0.267 ***	(0.085)
edu_2	-0.096	(0.072)	hea_4	-0.159	(0.115)
edu_3	-0.198 *	(0.106)	min	0.407 ***	(0.076)
emp_1（emp_0）	0.157 *	(0.089)	cpm	0.096	(0.090)
emp_2	-0.072	(0.277)	家庭特征		

续表

自变量	回归系数	标准误	自变量	回归系数	标准误
fsz	0.030	(0.019)	dep_w	0.031	(0.052)
chd_1 (chd_0)	0.024	(0.072)	dep_t	0.079	(0.060)
chd_2	−0.225**	(0.092)	dep_f	0.215***	(0.056)
old_1 (old_0)	0.193***	(0.066)	dep_h	0.145**	(0.073)
old_2	0.359***	(0.075)	dep_e	0.021	(0.080)
imp	0.111*	(0.060)	dep_m	0.073	(0.067)
ln_pi	−0.135***	(0.018)	省份虚拟变量	—	—
ast_1 (ast_0)	−0.120*	(0.067)	_cons	−0.397	(0.242)
ast_2	−0.291***	(0.077)	Wald test	480.940***	
ast_3	−0.386***	(0.084)	Pseudo R^2	0.183	
dep_n	0.069	(0.124)	N	8 002	

注：①表中省略了省（区市）虚拟变量的回归系数和标准误；

②括号内变量为参照组，括号内数值为回归系数对应的标准误；

③ $* p < 0.1$，$** p < 0.05$，$*** p < 0.01$；

④本章其他回归表格中参照组、标准误和显著性水平的表示方法同此注。

按照倾向性分数做出贫困识别之后，我们重新测算和分解了农村低保的 TD 指标。表 3 - 3 给出了测算和分解的结果。与收入贫困识别标准下的结果相比，无论是基于救助名额的 TD 指标 NT，还是基于救助金额的 TD 指标 VT，采用多维度贫困识别标准时的瞄准指标结果都更高。这意味着，农村低保实际执行中采纳了多维度贫困识别标准，如果瞄准分析中仍然采用中央视角的收入贫困识别标准，那么贫困识别标准的错位就会造成低估农村低保瞄准效果。这呼应了韩华为、高琴（2017）和戈兰等（Golan et al., 2017）使用其他瞄准评估指标所得出的结论。对表 3 - 3 中结果更细致的比较发现，贫困识别标准对漏保偏误的影响远大于其对错保偏误的影响。当贫困识别标准从农村官方贫困线变为倾向性分数时，基于救助名额的 TD 指标 NT 提高了0.152（从 0.130 提高到 0.282）。这个变化主要归功于贫困户获得低保比例（NG^p）的提高（从 0.232 提高到 0.374，提高了 0.142）。尽管非贫困户获得低保的比例（NG^n）有所降低（从 0.102 降低到 0.092，降低了 0.010），但该变化对 NT 提高的贡献不大。另外，观察表 3 - 3 中基于救助金额的 TD 指标 VT 的变化也可以得出类似的结论。

当采用不同的贫困识别标准时，TD 指标的分解结果同样出现显著的变化。表 3 - 3 中第 2 ~ 7 列使用收入贫困识别标准时，基于救助名额和救助金额的总体瞄准效果均主要归因于村庄内部的瞄准，六个分解中村庄内部瞄准贡献率都超过了 75%。表 3 - 3 使用多维度贫困识别标准时，村庄之间瞄准对总体瞄准效果的贡献率大幅提升，对救助名额和救助金额 TD 指标测算结果的贡献率分别达到了 42. 20% 和 44. 81%。这说明采用收入贫困识别标准会低估村庄之间瞄准对总体瞄准效果的贡献。为了实现下属辖区之间低保分配的水平公平，包括中央、省级、市级、县级、乡镇级在内的各级政府在分配低保资金时都会向贫困程度更高的下属辖区倾斜。中央、省级、市级政府在衡量下属辖区的贫困程度时，主要依据各下属辖区上个年度低保对象数量和财政困难程度等因素。区县和乡镇政府向下属辖区分配低保名额时则会综合考虑下属辖区上年度低保对象数量、人口总量和结构、经济发展水平、遭遇负面风险冲击等因素。在这种情况下，在逐层分配低保资源，最终瞄准到村庄层面的过程中，各级政府对贫困的认识也体现出了多维性。因此，基于多维度贫困识别标准得到的瞄准指标分解结果能够更准确地反映不同瞄准阶段对总体瞄准效果的相对贡献比例。结果表明，村庄之间的瞄准对总体瞄准效果的贡献份额超过了 40%，上级政府在确保农村低保分配水平公平方面发挥了重要作用。

六、农村低保村庄内部瞄准中的精英俘获

(一) 回归模型设定

本章将对农村低保村庄内部瞄准中的精英俘获效应进行实证检验。检验的基本思路如图 3 - 1 所示。通过在村庄层面考察经济不平等程度和低保瞄准之间的关系，我们可以对村庄内部低保瞄准中的精英俘获效应展开间接性检验。具体的实证模型可以由式 (3 - 7) 表示。

$$T_j = \beta_0 + \beta_1 \text{inequality}_j + \beta_2 X_j + \varepsilon_j \qquad (3 - 7)$$

其中，因变量 T_j 为村庄 j 的各类低保瞄准指标。我们测算了所有村庄样本基于救助名额和救助金额的瞄准指标。具体的，每个村庄都有 6 个指标来衡量该村庄内部的低保瞄准效果。表 3-5 给出了这 6 个瞄准指标的名称及其描述性统计。6 个指标中，NG_j^p、NT_j、VG_j^p 和 VT_j 越高，NG_j^n 和 VG_j^n 越低，则说明村庄内部低保瞄准效果越好。

表 3-5　　　村庄层面精英俘获回归分析中的因变量及其描述性统计（N=274）

变量名称	变量标签	均值	标准差
村庄 j 中贫困户获得低保的比例	NG_j^p	0.311	0.349
村庄 j 中非贫困户获得低保的比例	NG_j^n	0.121	0.142
村庄 j 基于救助名额的 TD 指标	$NT_j = NG_j^p - NG_j^n$	0.191	0.344
村庄 j 中贫困户获得低保金均值	VG_j^p	380.876	523.033
村庄 j 中非贫困户获得低保金均值	VG_j^n	189.473	284.581
村庄 j 基于救助金额的 TD 指标	$VT_j = VG_j^p - VG_j^n$	191.403	552.718

自变量中最受关注的是村庄内部的经济不平等，也就是式（3-7）中的 $inequality_j$。我们假设农村低保在村庄内部瞄准中存在精英俘获。那么如果：因变量为 NG_j^p、NT_j、VG_j^p 和 VT_j 时，估计结果显示 $\beta_1 < 0$ 且统计显著，或者因变量为 NG_j^n 和 VG_j^n 时，估计结果显示 $\beta_1 > 0$ 且统计显著，那么存在精英俘获的假设就可以得到实证支持。在回归中，我们通过村庄内部家庭人均财产的基尼系数来衡量经济不平等，该指标通过各样本村庄的农户样本测算得到。使用该指标来衡量村庄内部经济不平等主要出于以下几个方面的考虑。第一，财产是收入的累积，与收入相比，财产水平能够更好地反映农村家庭的经济状况和社会地位，财产不平等所度量的经济不平等与村庄内部权力不平等的关系更为密切。第二，由于低保是现金转移项目，因此村庄内部的低保瞄准对收入不平等存在直接影响，由此构成的双向因果关系可能引致内生性问题。由于救助水平低，低保对家庭财产的影响有限，所以使用财产不平等来度量经济不平等有助于在一定程度上控制内生性问题。第三，靳永爱、谢宇（2014）对 CFPS 2012 家户财产数据进行了细致的清理和缺失值处理，并且加总生成了以货币度量的家庭净资产变量。该变量涵盖了包括土地、房产、生产性固定资本、耐用消费品、金融资本等几大类资产的总值，然后还进一

步扣除了家庭总负债。我们可以直接使用该家庭净资产变量来计算村庄内部的财产不平等指标。

式（3-7）中X_j代表一系列村庄层面的控制变量，主要包括以下几类。第一类，模型首先控制了村庄获得的低保资源数量，我们通过村庄全部样本农户获得低保金均值（adb）来对其进行度量。第二类，模型还控制了村庄内部的贫困发生率（pov），计算该指标时，我们使用基于表3-4结果的倾向性分数作为贫困识别标准。第三类，控制变量是村庄基本特征，包括家庭户籍人口数、村庄中户主为文盲或半文盲的比例、村庄有超过总户数10%的大姓、村庄人均土地面积、村庄中有学校、村庄中有医疗机构、村庄中有集体企业、村委会到每家每户道路中土路的比例。第四类，控制变量反映村庄制度特征，包括村庄已经实施村民直选、村庄设立村务公告栏、村庄设立举报箱、村委会专职社工人数。第五类，控制变量体现村庄的开放度，包括村庄到本县县城花费时间、村庄已经开通有线/卫星电视，以及村庄的地貌特征。第六类，我们还加入地区虚拟变量来控制低保执行与区域相关的异质性。所有自变量名称与标签的对应关系，以及其描述性统计结果请见表3-2。

（二）回归结果

基于多元线性回归模型式（3-7），表3-6给出了6个瞄准指标分别作为因变量的OLS估计结果。结果显示，在村庄层面，家庭财产不平等程度对低保瞄准效果有显著的负向影响。对于基于救助名额的瞄准指标，家庭人均财产基尼系数越高，NG_j^p和NT_j指标值越小。对于基于救助金额的瞄准指标，家庭人均财产基尼系数越高，VG_j^p和VT_j指标值越小，而VG_j^n指标值越大。这说明：救助名额方面，财产不平等程度越高，村庄内低保瞄准的漏保偏误越高；救助金额方面，财产不平等程度越高，村庄内贫困户户均获得的低保金越少，而非贫困户户均获得的低保金越多。按照图3-1给出的实证思路，财产不平等一方面通过提高贫困户辨识度来改善低保瞄准效果，另一方面又可能导致精英俘获而恶化低保瞄准效果。如果最终发现财产不平等对低保瞄准效果有总体上的负向影响，那就一定意味着瞄准中存在精英俘获效应。表3-6结果支持了农村低保社区瞄准中存在精英俘获的假设。这与加拉索和拉瓦雷（Galasso and Ravallion，2005）对孟加拉国学校膳食项目、巴德翰和穆克吉（Bardhan and Mookherjee，2006）对印度就业减贫项目基于相同实证框架得到的结论类似。

表 3 - 6   村庄层面精英俘获回归分析结果（OLS 回归）

变量	NG_j^p	NG_j^n	NT_j	VG_j^p	VG_j^n	VT_j
gini	- 0.214 **	- 0.006	- 0.208 **	- 337.973 ***	93.218 **	- 431.191 ***
	(0.087)	(0.031)	(0.087)	(121.255)	(42.031)	(151.264)
adb	0.000 **	0.000 ***	0.000	0.744 **	1.025 ***	- 0.281
	(0.000)	(0.000)	(0.000)	(0.304)	(0.031)	(0.324)
pov	0.285	0.116	0.169	218.265	- 232.631 ***	450.897
	(0.180)	(0.077)	(0.167)	(285.698)	(61.290)	(312.926)
pop	- 0.001	- 0.003	0.002	- 13.549	- 1.374	- 12.176
	(0.010)	(0.003)	(0.011)	(16.442)	(3.064)	(18.534)
illr	- 0.200	0.011	- 0.210	- 166.697	27.977	- 194.674
	(0.135)	(0.044)	(0.139)	(179.612)	(37.350)	(204.470)
bigf	- 0.008	0.034 **	- 0.041	- 116.566	13.191	- 129.757
	(0.062)	(0.016)	(0.064)	(97.253)	(16.188)	(108.297)
pld	0.001 ***	- 0.000 *	0.001 ***	1.053 *	- 0.151 **	1.204 **
	(0.001)	(0.000)	(0.001)	(0.542)	(0.068)	(0.598)
sch	- 0.052	0.001	- 0.053	- 20.203	6.606	- 26.809
	(0.051)	(0.016)	(0.052)	(79.827)	(12.611)	(88.777)
hos	- 0.035	- 0.018	- 0.017	- 30.305	- 33.519 *	3.214
	(0.062)	(0.020)	(0.062)	(90.125)	(19.281)	(102.497)
com	- 0.084	0.018	- 0.102 *	- 135.751 *	30.456 **	- 166.207 *
	(0.059)	(0.014)	(0.061)	(81.136)	(12.723)	(91.033)
ladr	- 0.132 *	0.040 **	- 0.172 **	- 198.358 **	38.352 ***	- 236.711 **
	(0.069)	(0.016)	(0.072)	(94.065)	(14.399)	(104.572)
elec	- 0.036	0.011	- 0.046	- 1.345	- 8.317	6.973
	(0.052)	(0.013)	(0.053)	(71.143)	(11.698)	(77.976)
brod	- 0.018	- 0.033	0.015	- 60.363	- 4.783	- 55.580
	(0.074)	(0.029)	(0.078)	(108.615)	(19.539)	(121.059)
box	- 0.048	- 0.014	- 0.034	19.700	- 8.874	28.574
	(0.045)	(0.013)	(0.047)	(61.732)	(11.052)	(69.492)
swn	0.004	0.001	0.003	2.879	0.358	2.521
	(0.008)	(0.002)	(0.008)	(9.496)	(1.958)	(10.904)

续表

变量	NG_j^p	NG_j^n	NT_j	VG_j^p	VG_j^n	VT_j
tcou	−0.017 ***	−0.003	−0.014 ***	−20.158 **	1.649	−21.808 **
	(0.005)	(0.002)	(0.005)	(8.301)	(1.309)	(9.219)
tv	0.122 ***	−0.005	0.127 ***	167.864 ***	−9.943	177.807 ***
	(0.042)	(0.013)	(0.043)	(56.628)	(11.688)	(64.728)
ter_1 (ter_4)	0.078	−0.008	0.086	98.282	−8.107	106.390
	(0.057)	(0.016)	(0.059)	(81.326)	(17.333)	(93.095)
ter_2	0.043	−0.011	0.054	55.449	−21.424 *	76.872
	(0.047)	(0.014)	(0.049)	(66.291)	(12.909)	(74.654)
ter_3	0.127	0.016	0.110	228.105	−60.730 **	288.835
	(0.098)	(0.037)	(0.105)	(208.283)	(27.248)	(225.989)
reg_e (reg_c)	0.015	−0.017	0.032	96.420	−5.789	102.209
	(0.061)	(0.012)	(0.064)	(92.441)	(10.211)	(100.203)
eg_w	−0.064	−0.021	−0.043	−26.908	14.447	−41.356
	(0.054)	(0.014)	(0.055)	(84.343)	(13.709)	(93.389)
F 统计量	3.19 ***	6.56 ***	1.95 ***	4.01 ***	102.65 ***	2.08 ***
R^2	0.190	0.589	0.123	0.225	0.920	0.133
N	274	274	274	274	274	274

其他自变量的回归结果中，有几个方面值得格外关注。第一，adb 的回归结果说明，向村庄注入更多的低保资源虽然会显著提高贫困农户的救助比例和救助水平，但同时也会显著提高非贫困户的救助比例和救助水平，最终对总体 TD 指标（NT_j 和 VT_j）的影响却不显著。第二，村庄贫困发生率（pov）越高，非贫困户户均获得的低保金越少，这说明贫困率高的村庄低保瞄准效果倾向于更好。这印证了加拉索和拉瓦雷（Galasso and Ravallion，2005）中关于贫困率与瞄准效果之间关系的理论推断。第三，村庄中有大姓和村庄有集体企业对低保瞄准效果有负面影响，这说明村庄内的宗族势力和集体企业管理层可能在低保瞄准过程中具有较大影响力，从而导致了瞄准中的精英俘获。第四，村委会到每家每户道路中土路的比例越高，村内低保瞄准的效果越差。村内土路比例高会对入户核查和民主评议造成不便，从而提高这些环节的行政成本、降低这些环节的执行质量，最终会对瞄准效果造成负面影响。第五，通过日常交通方式，从村庄到本县县城花费的时间越短，

低保瞄准效果越好。开通有线/卫星电视的村庄瞄准效果越好。这说明，村庄的开放度越高，村民获得政策信息越便利，这有利于改善低保瞄准效果。第六，来自其他发展中国家的文献发现，完善的基层民主选举制度和日常监督机制可以有效促进社区瞄准效果（Watkins，2008）。然而表 3 - 6 结果中，村民直选、设立村务公示栏和举报箱等制度因素却没有对瞄准效果产生显著影响。这意味着这些制度可能在实际执行中存在问题，未来需要进一步完善。

（三）稳健性检验

表 3 - 6 中 OLS 回归结果表明，村庄内部的财产不平等对低保瞄准效果有显著的负面影响。本部分，我们将使用不同的回归模型和不平等度量指标来对以上结论展开稳健性检验。首先，基于救助名额的三个瞄准指标取值是受到限制的，即 $0 \leq NG_j^p$、$NG_j^n \leq 1$，$-1 \leq NT_j \leq 1$。当使用这三个指标值作为回归模型的因变量时，就面临取值受限引起的数据截取问题。在这种情况下，OLS 的估计结果为有偏且不一致。为了避免 OLS 估计带来的偏误，通常采用 Tobit 模型来进行估计。表 3 - 7 给出了因变量分别为 NG_j^p、NG_j^n 和 NT_j 的 Tobit 回归结果。不难看出，与表 3 - 6 中的结果类似，家庭人均财产基尼系数对 NG_j^p 和 NT_j 仍然保持显著的负向效应。这说明，选择不同的模型并没有改变回归分析的核心结论，财产不平等与低保瞄准效果之间的关系具有较好的稳健性。另外，在 OLS 回归中显著影响瞄准效果的其他自变量，在 Tobit 回归中大都仍然保持显著[1]。

表 3 - 7　　　　村庄层面精英俘获回归分析结果（Tobit 回归）

变量	NG_j^p		NG_j^n		NT_j	
	系数	标准误	系数	标准误	系数	标准误
gini	- 1.019 **	(0.428)	- 0.019	(0.078)	- 0.470 **	(0.190)
adb	0.001 **	(0.000)	0.000 ***	(0.000)	0.000	(0.000)
pov	0.820 **	(0.355)	0.119	(0.088)	0.158	(0.159)
F 统计量	2.24 ***		6.19 ***		2.08 ***	
N	274		274		274	

注：** p < 0.05，*** p < 0.01。

[1]　篇幅所限，本章中没有给出 Tobit 回归的完整结果，如有需要，请向作者索取。

为了检验实证结论对不平等度量指标的稳健性，除了基尼系数之外，我们还使用另外五种指标来度量村庄内部的财产不平等。然后，基于不同的财产不平等指标，我们重新估计上面的两类回归模型。表3－8给出了所有β_1的回归结果。不难看出，与表3－6和表3－7基于基尼系数的估计结果相比，使用广义熵指数（GE（0）、GE（1）、GE（2））和阿特金森指数（A（0.5）、A（1））度量财产不平等时，β_1估计结果的符号未发生改变，其统计显著性也基本一致。这说明，村庄内部财产不平等与低保瞄准效果之间的关系对不平等度量指标并不敏感，本部分实证结论具有较好的稳健性。

表3－8　　　　　　　　　　使用其他不平等度量指数的稳健性检验

变量	NG_j^p	NG_j^n	NT_j	VG_j^p	VG_j^n	VT_j
OLS 回归						
Mean log deviation GE（0）	－0.214 **	－0.006	－0.208 **	－337.973 ***	93.218 **	－431.191 ***
Theil entropy GE（1）	－0.214 ***	－0.005	－0.209 ***	－352.287 ***	95.375 **	－447.662 ***
Theil entropy GE（2）	－0.082 ***	－0.003	－0.078 ***	－129.960 ***	38.701 **	－168.661 ***
Atkinson A（0.5）	－0.582 ***	－0.014	－0.568 ***	－956.159 ***	250.019 **	－1206.178 ***
Atkinson A（1）	－0.347 **	－0.009	－0.338 **	－559.175 **	148.535 **	－707.710 **
Tobit 回归						
Mean log deviation GE（0）	－0.502 **	－0.011	－0.221 ***	—	—	—
Theil entropy GE（1）	－0.525 ***	－0.012	－0.220 ***	—	—	—
Theil entropy GE（2）	－0.203 ***	－0.006	－0.082 ***	—	—	—
Atkinson A（0.5）	－1.384 ***	－0.027	－0.602 ***	—	—	—
Atkinson A（1）	－0.794 **	－0.014	－0.363 **	—	—	—

注：** $p < 0.05$，*** $p < 0.01$。

七、结论和政策启示

基于中国家庭追踪调查（CFPS）数据，在社区瞄准机制的视角下，本章系统评估了中国农村低保的瞄准效果，并进一步考察了贫困识别和精英俘获两种因素对低保瞄准效果的影响。研究结论主要包括以下几个方面。第一，社区瞄准机制下，农村低保实际执行中采纳了多维度的贫困识别标准，除了家庭收入之外，财产状况、家庭人口结构和人力资本水平等因素也是识别贫困户的重要标准。第二，以收入作为贫困识别标准时，农村低保的总体瞄准效果很差，漏保偏误和错保偏误都很严重，存在大量低保资金泄露到非贫困群体中。瞄准分解结果表明，村庄内部的瞄准对总体瞄准效果的贡献率要远高于村庄之间的瞄准。第三，在多维度贫困识别标准下，尽管错保偏误变化不大，但漏保偏误却大幅降低，农村低保总体瞄准指标出现显著提高，村庄之间瞄准对总体瞄准效果的贡献率也大幅提升。这说明，传统的以收入贫困识别标准为基础的瞄准评估方法高估了农村低保的瞄准偏误，尤其是高估了其漏保偏误，同时低估了村庄之间瞄准对总体瞄准效果的贡献率。但是，采用多维度贫困识别标准纠正贫困测量误差之后，农村低保的瞄准偏误仍然偏高。第四，村庄层面的实证检验发现，农村低保在村庄内部瞄准中存在显著的精英俘获效应。

中国当前正处于脱贫攻坚的关键时期，精准扶贫、精准脱贫构成了现阶段减贫政策的基本方略。低保作为农村减贫政策体系中的重要组成部分，如何进一步提升瞄准精度仍然是该制度面临的主要挑战。本章实证结论在改善农村低保瞄准效果方面有以下几方面的启示。

首先，社区瞄准机制下，村庄在识别贫困户方面具有信息优势，从而有助于改善农村低保瞄准效果。但与此同时，村庄瞄准中所采纳的贫困识别标准却往往会偏离中央政策所规定的贫困识别标准。与中央政策规定以收入为基础的贫困识别标准相比，村庄更倾向于采纳多维度标准来识别贫困。多维度标准体现了村庄内部对贫困的理解，这有助于识别出村庄内居民广泛认可的贫困户。但是，在社区瞄准过程中，各个村庄在贫困维度及其权重的选择上并没有统一的标准。这种维度和权重选择上的随意性本身会带来贫困识别上的偏误，同时这种随意性也为村内精英通过操纵贫困识别标准来俘获低保资源提供了便利。一些发展中国家通过在社区瞄准机制中引入代理家计调查（PMT）方法来克服上述问题。上级政府基于大样本调查数据和计量方法确定区域内识别贫困的代理指标及其权重，并确保这些代理指标既容易测量且又难以被操纵。在社区瞄准过程中，基于代理指标及其权重的识别结果就可以作为确定贫困户的重要参考或校验标准。农村低保背景下，以区县为单位建立代理家计调查指标体系，以此来规范村庄内部多维度贫困识别标准，这有助于克服社区瞄准中贫困识别标准选择随意性带来的问题。

其次，本章评估结果发现，即使在纠正差异化的贫困识别标准引起的贫困测量误差之后，社区瞄准机制下的农村低保仍然面临较高的瞄准偏误。同时，实证结果表明，精英俘获效应是导致村庄内瞄准偏误的重要原因。该结论印证了一些农村低保案例调查的观察和分析结果（邢成举，2014；张昊，2017）。因此，克服社区瞄准中的精英俘获效应将是未来改进农村低保瞄准效果的重要方向。上文已经提及通过代理家计调查方法建立规范化的贫困识别指标体系，这有助于遏制村内精英通过操纵贫困识别指标来俘获低保资源。除此以外，以下措施也有助于克服低保瞄准中的精英俘获。第一，进一步完善农村基层选举制度。来自其他发展中国家的文献表明，完善社区内民主选举有助于强化问责机制，从而激励社区负责人提高减贫政策瞄准精度（Watkins，2008）。本章实证分析中未发现村民直选对村庄瞄准效果有显著影响，这说明，农村基层选举制度有待进一步完善，从而有效发挥其政治问责机制，提高村干部改善低保瞄准的激励。第二，强化低保瞄准执行中的公示、监督和惩罚制度。信息透明和有效监督有助于消除精英俘获，提高低保瞄准效果。尽管中央及各地低保政策文件规定了张榜公示、低保经办人员和村居干部近亲属享受低保备案、低保违规投诉举报等制度，但是在实践中需要保证这些制度能够得到严格执行。

最后，本章控制贫困测量偏误后对农村低保瞄准指标的分解结果表明，村庄之间瞄准对低保总体瞄准效果的贡献率超过了40%。这说明，上级政府对村庄的瞄准在低保瞄准过程中发挥着重要作用，进一步提升村庄之间的瞄准效果有助于改善农村低保总体瞄准精度。目前，农村低保在地区之间水平不平等问题仍然比较严重。从低保标准来看，东部地区的农村低保标准要远高于中西部地区，同样贫困程度的农户，在经济发展较高的东部地区可以被确定为低保户，但是在经济发展落后的中西部地区则很可能不能获得低保。在社区瞄准视角下，这体现了上级政府在村庄之间的瞄准偏误，这种偏误也是农村低保总体瞄准效果不佳的重要原因。因此，各级政府在向下转移低保资源时，需要基于更科学的方法来测算下属辖区的贫困程度，并以此为基础来分配低保资金或低保名额。这有助于提高村庄之间的瞄准效果，从而最终保证农村低保实现其精准扶贫的政策目标。

参考文献

[1] 陈前恒. 农户动员与贫困村内部发展性扶贫项目分配：来自西北地区 H 村的实证研究 [J]. 中国农村经济，2008（3）.

[2] 韩华为，高琴. 中国农村低保制度的保护效果研究：来自中国家庭追踪调查（CFPS）的经验证据 [J]. 公共管理学报，2017（2）.

[3] 韩华为，徐月宾. 农村最低生活保障制度的瞄准效果研究：来自河南、陕西省的调查 [J]. 中国人口科学，2013（4）.

[4] 韩华为，徐月宾. 中国农村低保制度的反贫困效应研究：来自中西部五省的经验证据 [J]. 经济评论，2014（6）.

[5] 胡联，汪三贵. 我国建档立卡面临精英俘获的挑战吗 [J]. 管理世界，2017（1）.

[6] 胡联，汪三贵，王娜. 贫困村互助资金存在精英俘获吗：基于 5 省 30 个贫困村互助资金试点村的经验证据 [J]. 经济学家，2015（9）.

[7] 靳永爱，谢宇. 中国家庭追踪调查：2010 年和 2012 年财产数据技术报告 [R]. 中国家庭追踪调查技术报告 CFPS-29，2014.

[8] 李迎生，李泉然. 农村低保申请家庭经济状况核查制度运行现状与完善之策：以 H 省 Y 县为例 [J]. 社会科学研究，2015（3）.

[9] 刘凤芹，徐月宾. 谁在享有公共救助资源？中国农村低保制度的瞄准效果研究 [J]. 公共管理学报，2016（1）.

[10] 孟天广，陈昊. 不平等、贫困与农村基层民主：基于全国 400 个村庄的实证研究 [J]. 公共管理学报，2014（2）.

[11] 孙嫱. 政策执行与村落应对：甘肃省 Z 镇的农村低保制度实践 [J]. 宁夏社会科学，2016（3）.

[12] 谢宇，胡婧炜，张春泥. 中国家庭追踪调查：理念与实践 [J]. 社会，2014（2）.

[13] 邢成举. 精英俘获，自保逻辑与民主悖论：农村低保实施异化和指标错位原因透视 [J]. 湛江师范学院学报，2014（5）.

[14] 张昊. 农村低保评审乱象的成因及治理：基于定性定量混合研究方法的分析 [J]. 中国农村观察，2017（1）.

［15］朱梦冰，李实．精准扶贫重在精准识别贫困人口：农村低保政策的瞄准效果分析［J］．中国社会科学，2017（9）．

［16］Alatas, V., Banerjee, A., Hanna, R., Olken, B., & Tobias, J. (2012). Targeting the poor: Evidence from a field experiment in Indonesia. *American Economic Review*, 102 (4), 1206 – 1240.

［17］Alatas, V., Banerjee, A., Hanna, R., Olken, B., Purnamasari, R., & Wai-poi, M. (2013). *Does elite capture matter? local elites and targeted welfare programs in Indonesia*. National Bureau of Economic Research Working Paper, No. 18798.

［18］Alderman, H. (2002). Do local officials know something we don't? Decentralization of targeted transfers in Albania. *Journal of public Economics*, 83 (3), 375 – 404.

［19］Bardhan, P., & Mookherjee, D. (2000). Capture and governance at local and national levels. *The American Economic Review*, 90 (2), 135 – 139.

［20］Bardhan, P., & Mookherjee, D. (2005). Decentralizing antipoverty program delivery in developing countries. *Journal of public economics*, 89 (4), 675 – 704.

［21］Bardhan, P., & Mookherjee, D. (2006). Pro-poor targeting and accountability of local governments in West Bengal. *Journal of Development Economics*, 79 (2), 303 – 327.

［22］Bardhan, P. (2016). State and development: the need for a reappraisal of the current literature. *Journal of Economic Literature*, 54 (3), 862 – 892.

［23］Besley, T., Pande, R., & Rao, V. (2012). Just rewards? Local politics and public resource allocation in South India. *World Bank Economic Review*, 26 (2), 191 – 216.

［24］Brandt, L., & Holz, C. (2006). Spatial price differences in China: estimates and implications. *Economic Development and Cultural Change*, 55 (1), 43 – 86.

［25］Caeyers, B., & Dercon, S. (2012). Political connections and social networks in targeted transfer programs: Evidence from rural ethiopia. *Economic Development and Cultural Change*, 60 (4), 639 – 675.

［26］ Conning, J., & Kevane, M. (2002). Community-based targeting mechanisms for social safety nets: a critical review. *World development*, 30 (3), 375 – 394.

［27］ Galasso, E., & Ravallion, M. (2005). Decentralized targeting of an antipoverty program. *Journal of Public Economics*, 89 (4), 705 – 727.

［28］ Golan, J., Sicular, T., & Umapathi, N. (2017). Unconditional cash transfers in China: Who benefits from the Rural Minimum Living Standard Guarantee (Dibao) Program? *World Development*, 93, 316 – 336.

［29］ Kakwani, N., Li, S., Wang, X., & Zhu, M. (2019). Evaluating the effectiveness of the Rural Minimum Living Standard Guarantee (Dibao) Program in China. *China Economic Review*, 53, 1 – 14.

［30］ Kilic, T., Whitney, E., & Winters, P. (2015). Decentralized beneficiary targeting in large-scale development programmes: Insights from the Malawi farm input subsidy programme. *Journal of African Economies*, 24 (1), 26 – 56.

［31］ Kuhn, L., Brosig, S., & Zhang, L. (2016). The brink of poverty: Implementation of a social assistance programme in rural China. *Journal of Current Chinese Affairs*, 45 (1), 75 – 108.

［32］ Li, M., & Walker, R. (2018). Targeting social assistance: Dibao and institutional alienation in rural China. *Social Policy & Administration*, 52 (3), 771 – 789.

［33］ Panda, S. (2015). Political connections and elite capture in a poverty alleviation programme in India. *The Journal of Development Studies*, 51 (1), 50 – 65.

［34］ Ravallion, M. (2000). Monitoring targeting performance when decentralized allocations to the poor are unobserved. *The World Bank Economic Review*, 14 (2), 331 – 345.

［35］ Ravallion, M. (2008). Miss-targeted or miss-measured? *Economics Letters*, 100 (1), 9 – 12.

［36］ Ravallion, M. (2017). *Direct interventions against poverty in poor places*. WIDER Lecture Paper. United Nations University: Stockholm, Sweden.

［37］ Seabright, P. (1996). Accountability and decentralization in government:

an incomplete contracts model. *European economic review*, 40 (1), 61 –89.

[38] Sim, A., Negara, R., & Suryahadi, A. (2015). *Inequality, elite capture, and targeting of social protection programs: evidence from Indonesia.* SMERU Working Paper.

[39] Stifel, D., & Alderman, H. (2005). Targeting at the margin: the "glass of milk" subsidy programme in Peru. *Journal of Development Studies*, 41 (5), 839 –864.

[40] Tiebout, C. (1956). A pure theory of local expenditures. *Journal of political economy*, 64 (5), 416 –424.

[41] Wade, R. (1982). The system of administrative and political corruption: canal irrigation in south India. *The Journal of Development Studies*, 18 (3), 287 –328.

[42] Watkins, B. (2008). *Alternative methods for targeting social assistance to highly vulnerable groups: independent monitoring and evaluation study.* Kimetrica International Final Report.

[43] World Bank. (2014). *The state of social safety nets* 2014. Washington, DC: The World Bank.

[44] Yamauchi, C. (2010). Community-based targeting and initial local conditions: evidence from Indonesia's IDT program. *Economic Development and Cultural Change*, 59 (1), 95 –147.

┃第四章┃
代理家计调查与农村低保瞄准效果 *

一、引　言

　　农村最低生活保障制度（简称农村低保）是中国现阶段"精准扶贫"战略体系的重要组成部分。无论从覆盖人口数量，还是从投入资金总额来看，农村低保都已经成为世界上规模最大的减贫性转移支付项目之一（World Bank，2014）。瞄准是农村低保执行过程中的关键环节。按照政策设置，农村低保通过家计调查方法来瞄准贫困家庭①。但是，据来自不同地区的案例研究发现，考虑到农户收入测量困难，农村低保在实际执行中更多地采用社区瞄准方法来识别绝对贫困家庭（Kuhn et al.，2016；张昊，2017）。已有的大量实证研究结果显示，农村低保的实际瞄准效果不佳，漏保和错保都很严重（韩华为、徐月宾，2013；韩华为、徐月宾，2014；韩华为、高琴，2017；朱梦冰、李实，2017；Golan et al.，2017；Kakwani et al.，2019）。一些研究还进一步发现，社区瞄准中的精英俘获效应是导致农村低保瞄准偏误严重的重要原因（Kuhn et al.，2016；韩华为，2018）。

　　代理家计调查（Proxy Means Tests，PMT）是国际减贫领域常见的一种贫困瞄准方法，它利用家庭结构、人力资本水平、就业状况、耐用品状况等代理指标来预测家庭收入或消费，然后将其与贫困线进行比较来确定贫困家庭。与家计调查相比，代理家计调查的执行成本更低，对行政能力的要求也低，而且不易对受调家庭产生负向行为激励。与社区瞄准相比，代理家计调查的

　　* 本章为笔者和高琴教授合作的一篇文章。原文发表于《中国人口科学》2018 年第 3 期。收入本书时做了适当改动。本章为韩华为主持的国家自然科学基金项目"中国农村低保救助的瞄准、减贫效应和行为激励研究"（71703008）的成果之一。
　　① 见《社会救助暂行办法》第九条、第十二条。

贫困识别标准更为客观，能够有效地避免瞄准过程中的精英俘获效应（Brown et al.，2018）。20 世纪 80 年代以来，代理家计调查在发展中国家减贫实践中得到了广泛的应用。一系列文献通过严格的评估发现，代理家计调查在贫困识别方面效果良好，能够有效降低扶贫项目的瞄准偏误（Mills et al.，2015；Nguyen and Tran，2018）。近年来，国内不少学者倡导采纳代理家计调查方法来改善农村低保瞄准（李春根、应丽，2014；韩华为，2018）。一些研究也尝试构建代理家计调查框架并定量检验其瞄准效果，其结果也肯定了该方法在农村低保瞄准中的有效性（李艳军，2013；周丽、林远明，2013）。但是，这些国内相关研究还存在以下几个方面的缺陷：第一，所用数据来源于单个地区，缺乏全国代表性，同时样本量较小，这限制了其结论的可推广性；第二，主要基于 OLS 回归模型来设置代理家计调查框架，未采用更严格的计量方法来改善预测效果；第三，这些研究仅通过漏保率和错保率两个指标来评估低保名额瞄准效果，未对其金额瞄准效果及最终的减贫效果做出全面系统的考察。

利用 2013 年中国家庭收入调查（CHIP）农户数据，本章构建了基于 OLS 回归和分位数回归模型的代理家计调查框架。在此基础上，我们使用四类测量方法对农村低保实际瞄准效果和代理家计调查下的瞄准效果进行了系统性的评估和比较。本研究的主要目的包括以下两个方面：第一，基于严格的计量方法构建代理家计调查框架；第二，实证检验所设计的代理家计调查框架是否能够有效改善农村低保瞄准效果。在当前农村低保瞄准偏误问题严重的现实背景下，构建代理家计调查框架并检验其有效性，这对于破解农村低保瞄准难题具有重大的政策意义。与以往文献相比，本章的贡献主要体现在以下几个方面：第一，所使用的 CHIP 2013 农户数据具有全国代表性，其家庭收入数据精确度高，这有助于控制测量误差对模型估计和瞄准效果评估的干扰；第二，采用全国和分地区的 OLS 回归模型，以及分位数回归模型构建代理家计调查框架，力图对家庭收入做出更准确的预测；第三，综合使用包括名额瞄准指标、金额瞄准指标、五等分分布和 FGT 贫困指数四类测量工具来评估代理家计调查对农村低保瞄准的改善效果，同时考察了纳入因病支出型贫困后的瞄准改善效果，保证结论具有较好的稳健性。

二、方法及数据

（一）瞄准效果的测量方法

本章使用四类方法来测量农村低保的瞄准效果：第一，基于救助名额的瞄准指标（Population Targeting，简称名额瞄准指标）；第二，基于救助金额的瞄准指标（Benefit Targeting，简称金额瞄准指标）；第三，低保名额和金额在收入五等分组群中的分布；第四，农村低保对 FGT 贫困指数的影响效应。

文献中最常用的名额瞄准指标是漏保率（exclusion error，EE）和错保率（inclusion error，IE）。漏保率衡量所有贫困家庭（P）中未获得低保家庭（ND）的比例：$EE = ND/P$。错保率衡量所有获得低保的家庭（D）中非贫困家庭（NP）的比例：$IE = NP/D$。这两个指标分别考察了低保名额分配过程中发生的两类瞄准偏误：低保名额对贫困家庭的覆盖不足和低保名额向非贫困家庭的漏出。

金额瞄准指标则进一步考察了低保救助金额分配中的瞄准效果。本章主要使用了两个金额瞄准指标：贫困家庭获得的低保金占总低保金的比例（SHARE）和 Coady 等（2004）提出的 CGH 指数。SHARE 越高，说明低保金总额漏向非贫困家庭的比例越低，农村低保的瞄准效果越好。如果用 H 来表示总样本贫困发生率，则 $CGH = SHARE/H$。如果采用普惠式分配方法，即将总低保金平均分配给所有样本家庭，那么此时的 $SHARE_U = H$。所以，$CGH = SHARE/H = SHARE/SHARE_U$，不难看出，该指数实际衡量了与普惠式分配方法相比，实际的低保金额瞄准效果的相对大小。

计算名额瞄准指标和金额瞄准指标都需要使用事前确定的贫困线，因此这两类瞄准指标结果都会受到贫困线水平的影响。在不需要事前确定贫困线的情况下，我们可以按照家庭人均收入从低到高的顺序对总样本进行五等分，然后通过考察低保名额和金额在五等分组群中的分布来对农村低保瞄准效果做出直观的评估。

由于农村低保的最终政策目标是降低绝对贫困水平，所以我们还通过考察该项目对贫困指数的影响来衡量其瞄准效果。我们采用 FGT（α）指数来衡量贫困水平，然后通过计算接受低保救助前后 FGT（α）指数的变化率来表示农村低保的减贫效应。FGT（α）指数构造如下：

$$FGT(\alpha) = \frac{1}{N} \sum_{Y_i \leqslant z} \left(\frac{z - Y_i}{z} \right)^\alpha, \quad \alpha = 0,1,2 \qquad (4-1)$$

其中，N 代表样本家庭总数，z 和 Y_i 分别代表贫困线和第 i 个家庭的人均收入水平，$z - Y_i$ 代表第 i 个家庭的贫困距。FGT（0）、FGT（1）、FGT（2）分别被称为贫困发生率、贫困距指数和平方贫困距指数，三者分别衡量了总样本的贫困广度、贫困深度和贫困家庭之间的不平等程度。

测算名额瞄准指标、金额瞄准指标和 FGT（α）指数时都需要使用贫困线。为了获得稳健的测算结果，本章在计算以上指标时使用了三条贫困线：农村官方贫困线（2 300 元/人·年，2010 年不变价），以及世界银行在进行国际贫困比较时使用的两条绝对贫困线（1.9 美元/人·天和 3.1 美元/人·天，2011 年购买力平价）①。由于本章使用的数据年份为 2013 年，所以三条贫困线都需要折算为 2013 年不变价。经过购买力平价和农村消费物价指数的折算和调整，表示为 2013 年不变价时，三条贫困线分别等价于 2 275 元/人·年（1.9 美元/人·天）、2 736 元/人·年（2 300 元/人·年）、3 711 元/人·年（3.1 美元/人·天）。与农村官方贫困线相比，1.9 美元/人·天代表了一条水平更低的极端贫困线，而 3.1 美元/人·天则代表了一条高水平的贫困线。

最后，在应用本章介绍的各类测算方法时，都会涉及低保家庭接受救助前人均收入的反事实测量问题。文献中一般通过"低保家庭接受救助后的人均收入－家庭人均低保金"来计算该反事实收入（Bourguignon and Pereira，2003）。这种方法的一个隐含假定是，低保救助本身不会对受助家庭产生行为激励效应②。尽管这一假定在很多背景下不成立，但是来自农村低保的已

① 在测算各类瞄准指标和 FGT（α）贫困指数时，也可以使用各地低保标准作为贫困线。但是，与卡瓦尼等（Kakwani et al.，2019）的观点类似，我们认为各地在制定低保标准时会受到地方财政能力的制约，各地低保线存在较大差异体现了较为严重的水平不平等。因此，在测算全国范围内的瞄准指标和贫困指数时，我们更倾向于使用全国统一的贫困线。

② 负向行为激励包括获得公共救助对有劳动能力家庭成员就业所产生的负向激励，获得公共救助还可能挤出家庭本来可能获得的私人转移支付，正向行为激励则包括利用救助金进行各类投资而引致的收入提升。

有证据显示，这种激励效应非常微弱（韩华为、徐月宾，2014；韩华为、高琴，2017；Golan et al.，2017）。因此，在本章的测算中，我们仍然使用"低保家庭接受救助后的人均收入－家庭人均低保金"，即不包含低保金的家庭人均收入来衡量低保家庭接受救助前的人均收入。

（二）代理家计调查指标体系及回归模型

代理家计调查的基本思路是通过一系列容易观察和核实的特征变量来预测家庭人均收入，然后基于该预测收入来识别贫困家庭。为了尽可能提高代理家计调查框架的预测能力，借鉴已有文献的变量设置，我们的代理指标涵盖了来自个体、家庭和社区三个层面的丰富信息。具体的，在本章构造的代理家计调查框架中，代理指标主要包括以下七类：家庭人口特征（DEMO）、家庭成员就业状况（EMP）、家庭住房及其设施（HOUS）、耐用品拥有状况（DUR）、土地拥有状况（LAND）、社区特征（COMM），以及省份虚拟变量（PROV）。与家庭收入相比，观察和核实以上变量的成本低、难度小，在实践中操作性较强。除省份虚拟变量之外的六类代理指标的具体设置及其描述性统计具体见后面的代理家计调查模型估计结果。

由于不包含低保金的家庭人均收入在分布上与正态分布差异非常显著（见图 4-1），因此我们对其进行自然对数变换。自然对数变换之后的分布与正态分布较为接近（见图 4-2），因此我们使用 ln（不包含低保金家庭人均收入）作为回归模型的被解释变量。我们首先构建 OLS 回归来估计各代理指标的系数，具体形式如下：

$$\ln(Y_i) = \beta_0 + \beta_1 DEMO_i + \beta_2 EMP_i + \beta_3 HOUS_i + \beta_4 DUR_i \qquad (4-2)$$
$$+ \beta_5 LAND_i + \beta_6 COMM_i + \beta_7 PROV_i + \varepsilon_i$$

式（4-2）中的 Y_i 表示不包含低保金的家庭人均收入，解释变量的含义如上文所述。我们首先将该 OLS 模型应用在总样本中，此时对于任何样本家庭，尽管其所处地区不同，但都将使用相同的估计系数进行收入预测。然而，对于处于不同地区的农村家庭，式（4-2）中解释变量和被解释变量之间的关系可能存在差异。因此，我们还将该 OLS 模型分别应用到东、中、西三个地区样本中分别进行回归。从理论上讲，基于分地区回归的估计系数进

行收入预测有助于改善预测效果。在以上各种 OLS 回归中，我们还通过计算
社区水平的聚类标准误来考虑其他未控制的社区特征对估计结果的影响。

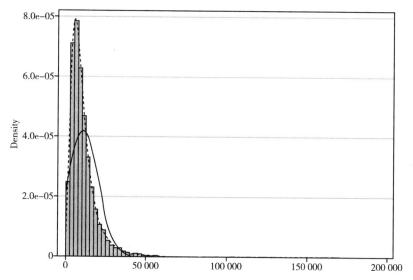

图 4 - 1　不包含低保金家庭人均收入的分布

注：图中实线为正态分布，虚线为不包含低保金家庭人均收入的核密度分布估计。

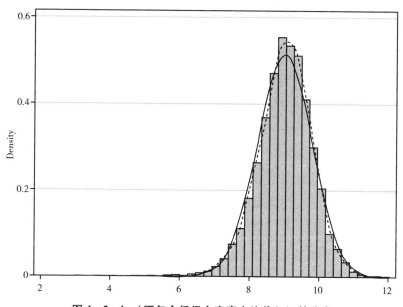

图 4 - 2　ln（不包含低保金家庭人均收入）的分布

注：图中实线为正态分布，虚线为 ln（不包含低保金家庭人均收入）的核密度分布估计。

从技术层面来看，OLS 回归的残差和被解释变量之间存在正相关关系[①]。因此，模型在预测收入分布中的尾侧值时存在较大的误差。具体的，对于收入很低的家庭，其收入预测值会被较大程度的高估，而对于收入很高的家庭，其收入预测值则会被较大程度的低估。为了纠正这种偏差，我们还采用分位数回归来估计各代理指标对应的系数。一些文献指出，当选择贫困发生率作为分位数时，使用分位数回归能够较好地克服 OLS 回归中存在的对收入尾侧值估计偏差较大的缺陷（Mills et al.，2015；Brown et al.，2018）。因此，在估计代理指标系数时，本章也使用了贫困发生率作为分位数的分位数回归模型。

（三）数据介绍

本章使用的数据来自北京师范大学中国收入分配研究院 2013 年中国居民收入调查（CHIP 2013）的农村样本数据。从 1988 年开始，CHIP 一共开展了七轮，CHIP 2013 是已经发布的最新一期数据[②]。CHIP 2013 覆盖了来自中国东部（北京、辽宁、江苏、山东、广东）、中部（山西、安徽、河南、湖北、湖南）和西部（重庆、四川、云南、甘肃）的 14 个省（市），是一项具有全国代表性的微观家户调查。该数据包含了农村个体、家庭、社区三个层面的丰富信息。由于 CHIP 的核心主题是"居民收入分配"，因此，与其他微观调查数据相比，CHIP 的一个显著优势在于其更精确的家庭收入数据。按照古斯塔夫森等（Gustafsson et al.，2014）的介绍，CHIP 家庭收入数据的优势主要体现在以下两个方面：第一，大部分分类别的收入数据采用记账方法（bookkeeping）获得，与其他调查单纯采用询问方法（interview）相比，记账方法获取的收入数据更准确；第二，CHIP 对家庭实物收入（in-kind income）和自用住房租金折合收入有更精细化的处理，这同样有助于降低农村

---

① 对于 OLS 回归模型 $\ln(Y) = \beta X + \varepsilon$，因为 $Cov(X, \varepsilon) = 0$，所以 $Cov(\ln(Y_i), \hat{\varepsilon}) = Var(\hat{\varepsilon}) > 0$。

② 七轮调查年份分别为 1988、1995、2002、2007、2008、2009 和 2013 年。尽管 CHIP 2013 略显陈旧，但考虑到它在家庭收入调查方面的显著优势（见下文），在现有可获得的大样本农户调查中，CHIP 2013 仍然是开展本研究的最好数据选择。一些最新的定量和定性研究仍然发现，目前农村低保瞄准问题依旧严重。本章基于 CHIP 2013 的研究结论仍然能够为目前的低保政策优化提供重要启示。2018 年，CHIP 将开启新的一轮调查，未来该轮数据的发布能为本研究提供更新的资料来源。

家庭收入数据的测量误差。另外，与其他全国性的微观调查数据相比（如
CFPS 和 CHNS），CHIP 家庭收入数据的缺失值更低。在本研究中，家庭收入
是最关键的变量，更精确的收入数据有助于控制测量误差对回归模型估计和
瞄准效果评估的干扰，因此 CHIP 2013 数据是开展本研究的最佳选择。出于
数据的完整性，我们删除了相关变量存在缺失值的样本①。本章最终使用的
数据为来自 14 个省（市）199 个区县 567 个农村社区的 9 915 个农户样本。

三、农村低保的实际瞄准效果

表 4 - 1 给出了基于收入贫困标准的农村低保实际瞄准指标测算结果。我们
使用了三条贫困线，并且还给出了分地区的测算结果。总样本的农村低保覆盖
率为 6.91%，西部覆盖率最高，东部最低，而中部居中。使用 1.9 美元/人·
天、2 300 元/人·年和 3.1 美元/人·天作为贫困线时，总样本的贫困率分别
为 5.13%、7.47%、14.08%。无论采用哪条贫困线，西部和中部地区的贫
困率都远高于东部地区。当采用 2 300 元/人·年的官方贫困线时，中西部地
区的农村低保覆盖率和贫困率在数值上非常接近。这意味着，如果农村低保
能够精确瞄准贫困家庭，并且能够按照贫困距足额施保，那么中西部地区几
乎所有贫困家庭都能够脱贫。

表 4 - 1　　农村低保的实际瞄准效果及减贫效应：基于收入贫困标准

贫困线	地区	低保覆盖率	贫困发生率	漏保率	错保率	SHARE	CGH	ΔFGT(0)	ΔFGT(1)	ΔFGT(2)
1.9 美元/人·天	东部	2.78	2.37	90.12	91.58	13.16	5.55	4.94	6.52	6.14
	中部	7.68	5.64	85.39	89.26	11.85	2.10	4.57	7.69	7.96
	西部	11.15	7.98	78.47	84.59	19.33	2.42	4.78	11.51	17.38
	全国	6.91	5.13	83.30	87.59	15.69	3.06	4.72	9.12	11.52
2 300 元/人·年	东部	2.78	3.90	87.22	82.11	23.08	5.92	8.27	7.11	6.48
	中部	7.68	7.76	85.71	85.57	14.35	1.85	2.99	5.99	7.32
	西部	11.15	11.72	80.46	79.45	24.89	2.12	4.56	8.93	13.49
	全国	6.91	7.47	83.81	82.48	20.87	2.79	4.59	7.40	9.74

---

① 因存在缺失值而被删除的样本量 n = 58，占总样本的比例不足 1%。

贫困线	地区	低保覆盖率	贫困发生率	漏保率	错保率	SHARE	CGH	ΔFGT(0)	ΔFGT(1)	ΔFGT(2)
3.1美元/人·天	东部	2.78	7.50	90.23	73.68	34.55	4.61	1.56	5.24	6.37
	中部	7.68	15.46	85.83	71.48	29.88	1.93	3.17	4.74	5.84
	西部	11.15	20.61	81.48	65.75	40.02	1.94	3.33	6.12	9.00
	全国	6.91	14.08	84.96	79.83	35.56	2.53	2.94	5.38	7.23

但是，从表 4 - 1 中的瞄准指标结果来看，农村低保存在严重的瞄准偏误，这极大地限制了该项目的减贫效应。名额瞄准指标方面，无论采用哪条贫困线，漏保率和错保率在总样本中都接近或超过了 80%。分地区来看，西部地区的漏保率和错保率低于中部和东部地区。金额瞄准指标方面，SHARE 值随着贫困线水平的提高而提高，但即使采用最高的 3.1 美元/人·天作为贫困线，总样本的 SHARE 值也仅为 35.56%。换句话说，此时在总样本中，有 64.44% 的低保金额泄漏到非贫困群体中。分地区的 SHARE 值表明，西部地区的瞄准效果优于中部和东部地区。总样本 CGH 指标结果说明，采用三条贫困线时，与普惠式分配方法相比，实际低保瞄准下贫困家庭获得的救助金分别高出 2.06 倍、1.79 倍和 1.53 倍。因为东部地区贫困率更低，所以普惠式分配瞄准效果更差，最终导致其 CGH 指标值要显著高于中西部地区。最后，减贫效应的测算结果显示，当采用官方贫困线时，接受农村低保之后，总样本的贫困发生率、贫困距指数和平方贫困距指数分别下降了 4.59%、7.40% 和 9.74%。采用 1.9 美元/人·天作为贫困线时，农村低保的减贫效应略高，而采用 3.1 美元/人·天作为贫困线时，农村低保的减贫效应更低。以上测算结果与已有文献中对农村低保实际瞄准效果和减贫效应的评估结论基本一致（韩华为、徐月宾，2014；韩华为、高琴，2017）

表 4 - 2 给出了实际瞄准下低保名额和金额在收入五等分组群中的分布情况。五等分组群对应的收入水平越高，其低保覆盖率越低，低保名额和金额在该组群中的份额越低。但是，对于最贫困的 20% 的样本家庭，他们仍然仅获得了 41.02% 的低保名额和 46.27% 的低保金额。与此同时，那些收入较高的组群则获得了相当比例的低保名额和低保金额。五等分组群分布结果同样支持，农村低保实际执行存在严重的瞄准偏误。为了破解低保瞄准难题，接

下来我们将尝试构建代理家计调查框架。本部分所测算的低保实际瞄准结果将作为一个参照基准，通过将其与代理家计调查下的瞄准效果相比较，我们可以检验本章所构建的代理家计调查框架在改善低保瞄准方面的有效性。

表 4 - 2　　　　　低保名额和金额在收入五等分组群中的分布：
实际瞄准与 PMT 瞄准　　　　　　　　　单位:%

收入五等分	实际瞄准			PMT 瞄准：OLS 总样本回归		
	低保覆盖率	低保户分布	低保金分布	低保覆盖率	低保户分布	低保金分布
1	14.17	41.02	46.27	23.10	66.86	66.87
2	8.32	24.09	23.26	8.17	23.65	23.66
3	6.71	19.42	17.13	2.27	6.57	6.51
4	3.73	10.80	9.86	0.96	2.77	2.81
5	1.61	4.67	3.48	0.05	0.15	0.15
总计	6.91	100.00	100.00	6.91	100.00	100.00

注：①这里按照 ln（不包含低保金的家庭人均收入）来进行五等分；
②由于对数函数为严格单调增函数，所以这种五等分与按照不包含低保金的家庭人均收入进行的五等分完全一致。

四、代理家计调查模型估计结果

表 4 - 3 第 3 列汇报了 OLS 回归模型式（4 - 2）在全国总样本中的估计结果。模型 R^2 接近 0.4，这表明该框架的拟合优度不仅好于其他国内学者设计的代理家计调查（李艳军，2013），而且在与其他发展中国家同类框架比较中也处于较高水平（Brown et al.，2018）。在控制省（区市）虚拟变量的情况下，OLS 总样本回归中所有自变量都至少在 10% 的置信水平下表现出统计显著性。其中，家庭成员较高的教育水平、较高的就业或退休比例、有成员从事工资性工作或非农经营性活动、住房及其设施条件较好、更多的耐用品和土地，以及所在社区拥有公共设施与家庭人均收入之间有显著的正向关系，而家庭各类人口数量、家中残疾和重病成员比例、所在社区地处丘陵或山区、所在社区距离县城较远则与家庭人均收入之间存在显著的负向关系。在影响方向和显著水平上，以上回归结果与李艳军（2013）基于宁夏样本数据得出的结论基本一致。

表 4 - 3 代理指标描述性统计及回归模型估计结果

项目	均值	标准差	OLS 总样本	OLS 东部	OLS 中部	OLS 西部	分位数回归
家庭人口特征							
0 ~ 5 岁男性人数	0.097	0.312	- 0. 194 ***	- 0. 228 ***	- 0. 207 ***	- 0. 140 ***	- 0. 205 ***
0 ~ 5 岁女性人数	0.083	0.288	- 0. 204 ***	- 0. 226 ***	- 0. 219 ***	- 0. 154 ***	- 0. 109 **
6 ~ 15 岁男性人数	0.211	0.445	- 0. 172 ***	- 0. 139 ***	- 0. 185 ***	- 0. 194 ***	- 0. 146 ***
6 ~ 15 岁女性人数	0.179	0.429	- 0. 171 ***	- 0. 142 ***	- 0. 184 ***	- 0. 184 ***	- 0. 129 ***
16 ~ 64 岁男性人数	1.433	0.786	- 0. 187 ***	- 0. 165 ***	- 0. 186 ***	- 0. 206 ***	- 0. 179 ***
16 ~ 64 岁女性人数	1.334	0.763	- 0. 190 ***	- 0. 183 ***	- 0. 183 ***	- 0. 208 ***	- 0. 184 ***
65 岁及以上男性人数	0.195	0.397	- 0. 237 ***	- 0. 227 ***	- 0. 240 ***	- 0. 231 ***	- 0. 212 ***
65 岁及以上女性人数	0.187	0.393	- 0. 240 ***	- 0. 235 ***	- 0. 269 ***	- 0. 203 ***	- 0. 252 ***
成员最高学历为初中	0.432	0.495	0. 038 *	0. 069	0. 022	0. 034	- 0. 014
成员最高学历为高中	0.276	0.447	0. 090 ***	0. 123 ***	0. 082 *	0. 054	0. 072
成员最高学历为高中以上	0.150	0.357	0. 148 ***	0. 182 ***	0. 127 ***	0. 142 **	0. 098
残疾或重病成员比例	0.074	0.203	- 0. 104 ***	- 0. 083	- 0. 097 *	- 0. 128 *	- 0. 106
家庭成员就业状况							
就业成员比例	0.580	0.309	0. 155 ***	0. 186 ***	0. 136 ***	0. 136 ***	0. 271 ***
离退休成员比例	0.011	0.079	0. 682 ***	0. 653 ***	0. 759 ***	0. 512 *	0. 815 ***
有成员从事工资性工作	0.461	0.499	0. 153 ***	0. 138 ***	0. 161 ***	0. 135 ***	0. 333 ***
有成员从事非农经营活动	0.170	0.376	0. 107 ***	0. 092 ***	0. 131 ***	0. 089 **	0. 098 **
住房及其设施特征							
人均住房面积（平方米）	44.499	30.726	0. 001 ***	0. 001 **	0. 001	0. 002 ***	0. 001
使用冲水式厕所	0.284	0.451	0. 082 ***	0. 126 ***	0. 090 **	0. 052	0. 054
使用清洁炊事燃料	0.465	0.499	0. 059 ***	0. 077 **	0. 065 **	0. 001	0. 029
耐用品拥有状况							
汽车数量	0.131	0.356	0. 172 ***	0. 189 ***	0. 130 ***	0. 179 ***	0. 092 **
摩托车数量	0.606	0.637	0. 070 ***	0. 062 ***	0. 076 ***	0. 065 **	0. 091 ***
洗衣机数量	0.764	0.461	0. 087 ***	0. 124 ***	0. 059 *	0. 076 **	0. 130 ***
冰箱数量	0.759	0.473	0. 128 ***	0. 070 **	0. 114 ***	0. 194 ***	0. 102 ***
空调数量	0.425	0.747	0. 060 ***	0. 049 **	0. 071 ***	0. 039	0. 029
热水器数量	0.525	0.538	0. 047 **	0. 057	0. 060 **	0. 010	0. 027
手机数量	2.105	1.171	0. 028 ***	0. 038 ***	0. 027 **	0. 020	0. 030 *

续表

项目	均值	标准差	OLS总样本	OLS东部	OLS中部	OLS西部	分位数回归
电脑数量	0.281	0.505	0.111 ***	0.091 ***	0.091 ***	0.153 ***	0.138 ***
土地拥有状况							
人均土地面积（亩）	1.740	2.580	0.010 ***	0.001	0.015 ***	0.007	0.006
社区特征							
社区垃圾集中处理	0.592	0.492	0.082 ***	0.112 ***	0.068 *	0.097 *	0.133 ***
社区内有健身器材	0.383	0.486	0.070 ***	0.095 ***	0.059	0.056	0.021
社区内有绿化园林	0.209	0.407	0.078 **	0.064 *	0.103 *	0.005	0.084 **
地势为丘陵或半山区	0.268	0.443	− 0.072 **	0.009	− 0.057	− 0.211 ***	− 0.108 ***
地势为山区	0.237	0.425	− 0.203 ***	− 0.340 ***	− 0.159 ***	− 0.211 ***	− 0.191 ***
距县城 20 公里以上	0.436	0.496	− 0.071 ***	− 0.076 **	− 0.138 ***	0.020	− 0.075 **
省份虚拟变量	—	—	控制	控制	控制	控制	控制
样本数	9 915	9 915	9 915	3 414	3 881	2 620	9 915
R^2（Pseudo R^2）	—	—	0.396	0.399	0.297	0.382	0.192

注：①重病指过去一年由于生病或受伤而不能正常工作、上学和生活的天数超过 90 天；

②工资性工作指受雇于单位或个人，从而能够获得工资和其他劳动报酬的就业形式。非农经营活动指除农业之外的其他行业的生产经营活动；

③清洁炊事能源包括电、液化石油气、煤气、天然气和沼气；

④成员最高学历的参照组为小学及以下。社区地势参照组为平原；

⑤OLS 回归和分位数回归拟合优度分别用 R^2 和 Pseudo R^2 来衡量；

⑥ *** 、 ** 、 * 分别代表 1%、5%、10% 的显著性水平。

使用表 4 - 3 第 3 列所示的各代理指标系数的估计值（$\hat{\beta}_0$，$\hat{\beta}_1$，$\hat{\beta}_2$，$\hat{\beta}_3$，$\hat{\beta}_4$，$\hat{\beta}_5$，$\hat{\beta}_6$，$\hat{\beta}_7$）作为权重，结合样本家庭各代理指标的实际值，我们可以获得每个样本家庭 ln（不包含低保金家庭人均收入）的预测值。按照从小到大排序之后，我们定义该预测值最小的 6.91% 的家庭为代理家计调查方法识别出的应保家庭（应保家庭数量为 685）。之所以选择该比例作为临界点，是因为总样本中农村低保的实际覆盖率为 6.91%。我们规定代理家计调查和实际瞄准有相同的低保覆盖率，目的在于保证两种方法的瞄准指标测算结果具有可比性。另外，为了测算代理家计调查方法下的金额瞄准指标和 FGT 贫困指数，我们做出了预算中性假定，即代理家计调查方法下分配的低保金总额等于实际瞄准下分配的低保金总额。同时，我们还假定，低保金总额在代理家计调查识别出的所有应保人口中进行平均分配①。

图 4 - 3 绘制了 ln（不包含低保金的家庭人均收入）的实际值与其 OLS 总样本回归预测值的二维散点图。其中，纵轴为实际值，横轴为预测值。图中的水平线代表 ln（农村官方贫困线），该线下侧的样本点为实际贫困家庭，其比例为 7.47%。图中的垂直线则代表上文所设置的代理家计调查下的贫困识别标准，该线左侧的样本点为代理家计调查识别出的应保家庭，其比例为 6.91%。这两条线将坐标空间分成四个区域。那些落在左下和右上两个区域的样本点表示被代理家计调查正确瞄准的家庭。落在左上和右下区域的样本点则为被代理家计调查错误瞄准的家庭。其中，右下区域的样本点为漏保家庭，而左上区域的样本点为错保家庭。从图 4 - 3 直观来看，尽管大部分的样本家庭能够被代理家计调查正确瞄准，但该方法下仍然存在较多的漏保样本和错保样本。

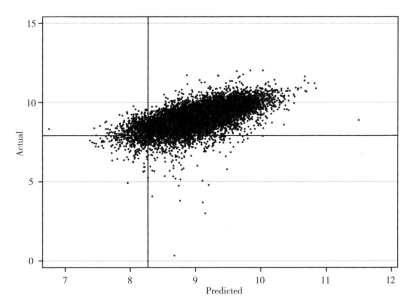

图 4 - 3　ln（不包含低保金的家庭人均收入）

的实际值与 OLS 总样本回归预测值

---

①　代理家计调查下的人均低保金 = 总样本中所有实际低保户获得的低保金总额 ÷ 代理家计调查识别出的贫困人口总数。代理家计调查下家庭获得的低保金 = 代理家计调查下的人均低保金 × 家庭人口数。

为了改善预测效果，我们进一步采用分地区 OLS 回归模型和分位数回归模型来估计代理指标的系数，其结果请见表 4 - 3 第 4~7 列。首先，我们将式（4 - 2）的 OLS 模型分别应用到东、中、西三个地区样本中进行回归。结果显示，三个地区回归的 R^2 分别为 0.40、0.30、0.38，东部和西部回归的拟合优度比中部更好。大部分代理指标系数估计结果在影响方向和显著性方面与总样本 OLS 回归估计结果保持一致。与 OLS 总样本回归代理家计调查中所有样本均使用统一的系数估计值不同，OLS 分地区回归代理家计调查中各样本将使用其对应地区的系数估计值，然后结合各代理指标的实际值来计算各样本家庭 ln（不包含低保金家庭人均收入）的预测值。其次，我们还使用分位数回归来估计式（4 - 2）中各代理指标的系数。由于我们设置 6.91% 作为代理家计调查识别应保家庭的临界点，所以同样选择 6.91% 作为分位数回归的分位点。分位数回归的结果中，一部分代理指标统计显著性有所下降，但大部分代理指标在影响方向和显著性方面与 OLS 总样本回归估计结果保持一致。同样，结合各样本家庭代理指标的实际值和各代理指标系数的分位数回归估计结果，我们计算出每个样本家庭 ln（不包含低保金家庭人均收入）的预测值。对于基于以上两类回归模型获得的预测值，我们同样按照从小到大排序之后，将预测值最低的 6.91% 的样本定义为应保家庭。

五、代理家计调查对低保瞄准的改善效果

（一）OLS 总样本回归框架的瞄准改善效果

表 4 - 4 给出了基于 OLS 总样本回归的代理家计调查瞄准评估结果。总体来看，与表 4 - 1 中农村低保实际瞄准结果相比，代理家计调查方法下的低保瞄准效果有明显改善。名额瞄准指标方面，三条贫困线下，与实际瞄准相比，代理家计调查瞄准下的总样本漏保率和错保率均下降 10 个百分点以上。当贫困线为 3.1 美元/人·天时，总样本错保率下降幅度高达 34.72 个百分点。分地区来看，代理家计调查下，各地区的漏保率和错保率大都显著下降。其中，代理家计调查在降低西部地区的漏保率方面效果更好，而在降低东部和中部地区的错保率方面效果更好。金额瞄准指标方面，无论采用哪条贫困

线，与实际瞄准相比，代理家计调查瞄准都提高了总样本的 SHARE 值和 CGH 值。具体的，三条贫困线下，总样本的 SHARE 值分别上升了 8.68 个、13.08 个和 19.01 个百分点，总样本的 CGH 值分别上升了 1.69、1.75 和 1.35。代理家计调查瞄准下，三个地区的两项金额瞄准指标也都分别高于其对应的实际瞄准效果。总体来看，采用基于 OLS 总样本回归的代理家计调查，能够显著改善农村低保的名额瞄准效果和金额瞄准效果。

表 4-4　农村低保的 PMT 瞄准效果及减贫效应：基于 OLS 总样本回归

贫困线	地区	低保覆盖率	贫困发生率	漏保率	错保率	SHARE	CGH	$\Delta FGT(0)$	$\Delta FGT(1)$	$\Delta FGT(2)$
1.9 美元/人·天	东部	1.35	2.37	83.95	71.94	26.87	11.34	3.70	6.01	6.11
	中部	6.08	5.64	75.80	77.54	22.68	4.02	6.85	7.33	7.80
	西部	15.38	7.98	52.63	75.53	25.04	3.14	10.05	15.54	20.12
	全国	6.91	5.13	67.58	75.91	24.37	4.75	7.66	10.57	12.54
2 300 元/人·年	东部	1.35	3.90	87.22	63.04	36.25	9.29	0.00	4.44	5.59
	中部	6.08	7.76	74.42	67.37	32.11	4.14	4.65	6.80	7.45
	西部	15.38	11.72	55.05	65.76	34.73	2.96	5.21	12.55	16.82
	全国	6.91	7.47	68.69	66.13	33.95	4.54	4.05	8.85	11.04
3.1 美元/人·天	东部	1.35	7.50	91.02	50.00	49.06	6.54	0.00	2.09	3.66
	中部	6.08	15.46	78.83	46.19	50.09	3.24	3.50	4.45	5.97
	西部	15.38	20.61	58.15	43.92	56.25	2.73	3.70	8.44	11.89
	全国	6.91	14.08	73.07	45.11	54.57	3.88	2.94	5.66	8.04

减贫效应方面，总样本的测算结果发现，代理家计调查瞄准比实际瞄准在降低贫困距和平方贫困距方面效果更好，但是在降低贫困发生率方面则依赖于贫困线的选择。当贫困线为 1.9 美元/人·天时，代理家计调查瞄准比实际瞄准在降低贫困发生率方面效果更好（贫困发生率的降低幅度提高了 2.94 个百分点），而选择其他两条水平较高的贫困线时，代理家计调查瞄准在降低贫困发生率方面并不比实际瞄准更好。代理家计调查在改善减贫效应方面存在地区差异，与东部和中部相比，该方法在西部地区的减贫效应更好。需要说明的是，代理家计调查瞄准下的金额瞄准指标和减贫

效应的测算结果，在某种程度上与低保金总额在应保群体中的分配方式有关。在本部分的测算中，我们假定低保金总额在应保人口中平均分配，这种简单化处理可能低估了代理家计调查方法在改善低保金额瞄准和减贫方面的效果。优化低保金额在应保人口中的分配有助于进一步提升代理家计调查的金额瞄准和减贫效应。

表4-2给出了基于OLS总样本回归代理家计调查瞄准方法下，低保名额和金额在收入五等分组群中的分布。此时，所有样本根据 ln（不包含低保金家庭人均收入）的预测值进行五等分。结果表明，五等分组群对应的收入水平越高，其低保覆盖率越低，低保名额和金额在该组群中的份额也越低。与实际瞄准下的五等分分析结果相比，代理家计调查瞄准下的低保名额和金额在最贫困的20%的组群中集中程度更高。代理家计调查瞄准下，最贫困的20%的组群获得的低保名额和金额分别为66.86%和66.87%，而实际瞄准下该组群获得的低保名额和金额分别仅为41.02%和46.27%，前者比后者分别上升了25.84个和20.60个百分点。收入五等分分析同样说明，代理家计调查的瞄准效果显著优于农村低保的实际瞄准效果。

（二）OLS分地区回归和分位数回归框架的瞄准改善效果

表4-5汇报了基于OLS分地区回归和分位数回归的代理家计调查瞄准指标结果。为了节省篇幅，该表中我们只给出了使用中国农村官方贫困线时的测算结果①。全国测算结果表明，OLS分地区回归代理家计调查瞄准效果不仅显著优于农村低保实际瞄准效果（比较表4-5和表4-1），而且略好于OLS总样本回归代理家计调查瞄准效果（比较表4-5和表4-4）。分地区来看，这种改善效果在贫困发生率最高的西部地区尤为突出。另外，与农村低保实际瞄准效果，以及OLS总样本回归代理家计调查下的瞄准效果相比，分位数回归代理家计调查下的瞄准效果也大体上表现得更好。对于贫困率最高的西部地区而言，在所有瞄准方法中，分位数回归代理家计调查在降低漏保率和FGT贫困指数，及提升SHARE和CGH指标值方面的效果最好。

---

① 使用其他两条贫困线时的结论与使用中国农村官方贫困线时的结论基本一致。

表4-5　　　　　　　农村低保的 PMT 瞄准效果及减贫效应：
基于 OLS 分地区回归和分位数回归

模型	地区	低保覆盖率	贫困发生率	漏保率	错保率	SHARE	CGH	ΔFGT(0)	ΔFGT(1)	ΔFGT(2)
OLS 分地区回归	东部	1.70	3.90	84.21	63.79	36.22	9.29	2.26	4.85	5.17
	中部	5.98	7.76	75.08	67.67	31.97	4.12	4.32	6.60	7.35
	西部	15.08	11.72	54.40	64.56	35.59	3.04	5.21	12.82	17.25
	全国	6.91	7.47	68.15	65.55	34.41	4.61	4.32	8.94	11.11
分位数回归	东部	1.05	3.90	90.98	66.67	35.42	9.08	0.75	3.33	4.29
	中部	5.28	7.76	77.41	66.83	33.63	4.33	3.65	6.41	7.63
	西部	16.95	11.72	49.19	64.86	35.92	3.06	6.84	15.06	20.47
	全国	6.91	7.47	68.15	65.55	35.20	4.71	4.45	9.56	12.44

注：本表使用的贫困线为 2 300 元/人·年（2010 年不变价）。

表4-6 给出了基于 OLS 分地区回归和分位数回归代理家计调查瞄准方法下，低保名额和低保金额在收入五等分组群中的分布情况。通过与表4-2 比较发现，从低保名额和金额在最贫困的 20% 的组群中的集中程度来看，OLS 分地区回归和分位数回归代理家计调查显著优于农村低保实际瞄准方法。而在三种代理家计调查方法中，OLS 分地区回归代理家计调查在瞄准贫困组群和限制收入较高组群获取低保方面做得最好。综上所述，三种框架的瞄准评估结果一致支持，代理家计调查方法能够有效改善农村低保的瞄准效果。与 OLS 总样本回归框架相比，OLS 分地区回归和分位数回归框架在提高农村低保瞄准效果方面做得更好。

表4-6　　　　　　低保名额和金额在收入五等分组群中的分布：
OLS 分地区回归和分位数回归　　　　　　单位:%

收入五等分	PMT 瞄准：OLS 分地区回归			PMT 瞄准：分位数回归		
	低保覆盖率	低保户分布	低保金分布	低保覆盖率	低保户分布	低保金分布
1	23.05	66.72	66.68	22.34	64.67	65.62
2	8.37	24.23	24.26	8.22	23.80	23.59
3	2.17	6.27	6.21	2.87	8.32	7.83
4	0.91	2.63	2.70	1.06	3.06	2.80
5	0.05	0.15	0.15	0.05	0.15	0.16
总体	6.91	100.00	100.00	6.91	100.00	100.00

注：①这里按照 ln（不包含低保金的家庭人均收入）来进行五等分；
②由于对数函数为严格单调增函数，所以这种五等分与按照不包含低保金的家庭人均收入进行的五等分完全一致。

（三）纳入因病支出型贫困后的瞄准改善效果

在第三部分测算农村低保的实际瞄准效果时，我们采用了收入贫困标准，即将不含低保金人均收入低于贫困线的农户界定为应保家庭。但是，在农村地区，大病冲击是最主要的致贫原因[①]。在基层低保实践中，大病导致的灾难性医疗支出也往往成为确定低保户的重要标准。基于此，我们有必要将因病导致的支出型贫困纳入应保家庭的识别标准中，并在此基础上检验代理家计调查对低保瞄准的改善效果。参照文献中常用的因病支出型贫困测量手段，我们通过以下两种方法将因病支出型贫困纳入到低保识别标准中（王超群，2017）。方法一通过"不含低保金的家庭人均收入 – 家庭人均自付医疗支出 ＜贫困线"来确定应保家庭。方法二中，我们定义发生收入贫困或发生灾难性医疗支出的农户为应保家庭。其中，灾难性医疗支出界定为家庭自付医疗支出占非食品消费支出的比例超过 40%（Xu et al.，2003）。

表 4 – 7 给出了基于两种方法纳入因病支出型贫困后的农村低保实际瞄准效果。比较表 4 – 7 和表 4 – 1 可以发现，纳入因病支出型贫困后，总样本及分地区样本的贫困率比单纯基于收入贫困标准识别出的贫困率都更高。与表 4 – 1 中的瞄准结果相比，纳入因病支出型贫困后的总样本漏保率略微提高，但总样本错保率却出现较大幅度的下降。这说明，忽略因病致贫因素会高估农村低保的错保率。与此同时，尽管纳入因病支出型贫困后总样本 SHARE 值有所提高，但因为与其相对应的贫困率提高幅度更大，最终导致 CGH 值相对下降。以上结论在两种因病支出型贫困纳入方法中均成立。

比较表 4 – 7 和表 4 – 4 结果可以发现，即使在纳入因病支出型贫困之后，无论基于哪条贫困线，OLS 总样本回归代理家计调查仍然能显著改善农村低保的瞄准效果。与纳入因病支出型贫困后的实际瞄准效果相比，代理家计调查瞄准下的总样本漏保率和错保率均显著降低，而 SHARE 和 CGH 值则显著提高。分地区来看，OLS 总样本回归代理家计调查在降低西部地区漏保率方面的效果更好，而在降低东部和中部地区错保率方面效果更好。最后，比较

[①] 根据国务院扶贫办统计的建档立卡户资料，2015 年，我国因病致贫、因病返贫占建档立卡贫困户总数的 44.1%，在各类致贫原因中位居第一位。

表 4-7 和表 4-5 可以发现，纳入因病支出型贫困之后，OLS 分地区回归和分位数回归代理家计调查同样有助于改善农村低保的瞄准效果。以上结论与未纳入因病支出型贫困时，三类代理家计调查对低保瞄准的改善效果基本一致。

表 4-7　　　农村低保的实际瞄准效果：纳入因病支出型贫困

贫困线	地区	低保覆盖率	贫困发生率	漏保率	错保率	SHARE	CGH
方法一							
1.9 美元/人·天	东部	2.78	4.01	89.05	84.21	19.50	4.86
	中部	7.68	7.37	85.66	86.24	14.48	1.96
	西部	11.15	10.11	78.87	80.82	24.30	2.40
	全国	6.91	6.94	83.72	83.65	20.06	2.89
2 300 元/人·年	东部	2.78	5.83	88.44	75.79	27.25	4.67
	中部	7.68	10.10	85.71	81.21	17.99	1.78
	西部	11.15	14.39	80.37	74.66	30.99	2.15
	全国	6.91	9.76	84.19	77.66	25.81	2.64
3.1 美元/人·天	东部	2.78	9.31	89.62	65.26	41.89	4.50
	中部	7.68	18.37	86.26	67.11	36.25	1.97
	西部	11.15	24.24	82.20	61.30	46.46	1.92
	全国	6.91	16.80	85.35	74.24	42.13	2.51
方法二							
1.9 美元/人·天	东部	2.78	6.06	92.75	84.21	19.44	3.21
	中部	7.68	9.40	85.21	81.88	18.12	1.93
	西部	11.15	12.14	80.50	78.77	25.53	2.10
	全国	6.91	8.98	85.28	80.88	21.93	2.44
2 300 元/人·年	东部	2.78	7.41	90.91	75.79	28.20	3.81
	中部	7.68	11.47	85.39	78.19	20.61	1.80
	西部	11.15	15.80	81.40	73.63	31.05	1.97
	全国	6.91	11.22	85.16	75.91	26.92	2.40
3.1 美元/人·天	东部	2.78	10.87	91.64	67.37	39.67	3.65
	中部	7.68	18.91	85.83	65.10	35.38	1.87
	西部	11.15	24.39	82.32	61.30	43.93	1.80
	全国	6.91	17.59	85.78	72.59	40.23	2.29

六、结论与政策建议

作为一种在发展中国家减贫实践中被广泛采纳的瞄准策略，代理家计调查方法是否有助于改善农村低保的瞄准效果？为了回答该问题，使用 CHIP 2013 农户调查数据，本章构建了基于 OLS 回归模型和分位数回归模型的代理家计调查框架，然后基于四类测量方法系统评估和比较了农村低保的实际瞄准效果和代理家计调查下的瞄准效果。研究结果表明：（1）本章构建的代理家计调查框架拟合优度较高，所选代理指标对家庭人均收入水平有显著影响。（2）采纳代理家计调查方法时，农村低保的瞄准效果显著优于其实际瞄准效果。（3）在改善农村低保瞄准方面，OLS 分地区回归和分位数回归代理家计调查框架比 OLS 总样本回归代理家计调查框架的效果稍好。（4）代理家计调查方法在降低西部地区漏保率方面效果更好，而在降低东部和中部地区错保率方面效果更好。（5）在低保识别中纳入因病支出型贫困之后，代理家计调查对低保瞄准的改善效果仍然显著。以上结论意味着，在农村低保政策执行中引入代理家计调查方法有助于提升其瞄准效果。

目前，考虑到收入核查困难以及基层行政能力不足等原因，农村低保在很多地区采用社区瞄准机制来确定低保户。社区瞄准机制下，村庄内部更多地依靠贫困排序基础上的民主评议来确定低保家庭。社区瞄准机制具有信息优势，即能够充分利用附着于村庄社会网络中的家户福利信息来精准识别贫困家庭。但是，社区瞄准也很容易遭遇村庄内部精英俘获的威胁（韩华为，2018）。与社区瞄准相比，代理家计调查的贫困识别标准更为客观，能够较为有效地控制瞄准过程中的精英俘获效应。除此以外，代理家计调查还具有执行成本低，操作性较强的优点。基于此，我们建议将代理家计调查方法纳入现有的农村低保社区瞄准实践中。具体的，可以首先使用代理家计调查方法识别出预测收入最低的极端贫困家庭，同时排除预测收入远高于贫困线的富裕家庭。然后，在剩余家庭中，则主要通过民主评议等社区瞄准程序来确定低保资格。如何建立代理家计调查和社区瞄准两类方法的协同作用机制，进而有效改善农村低保瞄准效果仍然是未来研究的重要方向。

参考文献

[1] 韩华为. 农村低保户瞄准中的偏误和精英俘获：基于社区瞄准机制的分析 [J]. 经济学动态, 2018 (2).

[2] 韩华为, 高琴. 中国农村低保制度的保护效果研究：来自中国家庭追踪调查 (CFPS) 的经验证据 [J]. 公共管理学报, 2017 (2).

[3] 韩华为, 徐月宾. 农村最低生活保障制度的瞄准效果研究：来自河南、陕西省的调查 [J]. 中国人口科学, 2013 (4).

[4] 韩华为, 徐月宾. 中国农村低保制度的反贫困效应研究：来自中西部五省的经验证据 [J]. 经济评论, 2014 (6).

[5] 李春根, 应丽. 指标代理法：农村低保对象瞄准新机制 [J]. 社会保障研究, 2014 (1).

[6] 李艳军. 农村最低生活保障目标瞄准研究：基于代理财富审查 (PMT) 的方法 [J]. 经济问题, 2013 (2).

[7] 王超群. 因病支出型贫困社会救助政策的减贫效果模拟：基于 CFPS 数据的分析 [J]. 公共行政评论, 2017 (3).

[8] 张昊. 农村低保评审乱象的成因及治理：基于定性定量混合研究方法的分析 [J]. 中国农村观察, 2017 (1).

[9] 周丽, 林远明. 农村低保准家计调查研究：基于肇庆农村部分地区的调查数据 [J]. 价值工程, 2013 (25).

[10] 朱梦冰, 李实. 精准扶贫重在精准识别贫困人口：农村低保政策的瞄准效果分析 [J]. 中国社会科学, 2017 (9).

[11] Bourguignon, F., & Pereira, L. (2003). Introduction：Evaluating the poverty and distributional impact of economic policies：A compendium of existing techniques. In Bourguignon, F., & Pereira, L. (Eds.), *The Impact of Economic Policies on Poverty and Income Distribution：Evaluation Techniques and Tools* (pp. 1 – 24). New York：Oxford University Press.

[12] Brown, C., Ravallion, M., & Walle, D. (2018). A poor means test? Econometric targeting in Africa. *Journal of Development Economics*, 134, 109 – 124.

[13] Coady, D., Grosh M., & Hoddinott, J. (2004). *Targeting of transfers*

in developing countries：*Review of lessons and experience.* Washington，D. C.：The World Bank.

［14］Golan，J.，Sicular，T.，& Umapathi，N.（2017）. Unconditional cash transfers in China：Who benefits from the Rural Minimum Living Standard Guarantee（Dibao）Program? *World Development*，93，316 – 336.

［15］Gustafsson，B.，Shi，L.，& Sato，H.（2014）. Data for studying earnings，the distribution of household income and poverty in China. *China Economic Review*，30，419 – 431.

［16］Kakwani，N.，Li，S.，Wang，X.，& Zhu，M.（2019）. Evaluating the effectiveness of the Rural Minimum Living Standard Guarantee（Dibao）Program in China. *China Economic Review*，53，1 – 14.

［17］Kuhn，L.，Brosig，S.，& Zhang，L.（2016）. The brink of poverty：Implementation of a social assistance programme in rural China. *Journal of Current Chinese Affairs*，45（1），75 – 108.

［18］Mills，B.，Calro，D.，& Phillippe，L.（2015）. Effective targeting mechanisms in Africa：Existing and new methods. In Ninno，C.，& Mills，B.（Eds.），*Safety nets in Africa：Effective mechanisms to reach the poor and most vulnerable*（pp. 19 – 38）. Washington D. C.：The World Bank.

［19］Nguyen，C.，& Tran，D.（2018）. Proxy means tests to identify the income poor：Application for the case of Vietnam. *Journal of Asian & African Studies*，53（4），571 – 592.

［20］World Bank.（2014）. *The state of social safety nets* 2014. Washington，DC：The World Bank.

［21］Xu，K.，Evans，D.，Kawabata，K.，Zeramdini，R.，Klavus，J.，& Murray，C.（2003）. Household catastrophic health expenditure：A multi-country analysis. *Lancet*，362（9378），111 – 117.

第二篇

中国农村低保制度的减贫效应

第五章

中国农村低保制度的反贫困效应研究 *

一、引言与文献回顾

改革开放以来，中国农村扶贫事业取得了巨大的成就。无论是采用世界银行或中国官方设定的贫困标准，中国农村贫困人口均出现了显著的下降（Ravallion et al.，2007；朱玲，2011）。在新时期的扶贫战略调整中，中国政府在继续实施扶贫开发的基础上，积极推动了农村低保制度的建设和推广。2007 年国务院颁布《关于在全国建立农村最低生活保障制度的通知》之后，低保救助作为一项重要的反贫困政策在我国农村地区迅速全面铺开。到 2013 年底，全国农村低保对象已达 2 931.1 万户（5 388.0 万人），全国平均低保标准和平均补差水平也分别上升到每人每月 202.8 元和每人每月 116.0 元（民政部，2014）。发展至今，农村低保制度已经成为开发式扶贫政策的重要补充，在中国农村地区，尤其是贫困问题更为严重的中西部农村地区的反贫困领域发挥出越来越重要的作用。在此背景下，对农村低保反贫困效应及其影响因素进行深入的实证研究具有重大的理论和政策意义。

农村低保实质上是政府部门向农村贫困人口提供的一项无条件公共转移支付。公共转移支付的反贫困效率问题一直备受国内外学者的广泛关注。在国外政策背景下的研究中，一部分文献发现公共转移支付对降低贫困水平有显著的作用（Maitra and Ray，2003；Emmanuel et al.，2008），但也存在政府转移支付减贫效率不高的证据（Lokshin and Ravallion，2000；Dominique，2004）。针对中国公共转移支付的反贫困效应问题，实证研究同样得出了不

* 本章为笔者和徐月宾教授合作的一篇文章。原文发表于《经济评论》2014 年第 6 期。收入本书时做了适当改动。我们对亚洲开发银行和国家民政部提供的资助表示感谢。

一致的结论。一些学者基于微观调查数据研究了包括各项政府救助在内的公共转移支付总额对贫困水平的影响，结果发现政府转移支付的减贫效果不理想，较低的覆盖比例、较高的瞄准偏误、公共转移对私人转移的挤出效应，以及公共转移支付对受助人口的负面行为激励都是造成该结果的原因（刘穷志，2010；解垩，2010；卢盛峰、卢洪友，2013）。

城市低保和农村低保是中国目前最为重要的两项针对贫困人口的政府转移支付，对于这两种具体的公共转移支付制度的减贫效果，研究得出的结论则相对积极得多。城市低保方面，陈少华等（Chen et al.，2006）、古斯塔夫森和邓曲恒（Gustafsson and Deng，2011）、都阳和朴之水（2007），以及高琴等（Gao et al.，2009）的结论表明，尽管城市低保对总体调查样本的减贫效应相对较小，但是该政策显著降低了获得救助样本的贫困水平。进一步的，拉瓦雷（Ravallion，2009）和高琴等（Gao et al.，2009）分析了城市低保减贫效果的影响因素，结果发现城市低保执行中存在的瞄准偏误，以及救助水平不足是限制该制度减贫效应的主要因素。农村低保方面，李实等（2018）基于国家统计局2008年农村贫困监测调查数据的实证结果表明，农村低保救助显著地降低了调查地区的贫困水平，而影响农村低保反贫困效果的因素包括低保覆盖率、低保瞄准效果以及低保救助水平。

由于政策实施时间较短，涵盖农村低保信息的高质量家户调查数据非常稀缺，因此关于农村低保反贫困效应的研究大多局限于政策层面的定性分析（张平，2008）。尽管李实等（2018）在农村低保反贫困研究方面进行了初步的探索，但是由于其样本仅局限于国家级贫困县，因此无法考察低保救助对非贫困县贫困水平的影响效应，而由于开发式扶贫较少向非贫困县倾斜，所以农村低保救助对这些地区的反贫困效应尤其值得关注。与以往相关研究相比，本章的贡献可以归结为以下几个方面：（1）本研究以2010年专门针对农村低保展开的大样本调查数据为基础，为该领域提供了更新的微观证据；（2）测量贫困过程中考虑了家庭规模经济并使用等价尺度对家庭成员的福利水平进行校正；（3）综合考察了农村低保的减贫效应及其影响因素，并根据质性材料对一些影响因素的可能原因进行了深入探讨；（4）通过政策模拟方法研究了农村低保的潜在减贫效应。

二、数据介绍

本章所使用的数据来自北京师范大学社会发展与公共政策学院于2010年在江西、安徽、河南、陕西和甘肃五省进行的农村低保实施及反贫困状况调查。该调查采用了分层随机抽样方法。首先在每个省按照人均GDP的高低各选取3个县，其次在每个县内部，我们按照人均收入水平的高低随机抽取6个乡镇，然后在每个样本乡镇随机抽取2~6个行政村，最后在每个村内部对低保户和非低保户进行分层随机抽样。最终，本研究共获得来自5个省15个县90个乡镇324个村的9 107份农户调查资料。其中，在所抽取的15个县中，有4个县为贫困县，其余11个县为非贫困县。本次调查能够较典型地反映中国中西部省份农村家庭及其成员的人口、社会和经济特征，以及农村低保制度在该地区的执行情况。

表5-1给出的样本家庭主要特征的描述性统计结果表明，9 107个总样本中有868个农户接受了农村低保救助，农村低保对调查样本的覆盖率为9.53%。进一步的，表5-1还比较了低保户样本和非低保户样本在各类家庭特征方面的差异。通过比较可以发现如下结论。首先，从家庭人口结构特征来看，低保户家庭规模较小，劳动力、学生数量、外出打工人口数量均相对较少，但是残疾人或严重慢病患者的数量却比较多，这说明低保家庭的人力资本水平低于非低保家庭。其次，从户主特征来看，与非低保户相比，低保户户主的年龄更高、户主性别为女性的比例更高、户主教育水平相对较低。由此不难看出，低保家庭的户主相对更为弱势。最后，从家庭经济特征来看，低保家庭的人均纯收入远远低于非低保家庭，低保家庭在消费性耐用品和生产性耐用品的拥有情况方面也显著差于非低保家庭。以上信息说明，低保户在物质资源和人力资本的占有方面都处于显著的劣势。

表5-1　　　　　　　样本家庭主要特征的描述性统计结果

项目	总样本		低保户样本		非低保户样本	
	均值	标准差	均值	标准差	均值	标准差
家庭人口特征						
总人口数量（人）	3.985	1.550	3.381	1.597	4.048	1.531

项目	总样本		低保户样本		非低保户样本	
	均值	标准差	均值	标准差	均值	标准差
劳动力数量（人）	2.436	1.322	1.584	1.276	2.525	1.294
学生数量（人）	0.721	0.845	0.588	0.845	0.735	0.844
外出打工人口数量（人）	0.643	0.900	0.347	0.658	0.674	0.916
残疾人或重慢病患者数量（人）	0.332	0.619	0.636	0.777	0.300	0.591
户主特征						
男性	0.914	0.280	0.862	0.345	0.920	0.272
年龄（岁）	52.098	12.769	57.308	14.473	51.549	12.451
受教育程度						
小学及以下	0.495	0.500	0.693	0.461	0.474	0.499
初中	0.394	0.489	0.258	0.438	0.408	0.491
高中及以上	0.111	0.314	0.047	0.213	0.118	0.322
家庭经济特征						
人均纯收入（元/年）	5 162.102	4 936.842	2 296.228	1 849.868	5 463.897	5 061.970
人均土地面积（亩）	1.636	1.730	1.657	1.878	1.634	1.714
人均住房面积（平方米）	32.792	25.399	29.345	25.477	33.155	25.365
家庭财产拥有情况						
彩电（台）	0.874	0.332	0.675	0.468	0.894	0.307
电脑（台）	0.082	0.274	0.015	0.121	0.089	0.284
汽车（辆）	0.041	0.199	0.010	0.100	0.045	0.207
摩托车（辆）	0.374	0.484	0.165	0.371	0.396	0.489
固定电话（部）	0.458	0.498	0.250	0.433	0.480	0.500
手机（部）	0.769	0.421	0.520	0.500	0.796	0.403
大型拖拉机（辆）	0.026	0.160	0.013	0.115	0.027	0.164
小型拖拉机（辆）	0.277	0.448	0.142	0.350	0.292	0.455
三轮车（辆）	0.129	0.335	0.101	0.301	0.132	0.339
收割机（台）	0.011	0.104	0.004	0.067	0.012	0.108
样本量	9 107		868		8 239	

注：①劳动力定义为 15~65 周岁的具有劳动能力，且从事各类经济活动的家庭成员；
②家庭人均纯收入不包括农户接受的农村低保救助；
③户主性别为虚拟变量：男性 =1，女性 =0；
④户主受教育程度包括三个虚拟变量：小学及以下 =1，其他 =0；初中 =1，其他 =0；高中及以上 =1，其他 =0。

三、 农村低保的反贫困效应评估

（一） 贫困的测量及反贫困效应评估策略

目前，被国内外相关文献普遍采用的贫困测量指标是由福斯特、格利尔和索贝克等 （Foster et al. , 1984） 发展出的一组可分解贫困指数，又被简称为 FGT 指数。该指数可以表示为式 （5 – 1）：

$$P_\alpha = \frac{1}{N} \sum_{Y_i \leqslant z} \left(\frac{z - Y_i}{z} \right)^\alpha, \quad \alpha \geqslant 0 \qquad (5 - 1)$$

其中，N 代表总人口，z 和 Y_i 分别代表贫困线和第 i 个个体的收入水平，$z - Y_i$ 代表第 i 个个体的贫困距。参数 α 越大代表赋予低收入人口的权重越大。P_0、P_1 和 P_2 分别被称为人头指数 （head-count ratio）、贫困距指数 （poverty gap index） 和平方贫困距指数 （squared poverty gap index），三者分别衡量了样本人群的贫困广度、贫困深度和贫困强度。

在基于 FGT 指数测算农村贫困水平时，我们使用的贫困标准是中国国家统计局根据 "马丁法" 测算出的官方农村贫困线。2009 年该贫困线为 1 196 元/人·年。考虑到贫困线应该随着经济发展水平的提高而进行调整，2011 年中国政府将官方农村贫困线提高到 2 300 元/人· 年。按照最新的购买力平价折算，这相当于人均每天 1.8 美元[1]，该标准高于世界银行设定的人均每天 1.25 美元的国际贫困线。调整前后的官方农村贫困线代表了较低和较高两种贫困标准，为了获得稳健的贫困测量结果，下文将分别基于这两条贫困线来计算 FGT 指数。

以往的贫困研究一般都会采用家庭人均收入 （支出） 来衡量个体的福利水平。但是，个体福利水平不仅受到其所在家庭收入 （支出） 水平的限制，而且还会受到其家庭规模及人口结构的影响。当考虑到家庭作为经济单元所存在的规模经济效应和不同家庭成员在消费需要方面的差异时[2]，传统的家

---

[1]　这里按照 2005 年购买力平价标准进行折算，按照该标准，3.64 元人民币相当于 1 美元。

[2]　如人均住房成本、人均交通成本、人均食物成本都会随着家庭规模的增加而减少，成人和儿童在食品需要方面也存在显著差异。

庭人均收入度量会低估其成员的福利水平，进而高估样本群体的贫困程度（Pendakur，1999；Haughton and Khandker，2009）。文献中一般通过等价尺度（equivalence scale）来纠正这种偏差（Deaton，1997）。由于对家庭消费和价格数据的要求极高，同时还存在较为严重的识别问题（identification problem），因此估计等价尺度是应用微观计量经济学中的重要难题之一（Lewbel，1997）。本章采纳了张茵和万广华（Zhang and Wan，2006）在研究中国农村贫困和收入不平等时所使用的简化等价尺度策略。该策略具体思路如下：如果 n_i 代表农户 i 的家庭规模，那么用 $k_i = n_i^\theta$，（$0 < \theta \leqslant 1$）来表示该农户的标准化家庭规模，农户 i 所有家庭成员的福利水平则通过其家庭总收入 y_i 与其标准化家庭规模 k_i 之商来度量。这里 θ 代表家庭成员福利水平对家庭规模的弹性，其大小体现了家庭规模经济效应的强度，θ 越小说明家庭规模经济效应越强。由于目前文献中没有针对中国农村 θ 值的严格估计[1]，因此与张茵和万广华（Zhang and Wan，2006）类似，本章设置 θ 分别取值为 1，0.8 和 0.5。这里，θ = 1 表明完全不存在家庭规模经济，此时的结果与传统家庭人均收入衡量一致，θ = 0.8 和 θ = 0.5 则代表了中等强度和较高强度的家庭规模经济。基于此，我们可以考察不同等价尺度下农村低保反贫困效应的差异。

为了评估农村低保政策的反贫困效应，我们需要比较低保政策干预前后的贫困指标。测算两组贫困指标则需要低保政策干预前后的家庭收入信息。低保干预后的家庭收入在调查中可以直接观测到，但是作为反事实（counterfactual）的干预前的家庭收入则无法直接获得。很多研究通过救助后的家庭收入减去救助额来得出救助前的家庭收入（Coady et al.，2004a；2004b）。这种处理方法假设政府救助不会对接受救助者的其他收入来源产生影响。但是，从理论角度来看，这个假设是存在问题的。接受政府救助可能对私人转移产生挤出效应，一些通过家计调查来确定受助资格的政府救助还可能对受助者产生负向的工作激励从而降低其工作收入。对这些效应进行严格的检验需要面板数据。限于本章所使用的数据仅为横截面样本，我们只能基于拉瓦雷（Ravallion，2009）给出的回归方法做一个较为粗略的检验。

---

① 国外文献对一些国家的 θ 值进行过严格的估计，如巴基斯坦 θ = 0.6（Lanjouw and Ravallion，1995）；瑞典 θ = 0.54，美国 θ = 0.72，欧洲国家 θ = 0.84（Buhmann et al.，1988）。

从政策设计角度来看，农村低保是一种补差式的救助，即补贴实际家庭收入与低保标准之间的差额（简称为低保差额）。如果严格按照这种规则来执行，受助者任何形式的收入提高都将降低低保救助数额。在休闲是一种正常商品并且工作本身不具有直接效用的前提下，理性的受助者一定没有足够的激励去寻求更多的私人转移，或者增加工作时间来提高其工作收入。但是，现实中的政策执行是否按此规则严格执行则需要基于调查数据进行实证检验。我们将受助者所获低保金对低保差额，以及地区虚拟变量进行回归。与拉瓦雷（Ravallion，2009）的检验结果类似，本研究发现低保差额对受助者所获低保金额的影响效应并不是很大，回归结果表明，低保差额每提高 100 元，受助者所获得的低保金仅增加 0.81 元[①]。该结果从一个侧面说明农村低保并未按照严格的补差标准来执行[②]，此时低保救助对受助者的负向行为激励并不是特别严重。基于以上分析，本章仍然通过救助后的家庭收入减去救助额来获得救助前的家庭收入。针对总样本、实保样本和应保样本三个组群，我们分别通过比较其救助前后的三项 FGT 指数来衡量农村低保的反贫困效应。

（二）农村低保反贫困效应测算结果

表 5 - 2 给出了针对五省总样本的农村低保反贫困效应测算结果。在不考虑家庭规模经济的情况下（$\theta = 1$），无论采用哪条贫困线，低保救助均降低了总样本的各项贫困指标。其中，当采用 1 196 元/人·年的低贫困线时，救助后的贫困发生率比救助前降低了 9.02%，救助后的贫困距指数比救助前降低了 15.65%，救助后的平方贫困距指数比救助前降低了 20.45%。这些结果说明，相比其在降低贫困发生率方面的作用，农村低保在降低贫困人口的贫困距，以及在消除贫困人口内部收入分配不平等方面的效应更为显著，这与李实等（2018）中所获得的结论相一致。当采用 2 300 元/人·年的高贫困线时，尽管救助前后的三类贫困指标降幅均有减小，但仍然表现出贫困距指数和平方贫困距指数的降幅大于贫困发生率降幅的趋势。最后，当

---

①　低保差距的回归系数为 0.008 1，t 值为 39.38，该系数在 1% 的水平上显著。

②　在实地调查中，我们发现很多样本地区农村低保并没有基于严格的家计调查来进行补差式救助。很多地区采取了执行成本更低的分类分档方法来确定救助金额。

考虑家庭规模经济时（θ=0.8 和 θ=0.5），农村低保的反贫困效应变得更为显著。这说明，按照传统的家庭人均收入来衡量个体福利水平将低估农村低保的反贫困效应。

表5-2　　　　　　　　农村低保对所有样本的反贫困效应　　　　　　　单位:%

贫困线	贫困发生率（α=0）			贫困距指数（α=1）			平方贫困距指数（α=2）		
	救助前	救助后	降低比例	救助前	救助后	降低比例	救助前	救助后	降低比例
θ=1									
1 196	10.37	9.43	9.02	4.19	3.53	15.65	2.44	1.94	20.45
2 300	23.72	22.91	3.40	9.93	9.18	7.59	5.85	5.19	11.25
θ=0.8									
1 196	6.71	5.79	13.64	2.76	2.20	20.38	1.66	1.23	25.67
2 300	16.21	15.43	4.84	6.74	6.02	10.58	3.94	3.34	15.17
θ=0.5									
1 196	3.63	2.90	20.26	1.60	1.17	27.34	1.04	0.70	33.07
2 300	9.20	8.34	9.28	3.79	3.16	16.64	2.25	1.76	21.98

针对实际获得低保救助的样本，表5-3给出了相应的农村低保反贫困效应测算结果。不难看出，与针对总样本计算的结果相比，农村低保在降低实保样本贫困发生率、贫困距，以及贫困人口内部的收入不平等程度方面的效果更加突出。当采用2 300元/人·年的高贫困线时，救助前后各项贫困指标的降幅都有所下降。然而，当我们考虑家庭规模经济时（θ=0.8 和 θ=0.5），救助前后各项贫困指标的降幅均比不考虑家庭规模经济时更高。

表5-3　　　　　　　　农村低保对实保样本的反贫困效应　　　　　　　单位:%

贫困线	贫困发生率（α=0）			贫困距指数（α=1）			平方贫困距指数（α=2）		
	救助前	救助后	降低比例	救助前	救助后	降低比例	救助前	救助后	降低比例
θ=1									
1 196	28.51	18.32	35.74	13.12	6.43	51.01	8.27	3.18	61.48
2 300	54.10	45.60	15.70	25.81	18.15	29.66	16.60	9.89	40.39
θ=0.8									
1 196	21.22	12.02	43.38	9.76	3.99	59.15	6.23	1.88	69.80
2 300	39.19	31.66	19.22	19.60	12.36	36.96	12.63	6.52	48.38
θ=0.5									
1 196	13.56	6.25	53.92	6.35	1.90	70.07	4.35	0.83	80.86
2 300	28.49	19.97	29.91	13.34	6.88	48.46	8.46	3.40	59.82

　　毫无疑问，低保政策的干预目标是那些真正的贫困群体。我们将样本中家庭人均收入低于当地低保标准的贫困群体定义为应保样本。表5-4给出了针对应保样本的反贫困效应测算结果。与表5-2和表5-3的结果相类似，我们发现救助前后贫困距指数和平方贫困距指数的降幅要显著高于贫困发生率的降幅；随着贫困线的提高，农村低保的反贫困效应随之减弱；家庭规模经济效应越强，农村低保的反贫困效应也越大。但是与表5-2和表5-3的结果相比较，表5-4显示农村低保对应保样本的反贫困效应更弱，该结果不仅远低于农村低保对实保样本的反贫困效应，而且还低于农村低保对总样本的反贫困效应。瞄准偏误会导致部分应保样本得不到农村低保的实际覆盖，即使获得低保的应保人口也可能因为救助水平不足，从而难以有效的脱贫。本章下面部分会对农村低保反贫困效应的影响因素继续进行深入探讨。

表5-4　　　　　　农村低保对应该获得低保样本的反贫困效应　　　　单位:%

贫困线	贫困发生率（α=0）			贫困距指数（α=1）			平方贫困距指数（α=2）		
	救助前	救助后	降低比例	救助前	救助后	降低比例	救助前	救助后	降低比例
				θ=1					
1 196	98.75	92.98	5.84	45.46	39.55	13.01	27.47	22.65	17.54
2 300	100.00	99.93	0.07	70.35	66.53	5.43	51.59	46.78	9.32
				θ=0.8					
1 196	97.49	87.92	9.81	45.37	37.68	16.96	28.02	21.87	21.95
2 300	100.00	99.85	0.15	70.07	64.60	7.81	51.57	45.05	12.65
				θ=0.5					
1 196	95.31	82.18	13.77	48.39	37.05	23.44	32.27	22.90	29.02
2 300	99.65	98.91	0.74	71.49	63.03	11.84	54.16	44.31	18.19

四、农村低保反贫困效应的影响因素分析

　　农村低保政策执行情况的优劣对其反贫困效应具有重要影响。本章首先考察样本地区农村低保政策的执行现状；其次通过回归模型来分析哪些政策

执行特征会影响农村低保的反贫困效应；最后，基于调查获得的质性资料，我们对这些影响因素的成因做一些初步探讨。

（一）农村低保政策的执行现状

1. 样本地区农村低保的覆盖情况

表5-5中的统计结果表明，农村低保在样本地区的总体覆盖比例为9.53%。低保覆盖率表现出显著的地区差异，与东部地区相比，西部地区样本的低保覆盖率高出了4.5个百分点。同时，贫困县样本的低保覆盖率为11.43%，该比例显著高于非贫困县样本的低保覆盖水平（8.86%），同时，该比例也高于李实等（2018）利用2008年全国592个国家贫困县监测数据计算出的低保覆盖水平（7.28%）。

表5-5 农村低保在样本地区的覆盖情况

项目	低保户数及其占比	非低保户数及其占比	总户数
总样本	868（9.53%）	8 239（90.47%）	9 107
中部样本	570（8.39%）	6 226（91.61%）	6 796
西部样本	298（12.89%）	2 013（87.11%）	2 311
非贫困县样本	594（8.86%）	6 116（91.14%）	6 710
贫困县样本	274（11.43%）	2 123（88.57%）	2 397

注：小括号内为低保户或非低保户占比。

2. 样本地区农村低保的瞄准效果

瞄准效果是衡量低保制度执行情况优劣的重要标准之一。我们首先计算了漏保率（所有贫困农户中未享受低保救助的比例）、错保率（所有实保农户中非贫困农户的比例）、贫困人口所获低保金占低保金总额的比例（用SHARE表示）和CGH指标（Coady et al.，2004b）。其中，漏保率衡量了低保瞄准的"弃真偏误"，错保率则衡量了低保瞄准的"纳伪偏误"。CGH指标由SHARE指标除以贫困率获得。由于当总低保金平均分配给所有样本时，贫困样本获得的低保金比率恰好等于总样本的贫困率，因此，CGH指标衡量的是与平均分配低保金相比，实际低保瞄准机制下贫困人口所获低保金的相对大小。表5-6显示，样本地区的漏保率和错保率都非常高，低保瞄准的弃真偏误和纳伪偏误均非常严重。无论采用何种贫困线，都存在超过70%的贫困农户无法获得低保救助，与此同时，则至少有 43.6% 的实保农户为非贫困户。即使在较高的贫困标准下（2 300 元/人·年），总样本中所有的贫困人口也仅能获得 57.43% 的总低保金。CGH 指标结果显示，与普惠式的平均分配低保金相比，样本地区贫困人口在实际政策执行中获得的低保金增加了 1.26 ~ 1.97 倍。该 CGH 值尽管在发展中国家的扶贫性救助项目中处于较高水平（Coady et al.，2004b），但它远低于陈少华等（Chen et al.，2006）对中国城市低保 CGH 测算得出的结果[1]。

表 5-6　　　　　　　　不同贫困线下的农村低保瞄准指标

瞄准指标	各地低保标准	1 196 元/人·年	2 300 元/人·年
漏保率（%）	72.12	72.83	78.86
错保率（%）	72.75	67.39	43.60
SHARE（%）	27.65	31.86	57.43
CGH	2.97	2.79	2.26

注：本章涉及的所有贫困线均已调整为 2009 年不变价。

本章还通过绘制总低保金在样本人口中的集中分布曲线来考察农村低保的瞄准效果。图 5-1 的横轴代表按照家庭人均纯收入由低到高进行排序的累积样本人口比例，纵轴则表示相应的样本人口所获得的低保金累积比例。当低保金在所有样本人口中平均分配时，集中曲线表现为图 5-1 中的 45°虚线。低保金在样本人口中的实际分配结果则通过图中的抛物状实线来显示。严格的随机占优检验表明，低保金实际分配集中曲线严格的占优低保金平均分配集中曲线[2]。从总低保金在不同收入组群中的分布来看，总样本中收入最低的 20% 的人口获得了 51.8% 的总低保金，收入最高的 20% 的人口获得的总低保金不足 2%，而收入水平在两者之间的人口获得的低保金比例为 46.4%。这说明，尽管农村低保金较多的分配给了收入最低的群体，同时也较好地杜绝了高收入群体获得低保，但是中等收入群体同样分享了较高比例的低保救助金。这种分布情况同样体现出农村低保存在较严重的瞄准偏误。

---

[1]　陈少华等（Chen et al.，2006）对中国城市低保测算得出的 CGH 值高达 8.3。

[2]　这说明，与平均分配低保金相比，实际的低保金更多地分配给了收入较低的人口。另外，这里的随机占优指一阶随机占优，此处参考了奥唐纳等（O'Donnell et al.，2007）中使用的随机占优检验方法。

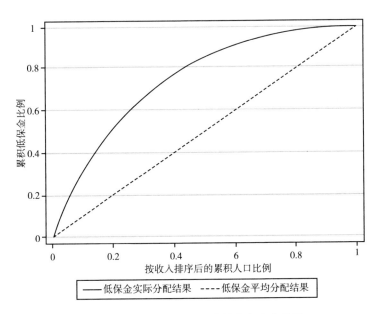

图 5 – 1　低保金在总样本中的集中分布曲线

3. 样本地区农村低保的救助充足性

对于应保贫困农户来说，除了能否被政策准确瞄准之外，我们还需要进一步分析其是否能得到充足的救助。图 5 – 2 给出了农村低保对应保农户救助充足性的研究结果。根据其是否实际获得低保救助，我们将应保家庭分为应保已保家庭和应保未保家庭两类。由于农村低保的政策目标是保障农村绝对贫困人口的基本生活需求，也即保证贫困家庭的人均收入至少不低于低保标准[1]。因此我们定义充足的人均救助额（图 5 – 2 中表示为应该获得的人均救助额）为当地低保标准与家庭人均收入的差额。

图 5 – 2 显示，就全部应保家庭来说，其应该获得的人均救助额为 460 元，而实际获得的人均救助额仅为 121 元，两者的差额为 339 元。对于应保已保家庭，应该获得的人均救助额和实际获得的人均救助额之间的差额较小，为 78 元。但是，对于应保未保家庭，由于其实际获得的人均低保金为 0，而应该获得的人均救助额为 441 元，因此救助差额高达 441 元。该结果说明，样本地区应保家庭的低保救助远没有达到充足性要求，除了应保未保家庭需

——————————————

[1]　见 2007 年国务院颁发的《关于在全国建立农村最低生活保障制度的通知》。

要覆盖之外，应保已保家庭的保障水平也有待进一步提高，该结论与高琴等（Gao et al.，2009）研究中国城市低保救助充足性时发现的结论类似。

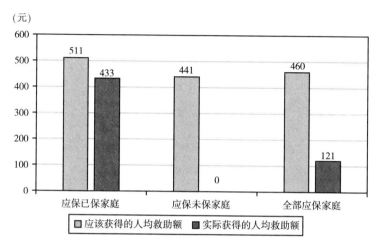

图 5 – 2　应保家庭实际获得的救助与应当获得的救助之间的差异

（二）反贫困效应影响因素的回归分析

通过建立回归模型，本部分在乡镇级层面上考察农村低保的覆盖率、瞄准偏误，以及救助充足性对其反贫困效应的影响。我们将乡镇级层面测算出的贫困人头指数、贫困距指数、平方贫困距指数的降低幅度分别作为回归模型的因变量。自变量包括样本乡镇的低保覆盖率、衡量低保瞄准效果的四个指标值（漏保率、错保率、SHARE 和 CGH 指标），以及低保农户的人均低保金。此外，自变量中，我们还通过人均纯收入来控制样本乡镇的经济发展水平。考虑到低保减贫效应（FGT 指数的降低幅度）的数值为 0 ~ 1，所以在回归中除了 OLS 模型之外，我们还使用了专门针对受限因变量的 Tobit 模型。

表 5 – 7 给出了回归模型的估计结果。在 OLS 模型中，漏保率和人均低保金对贫困率缓解幅度具有显著的影响，其中漏保率每提高 1 个百分点会导致贫困率缓解幅度降低 0.3 个百分点，而人均低保金每提高 100 元则导致贫困率缓解幅度提高 5.6 个百分点。显著影响贫困距缓解幅度的因素则包括 CGH 指标、低保覆盖率和人均低保金，CGH 每提高 1 个单位、低保覆盖率每提高 1 个百分点、人均低保金每提高 100 元，分别会使得贫困距缓解幅度提高 4.9 个、0.9 个和 3.1 个百分点。最后，平方贫困距缓解幅度的影响因素

则包括漏保率和 CGH 指标，其边际效应分别为 - 0.368 和 4.471。Tobit 回归结果表明，除了在平方贫困距缓解幅度回归中，漏保率变得不再显著而人均低保金变得显著之外，其他在 OLS 模型中显著的自变量在 Tobit 模型中仍然保持显著，这说明回归结果在不同的模型中体现出较好的稳健性。低保覆盖率低和低保救助水平不充足体现了农村低保资金匮乏，而较高的瞄准偏误使得本来匮乏的低保资金无法准确地送达真正需要救助的贫困人口手中，很显然，这些因素都会极大地限制农村低保反贫困作用的发挥。

表 5 - 7 反贫困效应的影响因素：乡镇层面的分析

项目	贫困率的缓解幅度		贫困距的缓解幅度		平方贫困距的缓解幅度	
	OLS	Tobit	OLS	Tobit	OLS	Tobit
漏保率	- 0.301 **	- 0.324 **	- 0.065	- 0.045	- 0.368 *	- 0.321
	(0.125)	(0.131)	(0.126)	(0.131)	(0.214)	(0.222)
错保率	0.216	0.238	- 0.075	- 0.120	0.251	0.155
	(0.169)	(0.174)	(0.182)	(0.187)	(0.306)	(0.309)
SHARE	0.075	0.109	- 0.191	- 0.257	0.103	- 0.040
	(0.172)	(0.180)	(0.171)	(0.180)	(0.290)	(0.293)
CGH	- 0.662	- 0.800	4.874 ***	4.703 ***	4.471 **	4.135 **
	(1.104)	(1.138)	(1.302)	(1.262)	(2.013)	(1.970)
低保覆盖率	0.212	0.174	0.929 **	0.870 **	0.462	0.349
	(0.286)	(0.298)	(0.397)	(0.406)	(0.617)	(0.645)
人均低保金	5.581 ***	5.896 ***	3.135 **	4.775 ***	1.466	4.905 **
	(1.236)	(1.351)	(1.185)	(1.275)	(2.017)	(1.952)
人均纯收入	- 0.021	0.000	- 0.037	- 0.108	0.026	- 0.121
	(0.147)	(0.001)	(0.086)	(0.086)	(0.161)	(0.159)
常数项	8.761	8.504	10.856	15.782	15.047	25.139
	(19.602)	(19.782)	(18.392)	(18.833)	(30.503)	(31.577)
R^2 (Pseudo R^2)	0.749	0.171	0.810	0.200	0.668	0.133
样本数	90	90	90	90	90	90

注：①人均低保金和人均纯收入的单位为 100 元，CGH 的单位为 1，其余变量的单位为%；
②四个瞄准指标值均在 1 196 元/人·年的贫困线下计算获得；
③括号内为标准差；
④ *** 、** 和 * 分别表示在 1%、5% 和 10% 的水平上显著。

（三）农村低保反贫困效应限制因素的成因分析

1. 农村低保覆盖和救助水平较低的成因

农村低保资金的筹集以地方为主，中央财政对财政困难地区给予适当补助。中西部地区经济发展水平相对落后，地方财力不足问题严重。在中央财政转移支付相对有限的条件下，不少贫困地区采取了"因财施保"的策略。在调查样本县 A 时，研究人员了解到由于低保资金不足，某些地方只能参照官方贫困线制定较低的低保标准。由于农村低保的保障对象是家庭人均收入低于当地低保标准的农民，所以低保标准越低，其覆盖的人口就必然越少。与此同时，因财施保的策略同样会影响低保对贫困农户的救助水平。在另外一个样本县 B，我们发现，在发放低保金的过程中，当地民政部门并没有严格按照申请人家庭人均收入与低保标准的差额发放。在低保金总额约束下，有关部门只能本着"把资金给予最需要帮助的人"的原则将救助对象按贫困程度划分为三个档次，然后对不同档次的低保户给予不同数额的低保金。应该强调的是，农村家庭是否能够获得低保和应当获得多少低保金应该根据农村居民的实际需要来决定，而不应当受到财力的制约。因此，调整农村低保各级财政分担原则，尤其是加强中央财政对中西部地区农村低保的转移支付力度，对于提高农村低保覆盖和救助水平，进而加强该政策的减贫效应具有重要意义。

2. 农村低保瞄准偏误较高的成因

低保瞄准的弃真偏误在很大程度上仍然与地方财力不足有关。在调查中，我们发现一些样本县按照低保资金的总量在各乡镇村庄分配低保名额。在这样的瞄准策略下，有限的低保资金必然导致许多应保农户被漏保。造成低保瞄准纳伪偏误的原因则比较复杂。首先，权力下放过度的管理模式、基层治理不完善，以及监督机制的缺失使得低保资格确定中弄虚作假成为可能。实地调研中我们了解到，不少地方都将低保管理权下放到了村级。许多村干部在确定低保资格时具有很大的影响力，在县乡两级民政部门缺乏人力物力对村级上报的低保户进行全面核查时，很多不符合低保要求的非贫困户被纳入了低保。其次，在医疗、教育、养老等相关社保政策不够完善的情况下，与多种救助项目相捆绑的低保成为农村家庭应对各种风险的重要途径，因此那些遭遇风险冲击的非贫困户也有足够的动力去"争取低保"①。

在根据家计调查来识别应保人口时，测量误差也是造成瞄准偏误的重要原因（韩华为、徐月宾，2013）。农村居民收入具有种类多、不稳定、难以货币化、容易隐匿等特点。同时，在具体的收入调查过程中，受调农民为了能够获得救助会有强烈的低报家庭收入的激励。在基层低保管理人员不足、调查技术手段落后的情况下，通过家计调查获得的家庭收入数据必然存在严重的测量误差，以该数据为基础来识别应保人口时，弃真偏误和纳伪偏误都可能发生。总而言之，财政能力、管理模式、基层治理，以及调查技术等方面的改善都有助于降低农村低保的瞄准偏误。

五、政策模拟：农村低保的潜在反贫困效应

（一）政策模拟设置

由上文分析可知，瞄准偏误和救助水平不足是限制农村低保反贫困效应的两个主要因素。在这个部分，我们将通过政策模拟方法来探讨在消除这两个限制因素之后农村低保反贫困效果的改善空间。由于应保人口是低保政策的目标群体，因此这里的政策模拟仅针对家庭人均收入低于当地低保标准的应保样本。在我们设置的模拟救助模式下，所有的应保人口都能获得低保救助，而且其所获得的救助金额正好等于当地低保标准与其家庭人均收入之间的差额。通过比较模拟救助和实际救助的反贫困效应，我们可以大致估算农村低保反贫困效应的潜在改善空间。

（二）政策模拟结果

图 5 - 3 给出了贫困线为 1 196 元/人·年，应保样本在实际救助前后和模拟救助前后的 FGT 指标结果。表 5 - 8 比较了此时实际救助和模拟救助对

---

① 在不少调查样本地区，如果一个农户被确定为低保户，那么该农户就可以同时自动获得教育、医疗、住房等方面的救助资格。由于这些救助项目均由民政部门管理，为了避免对救助资格的重复审核，很多地方都采取了这种捆绑式救助资格认定方法。

应保样本的反贫困效应。结果表明，与实际救助相比，模拟救助在降低应保样本的贫困发生率、贫困距指数和平方贫困距指数方面的效应都更强，这与高琴等（Gao et al.，2009）以相同的模拟设置来探讨中国城市低保反贫困的潜在效应时得到的结论类似。

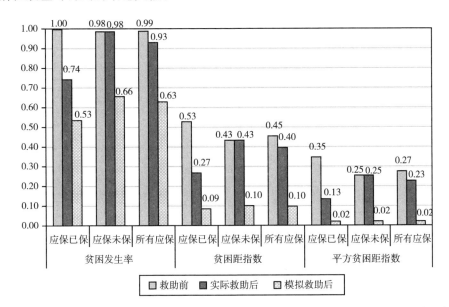

图 5 - 3　应保样本在实际救助和模拟救助前后的 FGT 值比较（贫困线 =1 196 元/人・年）

表 5 - 8　　　　　　　实际救助和模拟救助对应保样本的反贫困效应比较

项目	样本	（1）实际救助效应	（2）模拟救助效应	（2）-（1）
贫困发生率	应保已保样本	0.26	0.47	0.21
	应保未保样本	0.00	0.33	0.33
	全部应保样本	0.06	0.36	0.30
贫困距指数	应保已保样本	0.26	0.44	0.18
	应保未保样本	0.00	0.33	0.33
	全部应保样本	0.05	0.35	0.30
平方贫困距指数	应保已保样本	0.22	0.33	0.11
	应保未保样本	0.00	0.23	0.23
	全部应保样本	0.04	0.25	0.21

注：本表计算中贫困线为 1 196 元/人・年。

　　具体来看，对于应保已保样本，模拟救助比实际救助在贫困发生率、贫困距指数和平方贫困距指数衡量的反贫困效应上分别高出 21 个、18 个和 11 个百分点。对于应保未保样本，模拟救助比实际救助在通过三个 FGT 指标衡量的反贫困效应上分别高出 32 个、33 个和 23 个百分点。对于所有应保样本，模拟救助比实际救助在通过三个 FGT 指标衡量的反贫困效应上分别高出 30 个、30 个和 21 个百分点。

此外，我们也在 2 300 元/人·年的贫困线下重新测算了图 5-3。此时，实际救助和模拟救助的反贫困效应均低于贫困线为 1 196 元/人·年对应的结果。但其模拟救助的反贫困效应仍然显著高于实际救助的反贫困效应[1]。可见，本章政策模拟结论不会受到贫困线选择的影响。本研究设置的模拟救助是在消除了瞄准偏误和救助不足之后的理想低保救助模式，模拟救助的反贫困效应代表了农村低保的潜在反贫困效应。农村低保的潜在反贫困效应要远大于目前实际取得的反贫困效应，这说明，农村低保的反贫困效应存在相当大的改善空间。

六、总结与讨论

基于来自 2010 年中西部五省大样本农户调查数据，本章对中国农村低保的反贫困效应及其决定因素进行了系统的实证研究。反贫困效应评估结果表明，农村低保显著降低了实保样本的贫困水平，但低保对总样本和应保样本的减贫效果较差。乡镇层面的回归结果显示，显著影响农村低保反贫困效应的因素包括低保覆盖率、低保瞄准效果，以及低保救助水平。通过质性资料分析，本章指出农村低保较低的覆盖率和救助水平主要由财政分权体制下中西部地区地方财力不足所导致，而农村低保严重的瞄准偏误则可以主要归因于地方财力不足、管理模式不当、监督机制缺失、配套政策不完善，以及家计调查中的测量误差。最后的政策模拟结果说明农村低保反贫困效应仍然存在很大的改善空间。

从理论层面来看，本章实证结论可以带来如下几点启示。首先，当政策

---

[1] 由于篇幅限制，贫困线为 2 300 元/人·年的测算结果没有在文章中呈现，如果需要，请向作者索取。

干预目标为缺乏发展能力的贫困家庭或个体时，政府直接的无条件转移支付仍然是一项有效的减贫措施。其次，扶贫手段发挥效用的好坏很大程度上受到其瞄准效果的影响。以往的扶贫理论更多的讨论根据致贫因素的差异来因地制宜地采取不同的扶持手段，比如教育扶贫、以工代赈、信贷扶持、社会救助等。但是，无论采用哪种扶贫手段，都涉及贫困识别的问题。随着减贫进程的推进，贫困人口从刚开始相对集中慢慢地变得越来越分散。这就对贫困识别提出了越来越高的要求，仅仅识别贫困县、贫困村已经不够，只有更加精准地识别贫困家庭和贫困个体才能更好地发挥各项扶贫政策的效果。所以，在未来扶贫理论的研究中，贫困识别，尤其是贫困家庭或贫困个体的识别问题将是一个重要的探索方向。最后，本章结论表明，资金因素、管理因素、体制因素、调查技术因素等都可能导致贫困识别出现偏差。因此，贫困识别机制的研究需要协同经济学、管理学、政治学、统计学等跨领域的视角来开展。

从政策层面来看，本章结论对目前我国推进"精准扶贫"的必要性提供了证据支持。近期，中国政府部门将"建立精准扶贫工作机制"确立为当前农村扶贫工作的改革重点。精准识别贫困人口是进一步精准制定扶持措施、精准管理扶贫资金等环节的前提和基础。无论是采用开发式扶贫手段，还是通过农村低保来"托底"，都需要首先准确的识别具有相应特征的贫困农户。本章结论指出，精准识别低保人口对于改善农村最低生活保障制度的减贫效应意义重大。具体到农村低保制度中的精准识别问题，本章认为需要在下列几个方面做出改进：首先，加强中央财政对中西部地区农村低保的专项转移支付力度，使地方在按照基本生活标准制定低保标准、逐步提高覆盖面和救助水平时不再受到低保资金不足的掣肘。其次，适当提升低保管理层级，加强对低保资格确定权限的监督，确保低保制度和农村其他社保政策的有效衔接，从制度层面降低产生低保瞄准偏误的可能性。最后，提高基层低保管理人员的业务能力，同时开发更科学有效的代理家计调查方法，通过降低家庭收入测量误差来避免低保瞄准偏误。

参考文献

[1] 都阳，朴之水. 中国的城市贫困：社会救助及其效应 [J]. 经济研

究，2007（12）.

［2］国家统计局农村司.2011 年中国农村贫困监测报告［M］.北京：中国统计出版社，2012.

［3］韩华为，徐月宾.农村最低生活保障制度的瞄准效果研究：来自河南、陕西省的调查［J］.中国人口科学，2013（4）.

［4］李实等.21 世纪中国农村贫困特征与反贫困战略［M］.北京：经济科学出版社，2018.

［5］刘穷志.转移支付激励与贫困减少：基于 PSM 技术的分析［J］.中国软科学，2010（9）.

［6］民政部.2013 年社会服务发展统计公报［R］.2014.

［7］卢盛峰，卢洪友.政府救助能够帮助低收入群体走出贫困吗：基于1989 - 2009 年 CHNS 数据的实证研究［J］.财经研究，2013（1）.

［8］解垩.公共转移支付和私人转移支付对农村贫困和不平等的影响：反事实分析［J］.财贸经济，2010（12）.

［9］张平.中国农村贫困人口最低生活保障方式相关问题解析［J］.中央财经大学学报，2008（4）.

［10］中国发展研究基金会.2007 年中国发展报告：在发展中消除贫困［M］.北京：中国发展出版社，2007.

［11］中共中央国务院.中国农村扶贫开发纲要（2011 - 2020）［M］.北京：人民出版社，2011.

［12］朱玲.应对极端贫困和边缘化：来自中国农村的经验［J］.经济学动态，2011（7）.

［13］Buhmann, B., Rainwater, L., Schmaus, G., & Smeeding, T. (1988). Equivalence scales, well-being, inequality, and poverty: Sensitivity estimates across ten countries using the Luxembourg Income Study (LIS) database. *Review of Income and Wealth*, 34 (1), 115 - 142.

［14］Chen, S., Ravallion, M., & Wang, Y. (2006). *Di Bao: A guaranteed minimum income in China's cities*. World Bank Policy Research Working Paper No. 3805.

［15］Coady, D., Grosh, M., & Hoddinott, J. (2004a). Targeting outcomes redux. *World Bank Research Observer*, 19（1）, 61 - 86.

［16］Coady, D., Grosh M., & Hoddinott, J. (2004b). *Targeting of transfers in developing countries：Review of lessons and experience*. Washington, D. C.：The World Bank.

［17］Deaton, A. (1997). *The analysis of household survey：A microeconometric approach to development policy*. Baltimore：Johns Hopkins University Press.

［18］Emmanuel, S., & Maro, V. (2008). Conditional cash transfers, adult work incentives, and poverty. *The Journal of Development Studies*, 44（7）, 935 - 960.

［19］Foster, J., Greer, J., & Thorbecke, E. (1984). A class of decomposable poverty measures. *Econometrica*, 52（3）, 761 - 766.

［20］Gao, Q., Garfindel, I., & Zhai, F. (2009). Anti-poverty effectiveness of the Minimum Living Standard Assistance Policy in rural China. *Review of Income and Wealth*, 55（1）, 630 - 655.

［21］Gustafsson, B., & Deng, Q. (2011). Dibao receipt and its importance for combating poverty in urban China. *Poverty & Public Policy*, 3（1）, 1 - 32.

［22］Haughton, J., & Khandker, S. (2009). *Handbook on poverty and inequality*. Washington, DC：The World Bank.

［23］Lanjouw, P., & Ravallion, M. (1995). Poverty and household size. *Economic Journal*, 105（1）, 1415 - 1434.

［24］Lewbel, A. (1997). Consumer demand systems and household equivalence scales. In Pesaran M., & Schmidt, P. (Eds.), *Handbook of applied econometrics, Volume* 2 (pp. 167 - 201). Oxford：Blackwell Publishers Ltd.

［25］Lokshin, M., & Ravallion, M. (2000). Welfare impacts of the 1998 financial crisis in Russia and the response of the public safety net. *Economics of Transition*, 8（2）, 269 - 295.

［26］O'Donnell, D., van Doorslaer, E., & Rannan-Eliya, R. (2007). The incidence of public spending on health care：Comparative evidence from Asia. *World Bank Economic Review*, 21（1）, 93 - 123.

［27］ Pendakur, K. (1999). Semiparametric estimates and tests of base-independent equivalence scales. *Journal of Econometrics*, 88 (1), 1 – 40.

［28］ Maitra, P., & Ray, R. (2003). The effect of transfers on household expenditure patterns and poverty in South Africa. *Journal of Development Economics*, 71 (1), 23 – 49.

［29］ Ravallion, M., and Chen, S. (2007). China's (uneven) progress againstpoverty. *Journal of Development Economics*, 82 (1), 1 – 42.

［30］ Ravallion, M. (2009). How relevant is targeting to the success of an antipoverty program. *World Bank Research Observer*, 24 (2), 205 – 231.

［31］ Dominique van de Walle. (2004). Testing Vietnam's public safety net. *Journal of Comparative Economics*, 32 (4), 661 – 679.

［32］ Zhang, Y., & Wan, G. (2006). The impact of growth and inequality on rural poverty in China. *Journal of Comparative Economics*, 34 (4), 694 – 712.

第六章

中国农村低保制度对家庭支出的影响效应研究 *

一、引　言

伴随着经济快速增长及大规模扶贫开发战略的推进，中国农村贫困水平在 20 世纪 80 年代和 90 年代出现了显著的下降（Zhang and Wan，2006；Ravallion and Chen，2007）。进入 21 世纪以来，中国农村贫困模式展现出新的特征。一方面，以区域瞄准为特征的开发扶贫战略取得显著成就的同时，中国农村贫困逐渐由聚集性的区域贫困转变为分散性的家庭贫困和社区贫困（都阳、蔡昉，2005；徐月宾等，2007）；另一方面，许多农村贫困人口由于年老、残疾或罹患重病而丧失劳动能力。这些脆弱人群很难从中国传统的开发式扶贫项目中获益，这极大地限制了他们通过参与就业而脱贫的可能性（徐月宾等，2007；朱玲，2011）。

受到市场化和快速全球化的影响，中国在 20 世纪 90 年代经历了食品安全、环境、能源和金融等多个领域的危机。与过去相比，中国农村家庭在农业生产和日常生活中不得不面对更多的风险和不确定性，这使得农村家庭陷入暂时性贫困的可能性大大提高（朱玲，2011；Golan et al.，2017）。为了应对新的农村贫困模式，中国政府从 2000 年开始着力构建多层次的农村社会福利体系。具体的，这一时期不仅建立了新型农村合作医疗和新型农村养老保险，推广了农村九年义务教育，而且还构建了综合性的农村社会救助制度。正是在这波农村社会政策建设的浪潮中，农村最低生活保障（简称农村低保）于 2007 年被正式建立并迅速在全国范围得到推广。

　　* 本章为笔者和高琴教授、徐月宾教授合作的一篇文章。原文以 "*Welfare Participation and Family Consumption Choices in Rural China*" 为题发表在 *Global Social Welfare*，2016 年第 3 卷第 4 期上。我们对亚洲开发银行和民政部给予的资助表示感谢。

　　作为农村社会救助体系的核心制度，农村低保为那些家庭人均收入低于当地低保标准的农户提供现金救助。农村低保早在 20 世纪 90 年代就在一些地区展开试点。1999 年，中国城市低保在全国范围内建立。在城市低保成功经验的基础上，农村低保于 2007 年开始在中国农村地区普遍展开。作为中国农村减贫战略的重要组成部分，农村低保发展迅速。到目前为止，农村低保已经成为世界上规模最大的现金转移支付项目之一（World Bank，2014）。农村低保覆盖人口从 2001 年的 385 万人快速提高至 2007 年的 3 566 万人。2007 年中央政府要求全国所有区县建立农村低保制度之后，农村低保覆盖人口数量加速提升，到 2013 年已经达到 5 388 万人。与此同时，各级财政支出农村低保资金也从 2007 年的 109.1 亿元迅速提升至 2013 年的 866.69 亿元（民政部，2014）。

　　由于缺乏相关的大样本家户调查数据，目前关于农村低保效果评估的文献还较少。一些文献基于田野调查资料对农村低保的执行成效和所面临的挑战进行了描述性分析。比如，通过梳理政策文本、访谈政策制定者和项目接受者、分析低保管理数据，世界银行（World Bank，2011）考察了广东省农村低保的政策设计、执行过程，以及该政策对受助者的影响。该研究结果表明，农村低保在保障受助者最低生活水平和消除极端贫困方面的作用并不理想。导致该结果的原因包括政府投入和项目覆盖水平不足、一些政策设计脱离实际（比如通过严格的家计调查来确定受助家庭）、项目管理缺乏效率。最近也有一些研究使用大样本微观调查数据评估了农村低保的瞄准效果和减贫效应（韩华为、徐月宾，2013；韩华为、徐月宾，2014；Golan et al.，2017）。这些研究大多发现，尽管农村低保对于降低农村贫困有积极影响，但是覆盖率低、救助水平不足，以及严重的瞄准偏误极大地限制了该政策的减贫效应。

　　获得福利项目可能对受助家庭的消费模式产生影响。贫困领域的众多研究者指出，与收入相比，消费支出能够更准确地度量贫困家庭的生活水平和物质福利状况（Wong and Yu，2002；Davis，2005；Blank，2006；Kaushal et al.，2007；Meyer and Sullivan，2008）。进一步的，贫困家庭在他们的生活中倾向于面临更严苛的预算约束，并且时常需要在严苛的预算约束下艰难地作出消费选择。一旦获得低保救助，贫困家庭很可能会改变他们的消费模式，并且通过满足其最重要的生活需要来最大化其效用水平。贫困家庭在获得低保救助后的消费选择可以反映出其对各类消费项目所赋予的价值权重。一般情况下，贫困家庭的消费选择集中在维持基本生活的消费支出（如食品和住房支出）和有助于提高人力资本的消费支出（如教育和医疗支出）之间。因此，探讨福利获得对贫困家庭消费模式的影响有助于深化对福利项目减贫效应的理解。一系列文献在发展中国家和发达国家背景下考察了无条件现金转移支付（UCT）和有条件现金转移支付（CCT）项目对受助者消费支出的影响。但是，在中国农村背景下对该主题的探讨却仍为空白。

本书首次考察了农村低保对受助家庭消费模式的影响效应。本章尤其关注了农村低保对受助家庭人力资本和基本需要这两个类别消费支出的影响。在获得农村低保救助后，贫困家庭是优先满足人力资本支出？还是来优先满足其基本需要支出？这是本章重点要探讨的问题。农村低保的政策目标在于满足受助家庭食品、衣着、住房等方面的基本生活需要。那么，在实际政策执行中，受助农户是否优先满足这些方面的消费支出，还是选择其认为更为重要或紧迫的项目（如健康和教育）来安排消费支出呢？该问题的答案能够反映贫困农户对收入转移的行为激励，这些知识对于改善减贫项目的政策效果具有重要价值。

本章使用了北京师范大学社会发展与公共政策学院研究团队所搜集的一项大样本家户调查数据。该数据的搜集得到了亚洲开发银行和国家民政部的资助。该数据覆盖了来自中国中西部地区的 15 个区县 540 个村庄。这些地区正是中国农村贫困人口分布最为集中的区域。该数据包含了家庭人口结构、收入来源、低保获得和低保金额，以及家庭消费模式等多方面的丰富信息。该数据使我们能够对农村低保的消费效应这一重要主题展开实证分析，从而弥补文献中该领域的研究空白。

样本选择问题是政策效果评估研究在方法层面不可回避的挑战（Rosenbaum and Rubin，1983；Heckman et al.，1997；Dehejia and Wahba，1999；Jalan and Ravallion，2003；Himaz，2008）。在本研究中，我们使用倾向值匹配方法（PSM）来处理样本选择问题。已有的关于农村低保瞄准效果的研究文献发现，存在相当多的与低保家庭特征相似但却没有获得低保救助的家庭（韩华为、徐月宾，2014；Golan et al.，2017）。基于人口学和社会经济特征进行倾向值匹配之后，这些非低保样本可以被构造为低保样本的对照组。这种倾向值匹配方法有助于在评估农村低保的消费效应时消除潜在的样本选择偏差。

与其他匹配方法类似，本章所使用的倾向值匹配方法仅能控制可以观测到的与低保获得相关的因素，而那些与低保获得相关的不可观测的异质性却无法得到有效控制。该局限可能引起内生性问题，从而导致政策效果估计结果存在偏差。因此，本章的结论不能反映严格的因果关系，而仅能被解释为一种相关性的证据。然而，医学干预效应评估的最新文献发现，倾向值匹配证据与严格的实验设计结果存在高度的一致性（Kitsios et al.，2015；Zahoor et al.，2015）。所以，尽管存在上述局限性，在考察低保获得与家庭消费模式之间的关系时，倾向值匹配方法仍然有助于得出更为可靠的评估结果。

本章结构安排如下：第二部分描述农村低保的政策设计及其发展历程。第三部分对相关文献进行梳理和评述。第四部分介绍数据和研究方法。第五部分给出实证分析结果。第六部分对文章结论进行总结并讨论其政策含义。

二、政策背景

作为中国农村社会救助体系的核心制度，农村低保的目标在于为那些家庭人均收入低于当地低保标准的农户提供现金救助，从而保障这些贫困家庭能够维持基本的生活水平。尽管农村低保是一项全国性的政策且中央政府在其筹资过程中发挥着关键性作用，但是农村低保在实际执行中却存在显著的地区差异性和政策灵活性。一般情况下，地方政府设定当地的低保标准，确立瞄准方法和救助水平。考虑到中国农村的地区多样性和识别贫困家庭的实际困难，农村低保这种分权性政策设计有助于地方政府根据自身的财政能力来设定合理的低保标准和瞄准策略。但是，也有一些研究发现，给予地方政府过大的自由裁量权可能引发腐败和政策失范问题（World Bank，2011；Umapathi et al.，2013）。

中国农村低保起源于 20 世纪 90 年代，到 2007 年开始在全国范围内展开。自其出现以来，农村低保发展及其迅猛。图 6 – 1 显示，2002 年仅有 157 万个农村家庭（408 万人）获得低保救助。到 2006 年，被农村低保覆盖的家庭和人口分别达到 777 万户和 1 593 万人。至 2013 年，农村低保覆盖家庭和人口急速上升至 2 931 万户和 5 388 万人。低保人口占全国农村总人口的份额从 2006 年的不足 2% 上升至 2013 年的 8.56%。

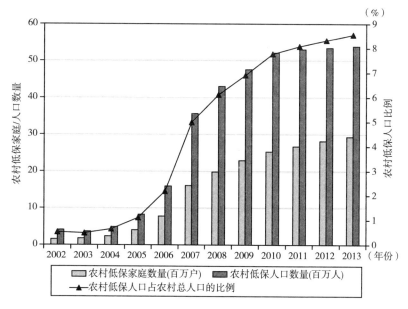

图 6 – 1　农村低保覆盖水平

资料来源：民政部民政事业发展统计公报和中国统计年鉴（各年度）。

各级财政支出农村低保资金也呈现快速增长的趋势。图 6 – 2 显示，全国各级财政支出农村低保资金从 2007 年的 109.1 亿元持续增长至 2013 年的 866.9 亿元。经过农村消费物价指数调整后，2013 年各级财政支出农村低保资金仍然高达 706.9 亿元（2007 年不变价）。这意味着，2007 ~ 2013 年，各级财政支出农村低保资金平均每年的增长率为 36.5%。从农村低保财政支出结构来看，从 2007 年开始，中央财政开始拨付转移支付来支持各地农村低保筹资。图 6 – 2 显示，在农村低保总财政支出中，中央财政支出所占份额在 2007 年仅为 27.5%。但是到 2009 年之后，该份额一致保持在 60% 以上。中央财政对农村低保筹资的支持对于促进该政策在各地区均衡发展起到了至关重要的作用（Umapathi et al.，2013）。

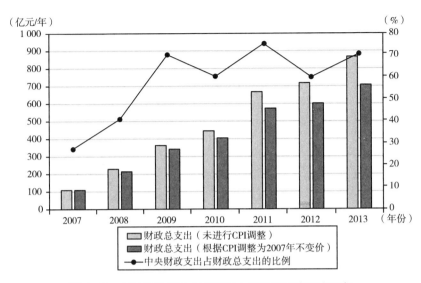

图 6 - 2　农村低保财政总支出及中央财政支出所占份额

资料来源：农村低保财政总支出及中央财政支出数据来自民政部民政事业发展统计公报（各年度），CPI 数据来自中国统计年鉴（各年度）。

农村低保的快速发展还反映在低保保障标准和救助水平的上升趋势中。图 6 - 3 显示，农村低保保障标准呈现出逐年上升的趋势。到 2013 年，全国农村低保平均保障标准达到 2 434 元/人·年。经消费物价指数调整之后，农村低保保障标准的上升幅度有所降低，但其仍然保持了逐年持续上升的势头。在该时期，农村低保保障标准的增长速度是否比农村地区人均消费支出的增长速度更快呢？为了回答该问题，图 6 - 3 描述了农村低保保障标准占农村地区人均消费支出百分比的变化趋势。结果显示，农村低保保障标准占农村地区人均消费支出的百分比从 2007 年的 26% 持续上升至 2013 年的 36.7%。这说明，该时期农村低保保障标准表现出比农村地区人均消费支出更快的增长。

与低保保障标准相比，低保救助水平能够更直接地反映受助者实际所获救助资源的多寡。图 6 - 4 显示，农村低保人均救助水平大体保持逐年上升的趋势（2012 年略有回落）。经过消费者物价指数调整之后，农村低保人均救助水平的上升幅度比未经消费者物价指数调整有所减少。图 6 - 4 还给出了农村低保人均救助水平占农村地区人均消费支出比例的变化趋势。结果显示，除了 2012 年略有下降之外，该比例从 2007 年的 14.4% 逐年上升至 2013 年的 21.0%。

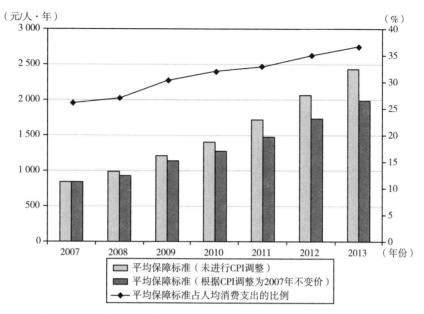

图 6 - 3　农村低保平均保障标准及其占农村人均消费支出的比例

资料来源：保障标准数据来自民政部网站，CPI 数据来自中国统计年鉴（各年度）。

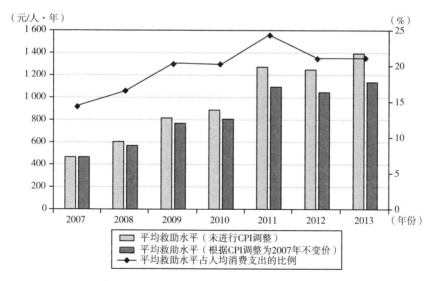

图 6 - 4　农村低保平均救助水平及其占农村人均消费支出的比例

资料来源：救助水平数据来自民政部民政事业发展统计公报（各年度），CPI 数据来自中国统计年鉴（各年度）。

农村低保受助群体具有什么样的人口结构特征呢？表6-1描述了2007~2013年农村低保受助群体的人口结构特征。结果表明，农村低保受助者中劳动年龄人口所占份额最高。这些年间，该份额始终保持在50%~60%。农村低保受助者中老年人和儿童所占份额则分别为29%~39%和11%~13%。从变化趋势来看，2007~2013年劳动年龄人口占农村低保受助者的比例从60%下降至50%，而老年人占农村低保受助者的比例则从29%上升至39%。儿童占农村低保受助者的比例略有波动但大体保持不变。最后，表6-1还显示农村低保受助者中大约有1/3女性，而残疾人所占份额为9%~10%。

表6-1　　　　　　　　　农村低保受助者的人口学特征　　　　　　　单位:%

项目	2007 年	2008 年	2009 年	2010 年	2011 年	2012 年	2013 年
劳动年龄人口（18~59 岁）	60	57	52	51	51	50	50
老人（60 岁及以上）	29	31	35	36	36	38	39
儿童（0~17 岁）	11	12	13	13	13	12	11
女性	33	31	32	32	32	34	35
残疾人	10	9	10	9	9	9	9

资料来源：民政部网站。

三、相关文献综述

20世纪90年代以来，有条件现金转移支付项目（CCT）和无条件现金转移支付项目（UCT）在发展中国家开始蓬勃兴起。这些项目大多以减贫和促进人类发展为其核心目标（Barrientos，2013）。其中，无条件现金转移支付项目的起源至少可以追溯至古罗马时期（Hands，1968；Brown，2002）。到2014年，该类项目已经在全球118个国家中得到广泛采纳（World Bank，2014）。一般情况下，无条件现金转移支付项目基于家计调查、家庭居住地和家庭人口构成来确定项目获取资格。然后，这些项目向符合资格的贫困家庭直接提供现金转移。在现金转移过程中，这些项目对于受助者的消费选择和其他行为并没有附加任何的条件限制。一些学者指出，与那些附加限制条件的现金转移支付项目相比，无条件现金转移支付项目能够给予受助者更大的消费选择空间，这有助于更大程度的改善其福利效果。换句话说，在无条件现金转移支付项目执行中，理性的受助者能够自由的将现金转移用于需求程度最高的领域，从而实现其所在家庭短期及长期的福利最大化（Fiszbein et al.，2009；Aizer et al.，2014；Haushofer and Shapiro，2016）。

已有文献指出，发达国家的无条件现金转移支付项目不仅能够显著促进受助家庭的短期消费水平（Gao et al.，2009），而且在长期内还能显著改善受助儿童的人力资本状况（Milligan and Stabile，2011；Dahl and Lochner，2012；Aizer et al.，2014）[①]。一些研究评估了发展中国家的无条件现金转移支付项目，研究结果同样发现这些项目对于受助家庭的消费水平和受助儿童的人力资本状况表现出显著的正向影响。比如，凯斯和迪顿（Case and Deaton，1998）发现南非贫困家庭在获得无条件社会养老金之后，其大部分的消费项目水平都得到显著的提升。马丁内斯（Martinez，2005）发现玻利维亚的大型无条件社会养老金项目 BONOSOL 对受助家庭消费水平存在显著的正向影响。为了克服样本选择偏误，豪斯霍弗和夏皮罗（Haushofer and Shapiro，2016）使用随机对照实验方法来考察一项肯尼亚无条件现金转移支付项目对贫困家庭消费支出的影响。结果表明，除了酒精、烟草和赌博支出外，该项目能够显著提升其他所有消费项目的支出水平。另外，也有不少研究发现，发展中国家的无条件现金转移支付项目能够提高受助儿童的受教育年限并改善他们的健康和营养水平（Duflo，2003；Devereux et al.，2005；Martinez，2005；Barrientos and Dejong，2006；Baird et al.，2011；Robertson et al.，2013；Baird et al.，2014）。

在过去十年间，有条件现金转移支付项目（CCT）在拉美和加勒比地区发展迅猛。在获取这些项目提供的现金救助之前，受助家庭需要满足一些旨在提升人力资本积累水平的行为要求。比如受助家庭必须保证其适龄子女规律性的就学和按期去诊所接受体检。设置这些条件的原因在于政策制定者认为，贫困家庭不仅面临紧张的预算约束，而且还会出于信息匮乏和信息获取能力不足而低估人力资本投资的未来回报。这会导致贫困家庭对其子女的教育和健康投资不足，进而强化了贫困的代际传递（Das et al.，2005；de Janvry and Sadoulet，2006；Nguyen，2008；Jensen，2010；Attanasio and Kauf-

---

① 这些研究通过认知能力、健康状况、教育成就、成年之后的收入水平和寿命等变量来衡量儿童的人力资本水平。

mann，2014；Dizon-Ross，2014）。另外，在贫困生活中日复一日的艰难决策使得穷人忽视长期性的规划（尤其是对其子女教育方面的规划），这也使得穷人进取心不足（Chiapa et al.，2012；Mani et al.，2013；Mullainathan and Shafir，2013；Bernard et al.，2014）。通过对获取现金转移设置人力资本投资方面的条件，有条件现金转移支付项目能够克服上述问题，从而促进贫困家庭人力资本积累，最终帮助其子女脱贫。

一系列的实证文献结果表明，有条件现金转移支付项目在减贫和促进人类发展方面效果显著。如费斯宾等（Fiszbein et al.，2009）基于五个拉丁美洲和加勒比地区国家数据的研究发现，获得有条件现金转移支付能够显著提升受助者的人均消费支出水平。也有一些证据表明，获得有条件现金转移支付会促使受助者在食品，尤其是在营养价值更高的食品方面花费更高比例的支出（Hoddinott and Skoufias，2004；Attanasio and Mesnard，2006；Fiszbein et al.，2009；Barrientos，2013）。还有一些实证研究结果发现，获得有条件现金转移支付项目能够显著提高受助家庭儿童对教育和医疗服务的利用水平，进而能够显著改善其长期的教育和健康成就（Rawlings and Rubio，2005；Ranganathan and Lagarde，2012；Baird et al.，2014）。

作为世界上规模最大的无条件现金转移支付项目之一，中国的低保制度在城乡地区覆盖了超过 4 000 万个家庭（民政部，2014）。由于城市低保执行时间比农村低保更长，现有研究大多考察了城市低保对家庭消费支出的影响。一些研究基于小样本调查数据描述了城市低保家庭的消费支出结构，结果表明这些家庭消费支出中金额最高的三个项目分别是食品支出、医疗支出和教育支出（畅秀平等，2012；高功敬等，2013；胡旭昌等，2013）。也有一些研究基于大样本微观调查数据和严格的定量方法考察了城市低保对受助家庭消费模式的影响。比如，使用 2001 年和 2005 年来自于上海、武汉、沈阳、福州和西安五个城市的数据和倾向值匹配分析方法，都阳和朴之水（2007）发现获得城市低保能够显著提高受助家庭的食品支出和教育支出，但是对于其医疗支出却没有显著的影响。基于中国家庭收入调查（CHIP）2002 年和 2007 年城市样本数据和倾向值匹配分析方法，高琴等（Gao et al.，2014）发现获得城市低保能够显著提升受助家庭的总消费支出、医疗支出和教育支出。对于农村低保，尽管目前已有一些研究评估了其减贫效应（韩华为、徐月宾，2014；Golan et al.，2017），但是还没有研究对该项目对受助家庭消费模式的影响展开深入探讨。

在现有文献的基础上，本章将首次考察农村低保对家庭支出的影响效应。我们将着重探讨贫困家庭在获得农村低保救助后如何按照一定的优先次序来做出消费选择。来自城市低保的证据表明，受助家庭在获得低保救助后将优先用于提升人力资本方面的支出（如健康支出和教育支出）。但是，也有文献指出，出于较低的预期教育回报率、受限的信息可获得性、对未来较低的进取心、更大的家庭规模，以及家庭内部在分配资源方面更大的竞争性等原因，与城市家庭相比，农村家庭在人力资本投资方面的能力和意愿都更低。因此，在对家庭消费选择的影响方面，农村低保可能与城市低保具有不同的表现。

基于一项较新的调查数据和倾向值匹配分析方法，本章将探讨获得农村低保救助对受助家庭各项主要消费支出水平的影响。本章将关注受助贫困家庭在使用低保救助金方面的优先次序。具体来看，当获得低保救助之后，贫困家庭是优先进行人力资本投资呢？还是优先满足其基本生活需要？这将是本章研究的重点。

四、数据和研究方法

为了探讨农村低保对受助家庭消费模式的影响，我们使用了一项由北京师范大学社会发展与公共政策学院课题组在 2010 年搜集的大样本家户调查数据。这项调查得到了亚洲开发银行和国家民政部的资助，其目的在于评估农村低保政策的执行过程和减贫效果。由于其包含了低保获得、家庭消费和家庭人口社会特征等多方面的丰富信息，因此该数据能够充分满足本研究对数据资料的要求。

考虑到中国农村贫困人口主要集中在中西部地区，因此这项调查选择了中西部地区的五个省份作为其调查对象。具体的，在中部地区选择了江西、安徽和河南三个省份，在西部地区则选择了陕西和甘肃两个省份。在选择具体的省份时，课题组考虑了地区内部的地理多样性、生活成本的差异，以及农业生产的不同模式三个方面的特征。在每一个省份内部，课题组使用多阶段分层随机抽样方法来抽取样本。具体的，该抽样方法分三个步骤来执行。

第一步，以人均地区生产总值所衡量的经济发展水平作为分层标准，课题组在每一个省份内部抽取 3 个区县，最终抽取出 15 个区县。第二步，同样以人均地区生产总值作为分层标准，再从每个区县随机抽取 6 个乡镇。第三步，进一步从每一个乡镇内部随机抽取 2~6 个村庄。其中，对于安徽、江西和甘肃 3 个省份的乡镇，从每个乡镇中随机抽取 2 个村庄。对于河南和陕西的乡镇，从每个乡镇中随机抽取 6 个村庄。第四步，根据是否获得农村低保进行分层之后，在每个样本村庄中分别从低保群体和非低保群体中进行随机抽样。其中，课题组在低保群体中进行超比例抽样，以此来保证总样本中有足够多的低保家庭。具体的，对于甘肃省，在每个村庄随机抽取 50 个家庭（10 个低保家庭和 40 个非低保家庭）。对于安徽省和江西省，在每个村庄随机抽取 40 个家庭（10 个低保家庭和 30 个非低保家庭）。对于河南省和陕西省，在每个村庄随机抽取 20 个家庭（5 个低保家庭和 15 个非低保家庭）。最终，课题组一共获得来自 5 个省 15 个县 90 个乡镇 324 个村庄的 9 017 个样本家庭（35 984 个样本个体）。

为了纠正对低保家庭的超比例抽样，我们基于事后分层方法来构建抽样权重（Little，1993）。使用该抽样权重进行加权后的样本对于研究总体具有代表性。加权之后，低保家庭样本占总样本的比例为 9.53%。除非特别说明，下文中所有分析结果均为加权后的结果。

本研究的核心自变量为低保获得。如果 2009 年样本家庭中有任何成员获得农村低保救助，那么我们就定义该家庭为获得低保。本研究的因变量包括家庭支出的三大类别，即家庭消费支出、家庭转移支出和家庭其他支出。进一步的，家庭消费支出可以根据其用途分为五大类，即基本生活需求支出、人力资本投资支出、改善生活质量支出、烟酒支出和其他消费性支出。家庭转移支出可分为三个类别，即赠送亲友支出、赡养父母支出和缴纳社保费支出。

为了更详尽地理解低保受助家庭的消费行为选择，我们还进一步研究了低保获得对更加细分的消费类别的影响效应。具体的，基本生活需求支出被进一步区分为食品支出、衣着支出、住房支出、交通和通信支出。人力资本投资支出被进一步区分为医疗支出和教育支出。改善生活质量支出被进一步区分为娱乐支出和生活用品及服务支出。烟酒支出也被进一步区分为烟草支出和酒类支出。除教育支出之外，我们假设所有类别的支出在家庭总成员之间平均分配。因此，我们通过家庭人均水平来衡量这些类别的家庭支出。由于教育支出主要用于家庭内部学生成员，因此我们通过家庭生均教育支出来对其进行衡量。对于上述所有类别的支出项目，其度量单位均为元/年。

由于福利参与家庭和非参与家庭之间存在系统性差异，因此克服样本选择偏误便成了福利项目效果评估研究中的重大挑战（Ravallion，2005）。为了消除农村低保获得中的样本选择偏误问题，我们采纳了在城市低保政策效果评估文献中被广泛使用的倾向值匹配分析方法（都阳、朴之水，2007；Gao et al.，2010；Gao et al.，2014；Gao and Yang et al.，2015）。具体的，本研究通过下述几个步骤来执行倾向值匹配方法。

第一步，我们基于 Logit 模型，并使用一组户主特征、家庭特征和地区虚拟变量来预测每一个样本家庭获得农村低保救助的概率（我们也把它称为倾向值分数）。具体的，户主特征变量包括户主年龄、性别、受教育水平、就业状况、婚姻状况、是否少数民族、是否中国共产党党员。家庭特征变量包括 18 岁以下儿童人数、60 岁及以上老人人数、家庭成员中慢性病患者人数、家庭成员中自评健康为差的人数、家庭成员中 15~65 岁劳动年龄人口数、接受低保前的家庭人均收入（千元）、家庭人均住房面积（平方米）、家庭住房类型（砖瓦平房、楼房和其他）。除此以外，我们通过在模型中加入地区虚拟变量来控制地区间不可观测的异质性。在最终的预测模型中，Wald 检验在 1% 的显著性水平下拒绝了原假设，模型的 c 统计量（ROC 曲线下面的面积）等于 0.85。这些结果表明模型在预测实际的低保获得方面有很好的表现。

第二步，基于倾向值分数，我们为每一个低保家庭匹配出若干个与其倾向值分数最为接近的非低保家庭。具体的，我们使用规值等于 0.01（caliper = 0.01）的半径匹配方法来执行该步骤。在该方法下，对于每一个低保家庭，我们选择那些与其倾向值分数之差绝对值小于 0.01 的非低保样本作为其匹配对象。我们选择的规值等于 0.01，它远低于通常所使用的倾向值分数标准差的 0. 25 倍，这样设置有助于提高匹配的精度（Rosenbaum and Rubin，1983）。半径匹配方法的优势在于它可以使用半径规值范围内尽可能多的对照组样本来获得尽可能精确的匹配。另外，在操作倾向值匹配方法时，我们通过加入共同支持（common support）选项来使得分析中的低保样本仅限于那些倾向值分数在半径规值范围内与非低保样本有重合的那些家庭。

我们通过平衡性检验来确保匹配后的低保样本和非低保样本在各类特征方面不存在显著差异（Dehejia and Wahba，2002）。表 6 - 2 结果表明，倾向值匹配之后，低保样本和非低保样本在各类特征方面不再具有系统性差异。这意味着，本研究所使用的的倾向值匹配方法能够基于这些可观测的特征变量来为低保样本构建一个合理的反事实控制组。这进而有助于消除低保政策效果评估时普遍存在的样本选择偏误。

表 6 - 2　　　　倾向值匹配前后低保家庭和非低保家庭特征的描述性统计

项目	倾向值匹配前（N = 9 107）		倾向值匹配后（N = 9 081）	
	低保家庭 （N = 2 170）	非低保家庭 （N = 6 937）	低保家庭 （N = 2 144）	非低保家庭 （N = 6 937）
户主特征				
年龄	57. 31 （14. 47）	51. 55 （12. 45）***	57. 35 （14. 44）	57. 10 （14. 86）
女性	0. 13 （0. 34）	0. 07 （0. 26）***	0. 13 （0. 34）	0. 14 （0. 35）
受教育水平				
小学及以下	0. 69 （0. 46）	0. 47 （0. 50）***	0. 69 （0. 46）	0. 70 （0. 46）
初中	0. 26 （0. 44）	0. 41 （0. 49）***	0. 26 （0. 44）	0. 26 （0. 44）
高中及以上	0. 05 （0. 21）	0. 12 （0. 32）***	0. 05 （0. 21）	0. 05 （0. 21）
就业状况				
在家务农	0. 52 （0. 50）	0. 58 （0. 49）***	0. 52 （0. 50）	0. 53 （0. 50）

续表

项目	倾向值匹配前（N = 9 107）		倾向值匹配后（N = 9 081）	
	低保家庭（N = 2 170）	非低保家庭（N = 6 937）	低保家庭（N = 2 144）	非低保家庭（N = 6 937）
在家非农就业	0.07 (0.26)	0.14 (0.34) ***	0.07 (0.26)	0.07 (0.26)
外出打工	0.04 (0.20)	0.13 (0.33) ***	0.04 (0.20)	0.04 (0.20)
未就业	0.36 (0.48)	0.16 (0.36) ***	0.36 (0.48)	0.36 (0.48)
不在婚	0.28 (0.45)	0.09 (0.28) ***	0.28 (0.45)	0.28 (0.45)
少数民族	0.04 (0.19)	0.03 (0.16) *	0.04 (0.19)	0.04 (0.20)
中共党员	0.09 (0.28)	0.13 (0.34) ***	0.09 (0.28)	0.08 (0.27)
家庭特征				
18 岁以下儿童人数	0.61 (0.84)	0.83 (0.87) ***	0.61 (0.84)	0.62 (0.84)
60 岁及以上老人人数	0.90 (0.84)	0.61 (0.82) ***	0.90 (0.84)	0.89 (0.85)
慢性病患者人数	1.17 (0.91)	0.79 (0.91) ***	1.16 (0.90)	1.15 (0.93)
自评健康差人数	1.07 (0.90)	0.53 (0.78) ***	1.06 (0.90)	1.05 (1.00)
15～65 岁劳动年龄人口数	1.58 (1.28)	2.53 (1.29) ***	1.60 (1.27)	1.61 (1.26)
接受低保前的家庭人均收入（千元/年）	2.30 (1.85)	5.46 (5.06) ***	2.31 (1.85)	2.28 (1.89)
人均住房面积（平方米）	29.35 (25.48)	33.16 (25.37) ***	29.38 (25.53)	29.59 (21.83)
住房类型				
砖瓦平房	0.61 (0.49)	0.58 (0.49) *	0.61 (0.49)	0.60 (0.49)

项目	倾向值匹配前（N = 9 107）		倾向值匹配后（N = 9 081）	
	低保家庭 （N = 2 170）	非低保家庭 （N = 6 937）	低保家庭 （N = 2 144）	非低保家庭 （N = 6 937）
楼房	0.10 （0.30）	0.29 （0.45）***	0.10 （0.30）	0.10 （0.29）
其他	0.29 （0.46）	0.13 （0.34）***	0.29 （0.45）	0.30 （0.46）
所处地区				
中部	0.66 （0.48）	0.76 （0.43）***	0.66 （0.47）	0.66 （0.47）
西部	0.34 （0.48）	0.24 （0.43）***	0.34 （0.47）	0.34 （0.47）

注：①括号外数字为均值，括号内数字为标准差；

②我们通过回归模型来检验各类特征变量在低保家庭和非低保家庭之间的差异，具体的，我们采用 OLS 模型来检验连续性变量的差异，采用 Logistic 模型来检验二分类变量的差异；

③统计检验的显著性水平显示在非低保家庭标准差列中；

④ * p < 0.1，** p < 0.05，*** p < 0.01。

第三步，我们通过计算低保样本（处理组）和匹配出的非低保样本（控制组）之间的家庭支出回归校正差来估计农村低保对家庭支出模式的影响效应。在基于 OLS 模型的回归校正中，我们通过控制了一系列的特征变量来进一步消除处理组和控制组之间除低保干预之外的残余差异（Heckman et al.，1997；Hill et al.，2003；Puma et al.，2005；Abadie and Imbens，2006）。通过在低保家庭（处理组）和匹配后的非低保家庭（控制组）所构成的联合样本中执行上述 OLS 模型，我们可以估计农村低保对各类家庭支出水平的影响效应。上述 OLS 模型表示如式（6 -1）：

$$E_{ir} = \beta_0 + \beta_1 D_{ir} + \beta_2 X_{ir} + \psi_r + \varepsilon \qquad (6-1)$$

式（6 -1）中，E_{ir} 代表来自地区 r 的家庭 i 的特定类别的家庭人均支出。D_{ir} 为是否获得农村低保的虚拟变量。X_{ir} 为一组刻画户主特征和家庭特征的变量，这些变量与上文所述预测倾向值分数的特征变量完全一致。ψ_r 代表地区虚拟变量。ε 为 OLS 模型中的随机扰动项。为了确保估计结果对模型误设具有稳健性，我们报告了 OLS 估计系数的稳健标准误。

我们分别估计了影响效应的绝对量和相对量。首先，影响效应的绝对量表示为获得农村低保所导致的家庭支出改变的绝对数量。其次，通过将上述绝对值除以该项支出在所有低保家庭中的均值，我们可以得到获得低保对家庭支出影响效应的相对量。

倾向值匹配分析方法的局限性在于它高度依赖于条件独立假定（conditional independence）。在该假定下，所有同时影响项目参与和潜在结果变量的混杂变量均可以被观测到。同时，在控制这些可观测的混杂变量之后，潜在结果变量在处理组和控制组之间的差异只能归因于是否参与项目（Rosenbaurm and Rubin，1983；Dehejia and Wahba，2002；Hill et al.，2003）。为了满足条件独立假定，在倾向值匹配过程中，我们必须控制足够多的可观测的特征变量，以此来保证特征变量取值相似的那些个体在对项目作出行为反应时不具有系统性差异（Blundell and Dias，2002）。因此，遗漏重要的特征变量将使得条件独立假定不能被满足，这会导致政策效果评估结果出现偏差。

本研究所使用的大样本家户调查数据包含了大量重要的家庭人口和社会经济特征变量。以往的文献表明，这些特征变量中有很多是农村低保获得的影响因素（韩华为、徐月宾，2013；Golan et al.，2017）。此外，我们在估计倾向值分数的模型中还加入了地区虚拟变量，这有助于控制地区之间不可观测的背景因素的潜在影响。尽管上述努力提高了本章估计结果的可信度，但是仍然可能存在一些不可观测的混杂因素导致估计结果产生偏差。尽管存在上述不足，考虑到相关实证研究严重缺乏，本章仍然可以为该领域未来更深入的探索提供一个重要起点。

为了检验倾向值匹配分析结果的稳健性，我们还使用可替换的一对一匹配方法来重新进行估计。在该匹配方法中，对于每一个低保样本，仅有一个与其倾向值分数最为接近的非低保样本可以作为它的匹配对象。可替换意味着同一个非低保样本可以作为多个低保样本的匹配对象（Caliendo and Kopeinig，2005）。因此，在可替换设置下的匹配样本中，低保样本的数量可能多于非低保样本的数量。在上述敏感性检验中，我们仍然使用回归校正方法来消除低保干预之外的残余差异。其中，OLS 回归中的控制变量与式（6-1）中的控制变量完全一致。

五、实证结果

（一）低保获得与家庭支出模式

首先，我们来考察农村低保对各类家庭支出项目的影响效应。表6－3给出了相应的估计结果。其中，表6－3首列给出了按照支出目的进行分类的结果变量名称。其后的列（a）显示了基于半径匹配方法估计出的回归系数（括号中为稳健标准误）。该回归系数代表了农村低保对各类家庭支出水平的影响效应绝对量。该列中每个系数估计值均来自一个在匹配样本中的独立回归。列（b）给出了低保家庭相应项目的人均年支出水平。列（c）显示了影响效应的相对量，即列（a）中回归系数与列（b）中低保家庭人均年支出水平的比值。

表6－3　农村低保对家庭消费支出的影响效应：基于半径匹配方法的估计结果

项目	（a）低保对消费支出的影响效应		（b）低保家庭的平均消费水平（元/年）	（c）效应相对量＝（a）系数/（b）（%）
	系数	标准误		
总消费支出	181.20	（154.82）	3 917.46	4.63
基本生活需求支出				
食品支出	－20.06	（34.45）	1 008.74	－1.99
衣着支出	－23.02	（8.10）***	115.95	－19.85
住房支出	－22.33	（25.34）	312.50	－7.15
交通和通信支出	－34.61	（6.26）***	108.45	－31.91
人力资本投资支出				
医疗支出	433.95	（138.97）***	1 716.10	25.29
教育支出	－262.18	（181.26）	2 958.95	－8.86
改善生活质量支出				
娱乐支出	－4.76	（1.92）**	2.41	－197.78
生活用品及服务支出	－22.95	（18.51）	56.80	－40.40
烟酒支出				

续表

项目	(a) 低保对消费支出的影响效应		(b) 低保家庭的平均消费水平（元/年）	(c) 效应相对量 =（a）系数/（b）（%）
	系数	标准误		
烟草支出	−30.45	(9.50)***	121.85	−24.99
酒类支出	−18.19	(5.43)***	28.99	−62.74
其他消费支出	−0.85	(2.07)	3.25	−26.17
转移性支出				
赠送亲友支出	−54.24	(11.38)***	186.02	−29.16
赡养父母支出	−5.39	(8.74)	38.93	−13.85
缴纳社保费支出	−6.84	(2.27)***	37.70	−18.14
其他支出	−30.95	(13.07)**	31.91	−97.00

注：①匹配样本共有 9 081 个，其中低保样本和非低保样本的数量分别为 2 144 个和 6 937 个；

②列（a）中的每个系数均来自在匹配样本中的 OLS 回归结果，每个回归中均控制了表 6 - 2 中所列出的户主特征、家庭特征和地区固定效应；

③由于教育支出主要用于家中学生，因此我们使用家中生均教育支出来作为教育支出回归模型中的因变量，此时，教育支出回归模型的样本数量为 4 829 个，其中包括 921 个低保样本和 3 908 个非低保样本；

④括号内为稳健标准误；

⑤* p < 0.1，** p < 0.05，*** p < 0.01。

　　表 6 - 3 显示获得农村低保救助能够显著提高受助家庭的医疗支出，但同时却显著降低了这些家庭的衣着支出、交通和通信支出、娱乐支出、烟酒支出、赠送亲友支出、缴纳社保费支出和其他支出。此外，表 6 - 3 还显示出获得农村低保能够使得受助家庭的总消费支出水平提高 181 元（影响效应的绝对量），这相当于所有低保家庭平均消费支出水平的 4.6%（影响效应的相对量）。然而，上述农村低保对总消费支出的影响效应不具有统计显著性。

　　在各类消费性支出中，农村低保在促进受助家庭医疗支出方面的效果尤其显著。具体的，获得农村低保使得受助家庭的医疗支出提高了 434 元，这相当于所有低保家庭医疗支出的 25%。另外，获得农村低保却使得受助家庭的衣着支出、交通和通信支出、娱乐支出、烟草支出、酒类支出分别下降了 23 元、35 元、5 元、30 元和 18 元，其对应的影响效应相对量则分别为 −20%、−32%、−198%、−25% 和 −63%。表 6 - 3 结果还表明，获得农村低保救助未能提升受助家庭的生均教育支出，这与城市低保相关文献得到的结论不一致（Gao et al.，2010；Gao et al.，2014）。在各类转移性支出中，农村低保降低了受助家庭的赠送亲友支出和缴纳社保费支出。其中，农村低保对赠送亲友支出影响效应的绝对量和相对量分别为 -54 元和 -29%。农村低保对缴纳社保费支出影响效应的绝对量和相对量分别为 -7元和 -18%。

上述结论说明，在家庭支出的各主要类别中，农村低保仅对医疗支出产生了显著的促进作用。换句话说，一旦获得农村低保救助，受助家庭会优先用于医疗方面的支出，这反映出中国农村家庭存在较为严重的未被满足的医疗需要。为了缓解医疗需要难以得到满足的问题，中国政府从 2002 年开始着手建立新型农村合作医疗制度（简称为新农合）。到 2013 年，新农合已经覆盖了 98.7% 的农村人口（国家统计局，2014）。由于新农合的报销比例较低，农村家庭仍然面临很高的自付医疗支出（Lei and Lin，2009；Sun and Liu et al.，2009；Sun and Jackson et al.，2009；Wagstaff et al.，2009；Yip and Hsiao，2009；Long et al. 2010；Liu and Tsegao，2011；Liang et al.，2012；Long et al.，2013；Wang et al.，2014）。在此背景下，农村贫困家庭就倾向于使用低保救助金来支付医疗方面的费用。

但是，表 6 - 3 结论却显示农村低保在促进受助家庭教育支出方面并没有显著的效果，这与来自城市低保文献的结论不一致。已有文献，尤其是来自有条件现金转移支付项目的文献发现，农村低收入家庭对其子女教育投资不足主要出于如下几个方面的原因。首先，信息不足或处理信息的能力不足导致贫困父母低估了教育投入在未来的回报率（Das et al.，2005；de Janvry and Sadoulet，2006；Nguyen，2008；Jensen，2010；Attanasio and Kaufmann，2014；Dizon-Ross，2014）。其次，在贫困状态下日复一日的艰难选择耗竭了穷人的认知资源，从而消磨了其对未来的进取心（Chiapa et al.，2012；Mani et al.，2013；Mullainathan and Shafir，2013；Bernard et al.，2014）。最后，与长期的教育投资相比，满足短期的医疗需要更为紧急，因此在获得救助金之后穷人更倾向于提高医疗支出而不是教育支出。与城市低保家庭相比，农村低保家庭的社会经济地位更低，因此他们在获取信息和处理信息方面面临更大的困难，在进行消费决策时面临更艰难的选择。多方面的结构性因素使得农村个体在完成初中以上教育水平时面临比城市个体更大的困难，这极大地限制了农村家庭对其子女教育的投资。例如，由于村庄内没有中学，同时也缺乏相应的校车服务，大多数的农村适龄儿童只能在位于乡镇或县城的初中进行寄宿学习。这不仅提高了接受教育的成本，而且还使得这些适龄儿童无法在课余时间参与家务和农业生产。这些儿童的父母很多是外出农民工，常年居住在城市地区使得他们很难监督其子女的学习过程。

　　表6-3结果还表明，农村低保对衣着支出、交通和通信支出、娱乐支出、烟酒支出、赠送亲友支出有显著的负向影响。这些支出或多或少都与社会参与活动存在关系。比如，在中国农村地区，参与社会活动（比如红白喜事）往往需要体面的着装和合宜的礼物，同时交通对于社会参与也是必不可少的。此外，举办这些活动的家庭也需要在烟酒和娱乐方面花费更多。上述负向影响意味着农村低保家庭倾向于降低其社会活动参与。获得农村低保可能具有潜在的社会排斥效应，这可以归因于农村低保一些特定的制度设计和执行程序。在申请低保之后，贫困家庭一般都会受到地方政府和其他社区成员的密切监督。此时，为了保住救助资格，低保家庭往往会行事低调，并且减少其社会活动参与。一些基于田野调查的实证研究发现，低保家庭会羞于和亲友联系并进而削弱其社会联系（Solinger，2011；2012）。还有一些已有的定量研究发现，农村低保会显著降低受助者花在娱乐和社会活动方面的时间（Gao and Wu et al.，2015）。表6-3中相关结果对上述研究结论作出了很好的回应。

（二）关于医疗支出和教育支出的进一步分析

　　为了进一步分析农村低保对医疗支出和教育支出的影响，我们在回归校正模型中不仅加入估计倾向性分数时所控制的特征变量和地区虚拟变量，而且还加入了一些与医疗支出和教育支出相关的变量。我们需要观察在加入这些变量之后，农村低保对医疗支出和教育支出的影响效应是否会发生变化。表6-4和表6-5分别给出了关于医疗支出和教育支出的实证结果。这两个表中的模型1等价于表6-3中给出的相应结果。然后，模型2~模型4逐步增加了几个与医疗支出或教育支出相关的变量。表6-4和表6-5结果表明，与表6-3结果相比，尽管低保对医疗支出和教育支出的影响效应大小稍有变化，但其影响方向和显著性水平与表6-3结果基本一致。

表6-4 　　　　农村低保对家庭人均医疗支出影响效应的进一步分析

项目	模型1	模型2	模型3	模型4
获得农村低保	433.95 (138.97)***	429.21 (139.98)***	381.74 (137.30)***	235.54 (117.40)**
参加新农合		233.69 (278.74)	81.62 (292.11)	111.73 (191.82)
至少有一位家庭成员住院			2 064.07 (212.36)***	1 558.21 (194.77)***
看病引致的家庭人均借款（千元）				434.57 (80.45)***
R-squared	0.044	0.044	0.112	0.370

注：①本表结果基于半径匹配方法获得，匹配样本共有9 081个，其中低保样本和非低保样本的数量分别为2 144个和6 937个；

②每个模型均为在匹配样本中的OLS回归，每个回归中均控制了表6-2中所列出的户主特征、家庭特征和地区固定效应；

③模型2~模型4中逐步加入三个新的控制变量（参加新农合、至少有一位家庭成员住院和为看病而导致的家庭人均借款）；

④括号内为稳健标准误；

⑤ **p<0.05，***p<0.01。

表6-5 　　　　农村低保对家庭生均教育支出影响效应的进一步分析

项目	模型1	模型2	模型3	模型4
获得农村低保	-262.18 (181.26)	-29.31 (150.97)	-100.74 (146.25)	-49.19 (145.37)
家中幼儿园学生人数		-970.77 (160.85)***	-846.50 (152.90)***	-728.06 (147.26)***
家中小学生人数		-980.38 (138.80)***	-862.97 (130.85)***	-804.89 (126.86)***
家中初中生人数		-220.6 (119.22)*	-143.88 (114.22)	-108.71 (113.43)
家中高中生人数		1 819.56 (154.30)***	1 821.30 (150.65)***	1 636.60 (150.89)***
家中大学生或研究生人数		4 179.42 (344.93)***	3 805.54 (333.44)***	3 221.84 (349.01)***
家庭获得的生均教育救助（千元）			979.74 (280.73)***	1 001.79 (269.59)***

续表

项目	模型 1	模型 2	模型 3	模型 4
家庭获得的生均奖助学金（千元）			1 584.58	1 485.63
			(227.41) ***	(231.06) ***
家庭获得的生均助学贷款（千元）				179.59
				(35.27) ***
R-squared	0.285	0.488	0.509	0.539

注：①本表结果基于半径匹配方法获得，匹配样本共有 4 829 个，其中低保样本和非低保样本的数量分别为 921 个和 3 908 个；

②每个模型均为在匹配样本中的 OLS 回归，每个回归中均控制了表 6 - 2 中所列出的户主特征、家庭特征和地区固定效应；

③模型 2 ~ 模型 4 中逐步加入一些新的控制变量（各个阶段学校的学生人数、教育救助、奖助学金、助学贷款）；

④括号内为稳健标准误；

⑤ * p < 0.1，*** p < 0.01。

具体的，表 6 - 4 给出了关于农村低保对医疗支出影响效应的分析结果。在模型 1 的基础上，我们逐步加入了过去一年是否参加新农合、是否至少有一位家庭成员住院和看病引致的家庭人均借款三个变量。回归模型的判定系数（R-squared）显示，加入上述几个变量之后回归模型的解释能力显著提升（判定系数从模型 1 的 0.044 增加至模型 4 的 0.370）。尽管农村低保对医疗支出的影响效应从模型 1 的 433.95 元下降至模型 4 的 235.54 元，但该影响效应始终具有统计显著性。这说明，农村低保对家庭医疗支出的影响效应具有很好的稳健性。此外，我们发现至少有一位家庭成员住院会显著提升家庭医疗支出，看病引致的家庭人均借款也与家庭医疗支出存在显著的正向关系。

表 6 - 5 给出了关于农村低保对教育支出影响效应的分析结果。在模型 1 的基础上，我们逐步加入了家中各种类型学生人数（幼儿园学生、小学生、初中生、高中生、大学生或研究生）以及家庭获得的生均教育救助、奖助学金和助学贷款八个变量。尽管判定系数（R-squared）结果表明加入上述八个变量之后回归模型的解释能力显著提升，但是农村低保对家庭教育支出的影响效应仍然为负且不具有统计显著性。这与表 6 - 3 中的相应结果保持一致。此外，表 6 - 5 还表明，家中高中生人数、家中大学生或研究生人数、家庭获得的生均教育救助、奖助学金和助学贷款均与家庭教育支出存在显著的正向关系。

在本章样本中，不同的农村低保家庭所获得的低保救助金额存在很大的差异。具体的，我们统计得出，样本中人均低保救助金为 370 元/年，而人均低保救助金的标准差高达 287 元/年。为了深入探讨不同救助水平对医疗支出和教育支出的影响，我们以 324 元/年为分界线（约等于低保样本人均救助金额的中位数）将低保样本分成两组。当人均低保救助金大于 324 元/年时，我们将其界定为获得较高救助金额的低保家庭。当人均低保救助金小于 324 元/年时，我们将其界定为获得较低救助金额的低保家庭。我们分别在获得较高/较低救助金额的低保家庭和其相应的匹配样本中进行回归校正分析。表 6 - 6 和表 6 - 7 给出了最终的回归结果。这两个表中的模型分别加入了表 6 - 4 模型 4 和表 6 - 5 模型 4 中的所有变量。

表 6 - 6 结果显示，获得较高水平的农村低保救助金额能够显著提高家庭医疗支出水平，而获得较低水平的农村低保救助金额对家庭医疗支出的影响效应却并不显著。表 6 - 7 结果显示，无论救助金额高低，农村低保对家庭生均教育支出均未表现出显著的影响。尽管不具有统计显著性，但获得较高水平的农村低保救助金额却开始对家庭生均教育支出表现出正向的影响。这意味着，提高农村低保的救助金额可能会有助于提高贫困家庭对其子女的教育投入。

表 6 - 6   不同低保救助水平对家庭人均医疗支出的影响效应

项目	获得低水平低保救助 （总样本 = 8 020； 低保样本 = 1 083）	获得高水平低保救助 （总样本 = 7 998； 低保样本 = 1 061）
获得农村低保	230.90 (145.77)	245.93 (145.38) *
参加新农合	103.03 (215.80)	89.04 (200.73)
至少有一位家庭成员住院	1 521.94 (216.01) ***	1 468.35 (231.51) ***
看病引致的家庭人均借款（千元）	410.69 (80.92) ***	461.16 (127.76) ***
R-squared	0.358	0.353

注：①每个回归中均控制了表 6 - 2 中所列出的户主特征、家庭特征和地区固定效应，以及三个新的控制变量（参加新农合、至少有一位家庭成员住院和为看病而导致的家庭人均借款）；
②括号内为稳健标准误；
③ * p < 0.1, *** p < 0.01。

表6－7　　　　　　不同低保救助水平对家庭生均教育支出的影响效应

项目	获得低水平低保救助 （总样本＝4 465； 低保样本＝551）	获得高水平低保救助 （总样本＝4，278； 低保样本＝364）
获得农村低保	－174.85 （161.17）	112.97 （225.82）
家中幼儿园学生人数	－687.58 （153.79）***	－750.11 （163.57）***
家中小学生人数	－748.85 （133.65）***	－919.12 （142.46）***
家中初中生人数	－28.90 （122.00）	－148.88 （122.07）
家中高中生人数	1 616.23 （159.33）***	1 579.67 （165.50）***
家中大学生或研究生人数	3 116.23 （359.69）***	3 298.48 （411.26）***
家庭获得的生均教育救助（千元）	900.83 （275.55）***	1 308.30 （312.60）***
家庭获得的生均奖助学金（千元）	1 496.87 （276.88）***	1 564.66 （263.89）***
家庭获得的生均助学贷款（千元）	176.44 （34.93）***	192.87 （40.96）***
R-squared	0.543	0.541

注：①每个回归中均控制了表6－2中所列出的户主特征、家庭特征和地区固定效应，以及一些新的控制变量（各个阶段学校的学生人数、教育救助、奖助学金、助学贷款）；

②括号内为稳健标准误；

③ *** p＜0.01。

（三）敏感性分析

为了确保研究结论具有较好的稳健性，我们使用可替换的一对一匹配方法来对上述模型进行重新估计。表6－8给出的估计结果显示，基于一对一匹配方法与基于半径匹配方法得到的结论基本保持一致。具体的，在一对一匹配方法下，农村低保对家庭医疗支出仍然表现出显著的正向效应，而农村低保对家庭教育支出的影响并不显著。

表6-8 农村低保对家庭消费支出的影响效应：基于一对一匹配方法的估计结果

项目	(a) 低保对消费支出的影响效应（元/年）		(b) 低保家庭的平均消费水平	(c) 相对效应 = (a) 系数/(b)
	系数	（标准误）	（元/年）	系数
总消费支出	331.35	(207.83)	3 917.46	8.46
基本生活需求支出				
食品支出	62.67	(42.26)	1 008.74	6.21
衣着支出	-32.80	(23.48)	115.95	-28.29
住房支出	-25.70	(36.90)	312.50	-8.22
交通和通信支出	-23.51	(7.82) ***	108.45	-21.68
人力资本投资支出				
医疗支出	494.28	(189.34) ***	1716.10	28.80
教育支出	-144.32	(250.40)	2958.95	-4.88
改善生活质量支出				
娱乐支出	-0.51	(1.06)	2.41	-21.19
生活用品及服务支出	-37.95	(27.99)	56.80	-66.81
烟酒支出				
烟草支出	-29.91	(16.61) *	121.85	-24.55
酒类支出	-12.08	(5.01) **	28.99	-41.66
其他消费支出	-0.28	(3.30)	3.25	-8.62
转移性支出				
赠送亲友支出	-68.68	(17.60) ***	186.02	-36.92
赡养父母支出	-8.20	(11.36)	38.93	-21.06
缴纳社保费支出	-7.44	(3.30) **	37.70	-19.74
其他支出	-37.57	(23.83)	31.91	-117.75

注：①匹配样本共有3 454个，其中低保样本和非低保样本的数量分别为2 170个和1 284个；

②列（a）中的每个系数均来自在匹配样本中的OLS回归结果，每个回归中均控制了表6-2中所列出的户主特征、家庭特征和地区固定效应；

③由于教育支出主要用于家中学生，因此我们使用家中生均教育支出来作为教育支出回归模型中的因变量，此时，教育支出回归模型的样本数量为1 603个，其中包括921个低保样本和682个非低保样本；

④括号内为稳健标准误；

⑤ * $p<0.1$, ** $p<0.05$, *** $p<0.01$。

六、总结与讨论

基于 2010 年中西部五省（区市）9 107 个农户样本数据和倾向值匹配分析方法，本章实证考察了中国农村低保制度对受助家庭支出模式的影响效应。研究结果表明，获得农村低保能够显著提升受助家庭的医疗支出，但是对其教育支出却没有表现出显著的影响。换句话说，在主要的人力资本支出项目中，获得农村低保救助的家庭更倾向于提高医疗支出而不是教育支出。考虑不同的低保救助金额之后，我们发现只有获得较高金额的低保救助才会对医疗支出产生显著的促进作用。除此以外，获得农村低保会显著降低受助家庭的衣着支出、交通和通信支出、烟酒支出、赠送亲友支出、缴纳社保费支出和其他支出。当采用不同的匹配分析方法时，上述结论仍然保持稳健。

在中国农村地区特有的社会经济和制度背景下，我们可以从以下几个角度来理解本章结论。首先，由于自付医疗成本的迅速上升，相当比例的农村贫困家庭都存在未被满足的医疗需要。《第四次国家卫生服务调查分析报告》指出，在 2008 年最贫困的 20% 的农村人口中，有 31% 的病人由于经济原因而应住院未住院（卫生部，2009）。为了提高医疗服务的需方可及性，我国农村地区从 2003 年开始推行新农合制度和医疗救助制度。尽管新农合覆盖了大多数的农村群体，但是一系列的研究发现该制度仍然未能有效降低农村家庭的医疗负担（Lei and Lin，2009；Sun and Liu et al.，2009；Sun and Jackson et al.，2009；Wagstaff et al.，2009；Yip and Hsiao，2009；Long et al. 2010；Liu and Tsegao，2011；Liang et al.，2012；Long et al.，2013；Wang et al.，2014）。新农合在降低医疗负担方面效果不佳，这主要归因于一些制度层面的因素。比如，报销比例偏低，转诊制度不健全，低效的按服务付费方式，不合理的供给方激励机制，以及供给方诱导的过度医疗等（Liu et al.，2014）。医疗救助制度旨在为贫困家庭获得医疗服务提供补充性的经济救助。具体的，医疗救助可以为贫困家庭参加新农合代缴保费。医疗救助也可以为贫困家庭提供新农合报销之后的医疗费二次报销。但是，由于其覆盖水平低、救助金额少，以及报销程序复杂，医疗救助在降低贫困家庭未满足的医疗需要方面的效果并不理想（Shi et al.，2010；任玙等，2015）。在此背景下，农村低保救助金就成了贫困受助家庭支付医疗服务费用的重要经济来源。这可以很好地解释为什么农村低保对家庭医疗支出具有显著的促进作用。

其次，中国文化有重视教育的传统。不少已有文献发现获得福利救助会促进中国城市家庭的教育支出（Gao et al.，2010；Gao et al.，2014）。那么，为什么在中国农村背景下却没有出现类似的效应呢？首先，该结果可能来源于中国城乡之间较大的教育回报率差距。一些证据显示，中国农村地区的教育回报率远低于城市地区（姚先国、张海峰，2004；张兴祥，2012）。此时，农村家庭，尤其是农村贫困家庭在教育投资方面的激励自然就会低于城市家庭。另外，来自其他国家的证据表明，与城市家庭相比，农村家庭在获取信息和处理信息方面会面临更大的困难，因此他们更可能对其子女的学术能力和未来的教育回报率有错误的估计，这进而会挫败其教育方面的进取心。这些负面影响都可能导致农村家庭对其子女的教育投资偏低（Das et al.，2005；de Janvry and Sadoulet，2006；Nguyen，2008；Jensen，2010；Chiapa et al.，2012；Mani et al.，2013；Mullainathan and Shafir，2013；Attanasio and Kaufmann，2014；Bernard et al.，2014；Dizon-Ross，2014）。

再次，与城市家庭相比，中国农村家庭在教育方面面临更严重的信贷约束。2013 年，中国农村居民的人均可支配收入仅为城市居民人均可支配收入的三分之一（国家统计局，2014），而城市地区的平均低保标准却是农村地区平均低保标准的两倍（民政部，2014）。上述两个数据意味着农村贫困家庭的经济状况远差于城市贫困家庭。与此同时，非义务阶段教育开支（包括高中和大学阶段的教育支出）较高，这对于贫困家庭来说仍然是沉重的经济负担。本章表 6 - 7 显示，尽管不具有统计显著性，但获得较高金额的农村低保会对家庭生均教育支出表现出正向影响。该结果可以在一定程度上为以上论述提供实证支持。

最后，本章实证结论表明，获得农村低保与社会参与支出存在显著的负向关系，这印证了来自中国城市和农村地区其他研究所得出的结论（Gao et al.，2014；Gao and Wu et al.，2015）。为了申请并获得农村低保救助，贫困家庭需要接受地方政府和社区其他居民的密切监督。这种政策设置的目的在于确保农村低保能够瞄准真正的贫困家庭，但是正如本章和其他一些研究中所发现的，该设置也可能对穷人的社会参与产生负向激励。与城市地区相比，农村地区社区成员之间的联系更为紧密，因此上述负向激励效应值得更多的关注。此外，考虑到农村低保的政策目标在于满足受助家庭的最低生活需求，因此我们期待获得农村低保能够促进受助家庭的食品消费支出。但是本章实证结果却并未发现农村低保对家庭食品消费支出有显著的正向影响。这与在其他发展中国家无条件现金转移支付项目研究中得出的结论保持一致（Gao et al.，2009；Gao et al.，2010；Gao et al.，2014）。

本章结论对于中国农村低保及其他类似福利项目未来的政策优化具有重要启示。第一，由于医疗保险和医疗救助制度不够完善，农村低保被很多贫困受助家庭用来满足健康冲击引致的医疗需求。因此，未来需要进一步加强新型农村合作医疗和医疗救助制度建设，通过提高它们的覆盖率和报销水平来满足贫困家庭的医疗需求。这样才能使农村低保被更多的用来改善贫困家庭其他维度的福祉水平。

第二，为了帮助低收入家庭逃离代际贫困陷阱，为了使得贫困家庭儿童拥有更好的发展机会，包括农村低保在内的福利项目应该提高其救助水平，从而促使受助家庭增加对其子女的教育投资。公共宣传机构应该广泛提供受教育机会和教育回报方面信息，这有助于提高贫困家庭父母和子女的教育预期和进取心。另外，通过改善教育质量提升农村地区的真实教育回报率也是刺激贫困家庭教育投资的重要举措。

第三，为了避免农村低保对受助者社会参与产生负面影响，低保政策执行中应该做出一些调整来降低与其相关的福利耻感。比如，农村低保的申请者和获得者名单尽可能不要在公共场所展示。另外，在家计调查过程中也应该保护受调家庭的隐私。无论是否获得低保救助，所有农村个体的社会参与活动都应该得到充分的鼓励。

第四，本研究发现获得低保未能显著促进受助家庭的食品支出和住房支出等基本生活需求支出，这说明受助家庭在维持基本生活需要方面仍然可能面临困难。在艰难的消费选择中，受助家庭可能倾向于更优先的满足其医疗支出需求，这可能挤出了低保对基本生活需求支出的正向影响效应。未来研究需要更深入的探讨低保受助家庭基本生活需求的满足程度，以及受助家庭是否面临更多维度的贫困和脆弱性。

倾向值匹配分析方法能够更准确地估计福利政策对受助家庭支出的影响

效应。尽管如此，该方法也存在一些局限性。首先，倾向值匹配方法在匹配过程中仅控制了那些可观测的特征变量，而无法控制那些不可观测的异质性。在本研究背景下，不可观测异质性可能源自农村低保政策的执行过程。例如，基层低保管理人员的违规操作和腐败不仅会影响低保获得，而且也可能对受助家庭的支出模式产生影响。另外，低保受助家庭还可能具有一些不可观测的动机因素和家庭关联特征，这些因素和特征同样可能对低保家庭的支出模式产生影响。因此，尽管在不同倾向值匹配方法下（半径匹配和一对一匹配）具有稳健性，我们在解释估计结果时仍然需要格外谨慎。为了获得更稳健的估计结果和更可靠的政策启示，未来需要使用其他评估技术（如随机对照实验或准实验评估方法）来深化该主题的研究。本研究的另外一个局限性来源于其所使用的横截面数据，这使得我们无法做出严格的因果推断。未来我们期待能够使用面板数据来对农村低保的支出效应做出更严格的评估。

参考文献

[1] 畅秀平，畅晋华，原帅. 农村低保家庭的分析研究：基于上海的调查数据 [J]. 当代世界与社会主义，2012（5）.

[2] 都阳，蔡昉. 中国农村贫困性质的变化与扶贫战略调整 [J]. 中国农村观察，2005（5）.

[3] 都阳，朴之水. 中国的城市贫困：社会救助及其效应 [J]. 经济研究，2007（12）.

[4] 高功敬，陈岱云，崔恒展. 资产积累与低保救助制度：基于城市低保家庭资产状况的调查与比较研究 [J]. 南通大学学报（社会科学版），2013（2）.

[5] 韩华为，徐月宾. 农村最低生活保障制度的瞄准效果研究：来自河南、陕西省的调查 [J]. 中国人口科学，2013（4）.

[6] 韩华为，徐月宾. 中国农村低保制度的反贫困效应研究：来自中西部五省的经验证据 [J]. 经济评论，2014（6）.

[7] 胡旭昌，高灵芝，崔恒展. 城市低保家庭生存状况实证分析：基于济南市的调查 [J]. 济南大学学报（社会科学版），2013（2）.

[8] 民政部. 民政事业发展统计公报 [R]. 各年度.

［9］卫生部．中国卫生服务调查研究：第四次家庭健康询问调查分析报告［M］．北京：中国协和医科大学出版社，2009.

［10］国家统计局．中国统计年鉴［M］．北京：中国统计出版社，各年度．

［11］任玙，曾理斌，杨晓胜．城乡医疗救助制度之现状、问题与对策［J］．南京医科大学学报（社会科学版），2015（1）．

［12］徐月宾，刘凤芹，张秀兰．中国农村反贫困政策的反思：从社会救助向社会保护转变［J］．中国社会科学，2007（3）．

［13］姚先国，张海峰．中国教育回报率估计及其城乡差异分析：以浙江、广东、湖南、安徽等省的调查数据为基础［J］．财经论丛，2004（6）．

［14］张兴祥．我国城乡教育回报率差异研究：基于 CHIP 2002 数据的实证分析［J］．厦门大学学报（哲学社会科学版），2012（6）．

［15］朱玲．应对极端贫困和边缘化：来自中国农村的经验［J］．经济学动态，2011（7）．

［16］Abadie, A., & Imbens, G. (2006). Large sample properties of matching estimators for average treatment effects. *Econometrica*, 74, 235 – 267.

［17］Aizer, A., Eli, S., Ferrie, J. & Lleras-Muney, A. (2014). *The long term impact of cash transfers to poor families* (NBER Working Paper 20103). Cambridge, MA：National Bureau of Economic Research.

［18］Attanasio, O. & Mesnard, A. (2006). The impact of a conditional cash transfer program on consumption in Colombia. *Fiscal Studies*, 27 (4), 421 – 442.

［19］Attanasio, O., & Kaufmann, K. (2014). Education choices and returns to schooling：Mothers' and youths' subjective expectations and their role by gender. *Journal of Development Economics*, 109, 203 – 216.

［20］Baird, S., McIntosh, C., & Özler, B. (2011). Cash or condition? Evidence from a cash transfer experiment. *Quarterly Journal of Economics*, 126 (4), 1 – 44.

［21］Baird, S., Ferreira, F., Özler, B., & Woolcock, M. (2014). Conditional, unconditional and everything in between：a systematic review of the effects of cash transfer programmes on schooling outcomes. *Journal of Development Effectiveness*, 6 (1), 1 – 43.

［22］Barrientos, A. , & DeJong, J. (2006). Reducing child poverty with cash transfers: A sure thing? *Development Policy Review*, 24 (5), 537 –552.

［23］Barrientos, A. (2013). *Social Assistance in Developing Countries*. Cambridge: Cambridge University Press.

［24］Bernard, T. , Dercon, S. , Orkin, K. , & Taffesse, A. (2014). *The future in mind: Aspirations and forward-looking behavior in rural Ethiopia* (CEPR Discussion Paper 10224). Washington, DC: Center for Economic Policy Research.

［25］Blank, R. M. (2006). What did the 1990s welfare reforms accomplish? In A. J. Auerbach, D. Card, & J. M. Quigley (Eds.), *Public policy and the income distribution* (pp. 33 –79). New York: Russell Sage Foundation.

［26］Blundell, R. , & Dias, C. M. (2002). Alternative approaches to evaluation in empirical microeconomics. *Portuguese Economic Journal*, 1 (2), 91 –115.

［27］Brown, P. (2002). *Poverty and Leadership in the Later Roman Empire*. London: University Press of New England.

［28］Caliendo, M. , & Kopeinig, S. (2005). *Some practical guidance for the implementation of propensity score matching* (Discussion Paper No. 1588). Bonn, Germany: Institute for the Study of Labor.

［29］Case, A. & Deaton, A. (1998). Large cash transfers to the elderly in South Africa. *The Economic Journal*, 108, 1330 –1361.

［30］Chiapa, C. , Garrido, J. , & Prina, S. (2012). The effect of social programs and exposure to professionals on the educational aspirations of the poor. *Economics of Education Review*, 31, 778 –798.

［31］Dahl, G. & Lochner, L. (2012). The impact of family income on child achievement: Evidence from the earned income tax credit. *American Economic Review*, 102 (5), 1927 –1956.

［32］Das, J. , Do, Q. , & Özler, B. (2005). Reassessing conditional cash transfer programs. *World Bank Research Observer*, 20 (1), 57 –80.

［33］Davis, D. (2005). Urban consumer culture. *The China Quarterly*, 183, 677 –694.

［34］Dehejia, R. H. , & Wahba, S. (1999). Causal effects in nonexperimental studies: Reevaluating the evaluation of training programs. *Journal of the A-merican Statistical Association*, 94 (448), 1053 – 1062.

［35］Dehejia, R. H. , & Wahba, S. (2002). Propensity Score-matching Methods for Nonexperimental Causal Studies. *The Review of Economics & Statistics*, 84 (1), 151 – 161.

［36］de Janvry, A. , & Sadoulet, E. (2006). Making conditional cash transfer programs more efficient: Designing for maximum effect of the conditionality. *World Bank Economic Review*, 20 (1), 1 – 29.

［37］Devereux, S. , Marshall, J. , MacAskill, J. , & Pelham, L. (2005). *Making cash count: Lessons from cash transfer schemes in East and Southern Africa for supporting the most vulnerable children and households* (Policy Report). New York: United Nations Children's Fund. London and Brighton: Save the Children, HelpAge International, and Institute of Development Studies.

［38］Dizon-Ross, R. (2014). *Parents' perceptions and children's education: Experimental evidence from Malawi* (Unpublished Manuscript). Cambridge, MA: Massachusetts Institute of Technology.

［39］Duflo, E. (2003). Grandmothers and granddaughters: Old age pension and intrahousehold allocation in South Africa. *World Bank Economic Review*, 17 (1), 1 – 25.

［40］Fiszbein, A. , Schady, N. , Ferreira, F. H. G. , Grosh, M. , Kelleher, N. , Olinto, P. & Skoufias, E. (2009). *Conditional Cash Transfers: Reducing Present and Future Poverty*. Washington, DC: World Bank.

［41］Gao, Q. , Kaushal, N. , & Waldfogel, J. (2009). How have expansions in the Earned Income Tax Credit affected family expenditures? In Ziliak, J. (ed.), *Ten Years after: Evaluating the Long-Term Effects of Welfare Reform on Children, Families, Welfare, and Work* (pp. 104 – 139). Cambridge: Cambridge University Press.

［42］Gao, Q. , Zhai, F. & Garfinkel, I. (2010). How does public assistance affect family expenditures? The case of urban China. *World Development*, 38 (7), 989 – 1000.

[43] Gao, Q. , Zhai, F. , Yang, S. , & Li, S. (2014). Does welfare enable family expenditures on human capital? Evidence from China. *World Development*, 64, 219 – 231.

[44] Gao, Q. , Wu, S. , & Zhai, F. (2015). Welfare participation and time use in China. *Social Indicators Research*, 124, 863 – 887.

[45] Gao, Q. , Yang, S. , & Li, S. (2015). Welfare, targeting, and anti-poverty effectiveness: The case of urban China. *Quarterly Review of Economics and Finance*, 56, 30 – 42.

[46] Golan, J. , Sicular, T. , & Umapathi, N. (2017). Unconditional cash transfers in China: Who benefits from the rural minimum living standard guarantee (Dibao) program? *World Development*, 93, 316 – 336.

[47] Hands, A. (1968). *Charities and Social Aid in Greece and Rome*. Ithaca, New York: Cornell University Press.

[48] Haushofer, J. , & Shapiro, J. (2016). The short-term impact of unconditional cash transfer to the poor: Experimental evidence from Kenya. *Quarterly Journal of Economics*, 131 (4), 1973 – 2042.

[49] Heckman, J. J. , Ichimura, H. , & Todd, P. E. (1997). Matching as an econometric evaluation estimator: Evidence from evaluating a job training programme. *Review of Economic Studies*, 64 (4), 605 – 654.

[50] Hill, L. J. , Brooks-Gunn, J. , & Waldfogel, J. (2003). Sustained effects of high participation in an early intervention for low-birth-weight premature infants. *Developmental Psychology*, 39, 730 – 744.

[51] Himaz, R. (2008). Welfare grants and their impact on child health: The case of Sri Lanka. *World Development*, 36 (10), 1843 – 1857.

[52] Hoddinott, J. & Skoufias, E. (2004). The impact of PROGRESA on food consumption. *Economic Development and Cultural Change*, 53 (1), 37 – 61.

[53] Jalan, J. , & Ravallion, M. (2003). Estimating the benefit incidence of an antipoverty program by propensity-score matching. *Journal of Business & Economic Statistics*, 21 (1), 19 – 30.

[54] Jensen, R. (2010). The (perceived) returns to education and the de-

mand for schooling. *Quarterly Journal of Economics*, 125 (2), 515 – 548.

[55] Kaushal, N., Gao, Q., & Waldfogel, J. (2007). Welfare reform and family expenditures: How are single mothers adapting to the new welfare and work regime? *Social Service Review*, 81 (3), 369 – 398.

[56] Kitsios, G. D., Dahabreh, I. J., Callahan, S., Paulus, J. K., Campagna, A. C., & Dargin, J, M. (2015). Can We Trust Observational Studies Using Propensity Scores in the Critical Care Literature? A Systematic Comparison With Randomized Clinical Trials. *Critical Care Medicine*, 43 (9), 1870 – 1879.

[57] Lei, X., & Lin, W. (2009). The new cooperative medical scheme in rural China: Does more coverage mean more service and better health? *Health Economics*. 18 (2), 25 – 46.

[58] Liang, X., Guo, H., Jin, C., Peng, X., & Zhang, X. (2012). The effect of new cooperative medical scheme on health outcomes and alleviating catastrophic health expenditure in China: A systematic review. *Plos One*, 7 (8), 1 – 11.

[59] Little, R. (1993). Post-stratification: A modeler's perspective. *Journal of the American Statistical Association*, 88 (423), 1001 – 1012.

[60] Liu, D., & Tsegao, D. (2011). *The new cooperative medical scheme (NCMS) and its implications for access to health care and medical expenditure: Evidence from rural China* (ZEF Discussion Papers on Development Policy No. 155). Bonn, Germany: Center for Development Research.

[61] Liu, K., Wu, Q., & Liu, J. (2014). Examining the association between social health insurance participation and patients' out-of-pocket payments in China: The role of institutional arrangement. *Social Science & Medicine*, 113, 95 – 103.

[62] Long, Q., Zhang, T., Xu, L., Tang, S., & Hemminki, E. (2010). Utilisation of maternal health care in western rural China under a new rural health insurance system (New Co-operative Medical System). *Tropical Medicine & International Health*, 15 (10), 1210 – 1217.

[63] Long, Q., Xu, L., Bekedam, H., & Tang, S. (2013). Changes

in health expenditures in China in 2000s: Has the health system reform improved affordability? *International Journal for Equity in Health*, 12 (40), 1 – 8.

[64] Mani, A., Mullainathan, S., Shafir, E., & Zhao, J. (2013). Poverty impedes cognitive function. *Science*, 341, 976 – 980.

[65] Martinez, S. (2005). *Pensions, poverty and household investments in Bolivia* (Mimeo). Berkeley, CA: University of California at Berkeley, Department of Economics.

[66] Meyer, B., & Sullivan, J. X. (2008). Changes in the consumption, income, and well-being of single mother headed families. *American Economic Review*, 98 (5), 2221 – 2241.

[67] Milligan, K. & Stabile, M. (2011). Do child tax benefits affect the well-Being of children? Evidence from Canadian child benefit expansions. *American Economic Journal: Economic Policy*, 3 (3), 175 – 205.

[68] Mullainathan, S., & Shafir, E. (2013). *Scarcity: Why having too little means so much*. New York: Times Books.

[69] Nguyen, T. (2007). *Information, role models and perceived returns to education: Experimental evidence from Madagascar* (Unpublished job market paper). Cambridge, MA: Massachusetts Institute of Technology.

[70] Puma, M., Bell, S., Cook, R., Heid, C., Lopez, M., Zill, N. (2005). *Head start impact study: First year findings*. Washington, DC: US Department of Health and Human Services.

[71] Ranganathan, M., & Lagarde, M. (2012). Promoting healthy behaviours and improving health outcomes in low and middle income countries: A review of the impact of conditional cash transfer programmes. *Preventive Medicine*, 55, 95 – 105.

[72] Ravallion, M. (2005). *Evaluating anti-poverty programs* (Policy Research Working Paper no. 3625). Washington, DC: World Bank.

[73] Ravallion, M., & Chen, S. (2007). China's (uneven) progress against poverty. *Journal of Development Economics*, 82 (1), 1 – 42.

[74] Rawlings, L. B. & Rubio, G. M. (2005). Evaluating the impact of con-

ditional cash transfer programs. *The World Bank Research Observer*, 20 (1), 29 – 55.

[75] Robertson, L., Mushati, P., Eaton, J., Dumba, L., Mavise, G., Makoni, J., Schumacher, C., Crea, T., Monasch, R., Sherr, L., Garnett, G., Nyamukapa, C., & Gregson, S. (2013). Effects of unconditional and conditional cash transfers on child health and development in Zimbabwe: A cluster-randomised trial. *Lancet*, 381, 1283 – 1292.

[76] Solinger, D. (2011). *Dibaohu* in Distress: The Meager Minimum Livelihood Guarantee System in Wuhan. In Jane Duckett and Beatriz Carillo (eds.), *China's Changing Welfare Mix: Local Perspectives* (pp. 36 – 63). London: Routledge.

[77] Solinger, D. (2012). The new urban underclass and its consciousness: Is it a class? *Journal of Contemporary China*, 21 (78), 1011 – 1028.

[78] Rosenbaum, P. R., & Rubin, D. B. (1983). The central role of the propensity score in observational studies for causal effects, *Biometrika*, 70 (1), 41 – 55.

[79] Shi, W., Chongsuvivatwong, V., Geater, Alan., Zhang, J., Zhang, H., & Brombal, D. (2010). The influence of the rural health security schemes on health utilization and household impoverishment in rural China: Data from a household survey of western and central China. *International Journal for Equity in Health*, 9 (7), 1 – 11.

[80] Sun, Q., Liu, X., Meng, Q., Tang, S., Yu, B., & Tolhurst, R. (2009). Evaluating the financial protection of patients with chronic disease by health insurance in rural China. *International Journal for Equity in Health*, 8 (28), 3567 – 3579.

[81] Sun, X., Jackson, S., Carmichael, G., & Sleigh, A. (2009). Catastrophic medical payment and financial protection in rural China: Evidence from the new cooperative medical scheme in Shandong province. *Health Economics*, 18 (1), 103 – 119.

[82] Umapathi, N., Wang D., & O'Keefe, P. (2013). *Eligibility thresh-*

olds for minimum living guarantee programs: *International practices and implications for China* (World bank social protection & labor discussion paper #1307). Washington, DC: World Bank.

［83］Wagstaff, A., Lindelow, M., Gao, J., Xu, L., & Qian, J. (2009). Extending health insurance to the rural population: An impact evaluation of China's new cooperative medical scheme. *Journal of Health Economics*, 28 (1), 1 – 19.

［84］Wang, Q., Liu, J., Lu, Z., Luo, Q., & Liu, J. (2014). Role of the new rural cooperative medical system in alleviating catastrophic medical payments for hypertension, stroke and coronary heart disease in poor rural areas of China. *BMC Public Health*, 14, 1 – 10.

［85］Wong, G. K., & Yu, L. (2002). Income and social inequality in China: Impact on consumption and shopping patterns. *International Journal of Social Economics*, 29 (5), 370 – 384.

［86］World Bank. (2014). *The state of social safety nets* 2014. Washington, DC: The World Bank.

［87］World Bank. (2011). *Reducing inequality for shared growth in China*: *Strategy and policy options for Guangdong Province* (Report). Washington, DC: The World Bank.

［88］Yip, W., & Hsiao, W. (2009). Non-evidence-based policy: How effective is China's new cooperative medical scheme in reducing medical impoverishment? *Social Science & Medicine*, 68 (2), 201 – 209.

［89］Zahoor, H., Luketich, J. D., Levy, R. M., Awais, O., Winger, D. G., Gibson, M. K., & Nason, K. S. (2015). A propensity-matched analysis comparing survival after primary minimally invasive esophagectomy followed by adjuvant therapy to neoadjuvant therapy for esophagogastric adenocarcinoma. *The Journal of Thoracic and Cardiovascular Surgery*, 149 (2), 538 – 547.

［90］Zhang, Y., & Wan, G. (2006). The impact of growth and inequality on rural poverty in China. *Journal of Comparative Economics*, 34 (4), 694 – 712.

第七章

中国农村低保制度的政治社会效应研究 *

一、引　言

　　低保是中国农村社会保障体系的核心制度，也是当前"精准扶贫"和"精准脱贫"战略的重要支点。民政部统计数据显示，截至 2017 年底，农村低保覆盖人口 4 045.2 万，2017 年全年各级财政共支出农村低保资金 1 051.8 亿元。无论从覆盖人口数量，还是从投入资金总额来看，农村低保都已经成为世界上规模最大的公共救助项目之一（World Bank, 2014）①。现有文献主要从减贫和消费促进两个角度来评估农村低保的政策效果（梁晓敏、汪三贵，2015；韩华为、高琴，2017；Golan et al., 2017；Zhao et al., 2017；Kakwani et al., 2019），而对其可能引起的政治社会效应却少有考察。作为一项大规模的公共救助项目，农村低保不仅能够改善受助家庭的经济福利状况，而且还可能对受助者的政府信任、社会信任和社会问题主观感受产生广泛的影响。提高受助者对地方政府的信任程度，增强受助者人际关联中的社会信任水平，缓解受助者对社会问题严重性的主观感受，这不仅有助于进一步改善受助者的综合福利状况，而且对于促进贫困农民对国家政权的认同和维持农村社会稳定具有重要意义。

　　不少国外文献从政府信任和社会信任两个角度实证检验了救助项目的政治社会效应。政府信任方面，卡马乔（Camacho, 2014）和埃文斯等（Evans et al., 2019）分别考察了秘鲁和坦桑尼亚公共救助项目对受助者政府信任的

　　* 本章为笔者和陈彬莉博士合作的一篇文章。原文发表于《农业经济问题》2019 年第 4 期。收入本书时做了适当改动。本章为韩华为主持的国家自然科学基金项目"中国农村低保救助的瞄准、减贫效应和行为激励研究"（71703008）的成果之一。

　　① 按照是否瞄准贫困群体，救助项目可以区分为普惠性项目和瞄准性项目两大类。普惠性救助项目对全部人口都给予均等化的救助，而瞄准性救助项目则需要甄别贫困群体，并根据其贫困程度给予差别化的干预。如无特别说明，本章中的救助项目特指贫困瞄准型救助项目。

影响，结果表明，公共救助能够显著提升受助者对当地政府的信任程度。社会信任方面，阿塔纳西奥等（Attanasio et al.，2009）考察了哥伦比亚公共救助项目对社会信任水平的影响，研究发现获得救助对社会信任水平有显著的正向影响。钟等（Chong et al.，2009）对拉丁美洲四个城市救助项目的研究却发现，获得救助对受助者的社会信任会产生负面影响。

近些年来，国内学者对农村低保可能引致的政治社会效应也展开了一些初步的探索。使用 2010 年和 2011 年两次农村居民调查数据，谢治菊（2013）基于描述性统计和单因素方差分析检验了农村低保对受助者政府信任的影响。结果发现，低保户对基层政府的信任程度显著高于非低保户。但是，该研究所使用的数据样本量较小且不具有全国代表性，这限制了其研究结论的可推广性。同时，单因素方差分析无法控制其他个体和家庭特征引致的样本选择问题，这削弱了其估计结果的可靠性。另外，也有一些地区性的案例研究发现，村庄内部的低保分配会导致尖锐的社会矛盾，这会对村庄成员之间的社会信任产生较大的负面影响（贺雪峰，2017；仇叶、贺雪峰，2017）。但截至目前，还没有文献基于高质量的大样本微观数据，就农村低保的政府信任和社会信任效应展开严格的定量检验。基于 2012 年和 2014 年中国家庭追踪调查农村样本构成的面板数据，使用倾向值匹配和双重差分相结合（PSM-DID）的计量方法，本章系统评估了农村低保对受助者政府信任、社会信任和社会问题主观感受的影响效应。本研究不仅有助于充实该研究领域在中国农村低保背景下的经验证据，而且对于进一步优化农村低保政策设置具有重要启示。

二、理论分析

本章试图从政府信任、社会信任和社会问题严重感受三个角度探讨农村低保的政治社会效应。在实证分析之前，我们首先从理论层面梳理农村低保对受助者政府信任、社会信任和社会问题严重感受的潜在影响机制。

（一）农村低保与政府信任

公共减贫救助可以通过三条路径来影响受助者对政府的信任水平。首先，公共救助能够改善受助者的经济福利水平，这使受助者切实感受到政府对其生存状况的关注，从而促进其对政府的信任（Hunter et al.，2014）。其次，在公共减贫项目的瞄准过程中，经常出现当地精英俘获救助资源的政策失范现象。政策失范导致的瞄准偏误会损害社会公正感，进而降低受助者对政府的信任（Mansuri et al.，2013）。最后，公共救助瞄准过程往往伴随着入户核查和公共监督环节，这些环节可能对受助者产生较为严重的社会耻感，这种效应也可能对受助者的政府信任产生负面影响（Leites et al.，2017）。

随着救助标准的不断提高，农村低保在降低受助者收入贫困、改善其经济福利方面发挥出越来越重要的作用（梁晓敏、汪三贵，2015；韩华为、高琴，2017），这有助于提升其对政府的信任水平。但与此同时，农村低保存在较高的瞄准偏误也已经得到不少经验研究的证实（Golan et al.，2017；韩华为，2018；韩华为、高琴，2018）。另外，也有一些证据表明农村低保瞄准过程会给受助者带来社会耻感（Li and Walker，2017）。瞄准偏误和社会耻感会削弱受助者对政府的信任水平。农村低保对政府信任的净效应则取决于上述正负效应的相对大小。

（二）农村低保与社会信任

公共救助项目对受助者社会信任的影响同样存在多方面的作用机制。首先，救助项目可以提高受助者的社会参与程度，从而有助于改善其社会信任（Leites et al.，2017；Samuels et al.，2016）。其次，救助项目的瞄准过程可能导致受助者和非受助者之间产生关系冲突。来自非受助者的嫉妒和怨恨可能会导致受助者的社会信任水平显著下降（Cameron and Shah，2013；MacAuslan and Riemenschneider，2011）。最后，救助项目可能会损害传统社会中广泛存在的互惠性社会关系。得到公共救助可能会挤出受助者原来可以从亲友处获得的非正规性社会支持，这进而削弱了受助者在传统互惠关系中建立的社会信任（Woolcock，1998；Oduro，2015）。

在中国农村背景下，缺乏体面的衣物和无力支付婚丧嫁娶礼金会极大地限制贫困农民的社会交往活动。获得低保能够在一定程度上削弱这种约束，这有助于改善受助者的社会参与水平，进而提升其人际关联中的社会信任水平。但是，获得低保也可能通过以下机制对社会信任产生负面效应。第一，低保指标在村庄内部分配过程中会引发较为激烈的冲突（贺雪峰，2017），这种冲突可能对邻里之间的信任产生负面影响。第二，获得低保可能挤出亲友给予的私人转移支付，这会削弱受助者对亲友的信任程度。第三，在低保家庭内部，不同成员就如何使用救助金也可能产生冲突，这会对家庭成员之间的信任产生负面影响。

（三）农村低保与社会问题严重感受

贫富差距、医疗、教育、就业、住房和社会保障是民众广泛关注的社会问题，对这些社会问题严重性的感受不仅与个体福利水平密切相关，而且对于形塑社会正义和构建社会秩序具有重要影响。当前，农村低保户不仅能定期获得现金救助，当遭遇医疗、教育、住房、就业等特定方面的困难时，他们还可以获得相应领域的专项救助（刘丽娟，2017）。低保所给予的现金救助有助于降低收入不平等程度，这会有效缓解受助者对贫富差距严重程度的感受。当在医疗、教育、就业、住房等领域获得相应的专项救助时，农村个体对这些领域社会问题严重程度的感受也会显著下降。当农村低保帮助受助者满足各类基本生活需求时，这将有助于降低其对农村社会保障问题严重程度的主观感受。

三、估计策略、数据来源与变量设置

（一）估计策略

本章采用 PSM-DID 方法来识别农村低保对被解释变量的影响效应。PSM-DID 方法的基本思想体现为：通过倾向值匹配方法，在对照组样本中，为每一个干预组样本匹配出与其特征相似的样本，并将所有匹配样本作为控制组代替原来的对照组来进行 DID 估计①。与单纯的 DID 策略相比，PSM-DID 方法较好地满足了共同趋势假设②。与单纯采用 PSM 方法相比，PSM-DID 方法

---

① 我们将 PSM 匹配前的非低保样本称为对照组，而将基于 PSM 匹配后的非低保样本称为控制组。

② 共同趋势假设指，在没有政策干预的情况下，结果变量随时间的变化在干预组和对照组之间不会存在显著的差异。如果干预组和对照组存在政策干预之外的系统性差异，那么共同趋势假设无法得到满足。

能够控制来自可观测和不可观测两个来源的异质性，从而较好的克服样本选择引致的内生性问题（Heckman et al.，1997）。

我们设定 2012 年为初始期，2014 年为干预期，干预组为 2012 年未获低保而 2014 年获得低保的样本，对照组则为 2012 年未获低保且 2014 年仍未获得低保的样本。在本章背景下，PSM-DID 方法通过以下三个步骤来执行：

第一步，考虑到初始期特征能够刻画样本个体未来陷入贫困的风险，我们通过 2012 年的特征变量来预测每个样本在 2014 年获得农村低保的概率。我们基于 Probit 模型来建立低保获得与各类特征之间的关系，并利用其估计结果来计算每个样本获得低保的倾向性分数。Probit 模型如式（7-1）所示：

$$Pr(D_{i,14}) = \Phi(\alpha_0 + \alpha_1 X_{i,12}) \tag{7-1}$$

式（7-1）中，$D_{i,14}$ 代表第 i 个样本 2014 年获得低保的虚拟变量。$X_{i,12}$ 代表第 i 个样本 2012 年来自个体、家庭和社区三个层面的特征变量及省份虚拟变量。

第二步，基于估计出的倾向性分数，我们为干预组每个样本匹配出与其特征相似的对照组样本。我们主要采用半径匹配方法来完成匹配并构建控制组。与其他匹配方法相比，半径匹配的一个显著优势在于，其能够利用在半径范围内尽可能多的对照组样本来获得最精确的匹配。此外，我们还采用最近邻匹配和核匹配两种方法对核心结论进行稳健性检验。

第三步，基于 PSM-DID 的平均处理效应可以通过式（7-2）估计：

$$ATT_{PSM\text{-}DID} = E(Y_{14}^T - Y_{12}^T | X_{12}, D=1) - E(Y_{14}^C - Y_{12}^C | X_{12}, D=0) \tag{7-2}$$

式（7-2）中，T 和 C 分别代表干预组和控制组，Y_{12} 和 Y_{14} 分别代表干预前和干预后的被解释变量取值，D 代表获得低保干预的虚拟变量，X_{12} 代表倾向值匹配过程中所控制的初始期特征变量及省份虚拟变量。

（二）数据来源

本章数据来源于北京大学中国社会科学调查中心执行的中国家庭追踪调查（CFPS）。CFPS 采用多阶段、内隐分层和与人口规模成比例的系统概率抽样方法。从 2010 年开始，该调查每两年进行一轮追踪，旨在通过对来自全国代表性的样本社区、家庭、个体的跟踪调查，以反映中国经济发展和社会变迁状况。作为一项高质量微观数据集，CFPS 数据已经在社会科学各领域研究中得到了广泛的应用。对 CFPS 更详细的介绍，请参考谢宇等（2014）。

尽管 CFPS 最新公布了 2016 年数据，但是该轮调查却没有包含关于农村低保获得的相关信息。因此，我们使用 CFPS 2012 年和 2014 年农村样本构造的平衡面板数据来展开本章实证研究。CFPS 2012 年和 2014 年不仅调查了农村低保获得状况，而且还调查了个体层面的政府信任、社会信任，以及社会问题严重程度感受。同时，CFPS 两轮追踪调查均包含了来自个体、家庭和社区三个层面的丰富特征信息，这使得我们可以采用 PSM-DID 方法控制可观测和不可观测两个来源的异质性，从而较好的克服样本选择引起的内生性问题。

在本研究中，我们确定 16 岁及以上农村成年个体作为研究对象。为了获得平衡面板数据，我们只保留了 2012 年和 2014 两期均接受调查的个体。进一步地，由于我们设定 2012 年为干预发生前的初始期，所以仅保留了 2012 年未获得农村低保的样本。在删除核心变量存在缺失值的样本后，我们得到样本量为 10 585 的两期平衡面板数据。其中，干预组样本数量为 596，对照组样本数量为 9 989。

（三）变量设置

本研究的被解释变量包括三类。第一类为个体对地方政府的信任程度，我们通过个体对地方政府干部的信任程度来对其进行测量。在中国农村公共政策的执行过程中，农民与地方政府干部之间有较多的接触和互动。农民对地方干部的信任能够较好地反映农民对地方政府的信任。CFPS 要求受访者通过 0（非常不信任）~10（非常信任）的整数来反映其对地方政府干部的信任程度。第二类被解释变量为个体的社会信任水平。我们通过四个变量来分别衡量个体对父母、邻居、陌生人，以及医生的信任程度。这四个变量通过 0（非常不信任）~10（非常信任）的整数来反映不同维度的社会信任水平[①]。

---

① CFPS 的信任板块通过 6 个问题（N10021-N10026），要求受访者依次对父母、邻居、美国人、陌生人、地方干部，以及医生的信任程度做出评价。考虑到大多数中国农民实际生活中与外国人交往很少，所以我们在社会信任的考察中去掉了对美国人的信任，而仅保留了对父母、邻居、陌生人和医生的信任。

第三类被解释变量为个体对社会问题严重程度的主观感受。我们通过六个变量来分别衡量个体对贫富差距、教育、医疗、就业、住房和社会保障问题严重程度的主观感受。受调个体通过0（不严重）~10（非常严重）的整数来评价其对上述社会问题严重性的感受①。

本研究的解释变量为个体是否获得农村低保。CFPS 在家庭问卷中询问样本农户是否获得低保，如果其回答为是，我们就定义该家庭的所有成员均为低保个体。在估计倾向值分数的 Probit 模型（7-1）中，我们控制了来自个体、家庭、社区三个层面的初始期特征变量以及省份虚拟变量。其中，个体特征包括年龄、性别、受教育水平、婚姻状况、是否为少数民族、是否为中共党员、自评健康状况，以及生活满意度②。家庭特征包括家庭规模、16 岁以下儿童数量、60 岁及以上老人数量、家庭人均收入的对数、家庭人均净资产四等分③、家庭存在住房困难④、家庭是否发生灾难性医疗支出⑤。社区特征则包括村庄内是否有卫生站或诊所、家族祠堂和宗教场所，村庄是否位于少数民族聚居区、矿产资源开发区和自然灾害频发区，村庄是否已经开展民主直选，村庄距离本县县城是否超过 20 公里。除此之外，我们还在该 Probit 模型中控制了省份虚拟变量。

四、实证结果

（一）描述性统计

表 7-1 给出了被解释变量在干预组和对照组中的描述性统计及双差分

---

① CFPS 的社会问题主观感受板块通过 8 个问题（N6011-N6018），要求受访者依次对政府廉政、环境保护、贫富差距、就业、教育、医疗、住房和社会保障问题的严重程度做出主观评价。考虑到低保对贫富差距、就业、教育、医疗、住房和社会保障问题严重性感受方面有更直接的影响，本章仅选择了这 6 个方面的变量。

② 个体通过 1~5 的整数来评价对自己生活的满意程度，1 代表非常不满意，5 代表非常满意。

③ 家庭人均净资产来自靳永爱和谢宇（2014）的测算结果。

④ 家庭存在住房困难指因住房面积过小导致出现 12 岁以上的子女与父母同住一室、老少三代同住一室、12 岁以上的异性子女同住一室、床晚上架起白天拆掉、客厅里也架起睡觉的床的情形。

⑤ 设 M＝家庭自付医疗支出/家庭非食品消费支出。如果 M＜40%，家庭未发生灾难性医疗支出。如果 40%≤M＜80%，家庭发生轻度灾难性医疗支出。如果 M≧80%，家庭发生重度灾难性医疗支出。

（DID）估计结果。政府信任方面。无论在哪个年度，干预组对地方政府干部的信任程度都高于对照组，这说明贫困风险更高的农民对地方政府的信任更高。干预组在接受低保前（2012 年）对地方政府干部的信任得分均值为5.126，在接受低保后（2014 年）该得分均值上升为5.408，两期之间提升了0.282。但是，除了获得农村低保之外，这种提升效应还可能归因于两期之间干预组样本自身或环境的变化。我们尝试通过双差分方法（DID）来消除这种干扰效应。具体的，我们计算了对照组两期之间对地方政府干部信任得分均值的变化，结果发现，2012~2014 年，对照组该得分均值从4.990 上升到5.129，提升幅度为0.139。进一步，我们通过"干预组得分均值差 – 对照组得分均值差"获得 DID 结果。DID 结果（0.143）初步支持获得农村低保有助于改善受助者对地方政府干部的信任程度。

表7-1　　　　　被解释变量的描述性统计及 DID 效应估计结果

项目	干预组（N = 596）					对照组（N = 9 989）					DID = (1) – (2)
	2012 年		2014 年		2012 ~ 2014 年	2012 年		2014 年		2012 ~ 2014 年	
	均值	标准差	均值	标准差	均值差(1)	均值	标准差	均值	标准差	均值差(2)	
政府信任											
对地方政府干部的信任	5.126	2.266	5.408	2.584	0.282	4.990	2.425	5.129	2.633	0.139	0.143
社会信任											
对父母的信任	8.763	1.704	8.974	1.776	0.210	9.056	1.660	9.379	1.365	0.324	– 0.113
对邻居的信任	6.073	1.977	6.585	2.179	0.512	6.460	2.199	6.797	2.137	0.338	0.174
对陌生人的信任	2.063	1.910	2.176	2.129	0.113	2.120	2.069	1.889	2.057	– 0.232	0.345 ***
对医生的信任	6.623	2.060	7.081	2.422	0.458	6.719	2.204	7.017	2.292	0.299	0.159
社会问题严重程度主观感受											
贫富差距问题	6.619	2.485	6.979	2.482	0.360	6.567	2.597	7.070	2.378	0.504	– 0.143
教育问题	5.716	2.719	6.293	2.690	0.577	5.321	2.809	6.132	2.645	0.811	– 0.235
医疗问题	5.817	2.547	6.056	2.754	0.240	5.409	2.742	6.175	2.617	0.766	– 0.527 ***
就业问题	5.900	2.470	6.560	2.449	0.660	5.716	2.590	6.447	2.370	0.731	– 0.071
住房问题	5.677	2.518	5.980	2.747	0.303	5.312	2.842	6.013	2.689	0.701	– 0.398 ***
社会保障问题	5.585	2.482	5.862	2.655	0.277	5.231	2.726	5.906	2.597	0.675	– 0.398 ***

注：①DID 估计结果的显著性水平显示在最后一列；

②　*** p < 0.01。

社会信任方面。比较四类社会信任指标得分发现，无论是干预组还是对照组，农村居民对父母的信任程度最高，而对陌生人的信任程度最低。排在第 2 ~ 3 位的分别为对医生的信任程度和对邻居的信任程度。该结果与吴琼和谢宇（Wu and Xie，2014）基于全国样本对各类社会信任的描述性统计结果一致。干预组和对照组的初步比较发现：2012 年对照组的四类社会信任水平均高于干预组；2014 年对照组对父母和邻居的信任水平仍然高于干预组，但对照组对陌生人和医生的信任水平低于干预组。无论是干预组还是对照组，四类社会信任在两期之间大都出现提升。DID 结果显示，对父母信任程度 DID 效应为负，而对邻居、陌生人和医生信任程度的 DID 效应为正。以上结果初步说明，获得低保可能提升受助者对邻居、陌生人和医生的信任程度，但同时可能降低受助者对父母的信任程度。

社会问题严重程度感受方面。比较六类社会问题主观感受得分可以发现，无论是干预组还是对照组，农村居民认为严重程度最高的是贫富差距问题和就业问题，严重程度最低的是住房问题和社会保障问题，而医疗问题和教育问题的严重程度在以上四类问题之间。干预组和对照组之间的比较发现：2012 年，对所有六类社会问题，干预组对其严重性的评价都高于对照组；2014 年，干预组对教育和就业问题严重性的评价仍然高于对照组，但干预组对贫富差距、医疗、住房和社会保障问题严重性的评价却低于对照组。无论是干预组还是对照组，对六类社会问题严重程度的主观评价在两期之间都出现上升。进一步地，六类社会问题的 DID 效应均为负。以上结果说明，获得农村低保可能会降低受助者对各类社会问题严重程度的主观感受。

（二）匹配前后的平衡性检验

本章通过倾向值匹配方法（PSM）来构造控制组，从而保证干预组和控制组的共同趋势假设能得到更好的满足。表 7 - 2 给出了估计倾向值分数的 Probit 回归结果。Probit 回归结果表明，许多初始期特征对样本个体是否获得农村低保表现出显著的影响。个体特征方面，年龄较大、男性、未婚或丧偶、少数民族，以及自评健康差会显著提高个体获得低保的概率，而教育水平较高、就业、生活满意度较高的个体获得低保的可能性更低。家庭特征方面，家庭规模越大，家中老人数量越多，发生住房困难和重度灾难性医疗支出的个体获得低保的可能性更高，而家中儿童数量较多、家庭人均收入和家庭人均净资产较高则会显著降低个体获得低保的概率。社区特征方面，所在村庄位于少数民族聚居区、村庄已经开展民主直选、村庄内部有家族祠堂与个体获得低保表现出显著的正向关系。

表7-2　　　　　　　　　　农村低保获得 Probit 回归结果

项目	回归系数	标准误
个体特征		
年龄	0.028 *	(0.015)
年龄平方/100	-0.035 **	(0.016)
男性	0.098 *	(0.059)
小学（参照组为小学以下）	-0.200 ***	(0.076)
初中	-0.311 ***	(0.085)
高中及以上	-0.406 ***	(0.120)
就业	-0.130 **	(0.060)
未婚（参照组为在婚）	0.385 ***	(0.142)
同居	0.159	(0.447)
离婚	0.025	(0.248)
丧偶	0.278 **	(0.138)
少数民族	0.278 **	(0.114)
党员	0.140	(0.128)
自评健康为差	0.280 ***	(0.073)
生活满意度	-0.063 **	(0.030)
家庭特征		
家庭规模	0.067 ***	(0.019)
16 岁以下儿童数量 =1（参照组为 =0）	-0.223 ***	(0.071)
16 岁以下儿童数量 ≥2	-0.351 ***	(0.093)
60 岁及以上老人数量 =1（参照组为 =0）	0.297 ***	(0.072)
60 岁及以上老人数量 ≥2	0.282 ***	(0.088)
ln（家庭人均纯收入）	-0.052 **	(0.023)
家庭人均净资产四等分（参照组为最低）		
较低	-0.125 *	(0.076)
较高	-0.119	(0.079)
最高	-0.187 **	(0.086)
家庭存在住房困难	0.280 ***	(0.080)
是否发生灾难性医疗支出（参照组为未发生）		

续表

项目	回归系数	标准误
轻度	0.042	(0.083)
重度	0.507 ***	(0.133)
社区特征		
村内有卫生站或诊所	-0.069	(0.080)
村庄位于少数民族聚居区	0.452 ***	(0.114)
村庄位于矿产资源开发区	-0.001	(0.096)
村庄位于自然灾害频发区	0.100	(0.065)
村庄已开展民主直选	0.133 *	(0.078)
村内有家族祠堂	0.513 ***	(0.102)
村内有宗教场所	0.112	(0.074)
村庄距离县城超过 20 千米	-0.024	(0.058)
常数项	-0.886 *	(0.477)
省份虚拟变量	控制	
Wald chi^2	543.62 ***	
Pseudo R-squared	0.178	
样本量	10 585	

注：*** p < 0.01，** p < 0.05，* p < 0.10。

表 7 - 3 给出了倾向值匹配前后的平衡性检验结果。倾向值匹配之前，来自个体、家庭、社区三个层面的大部分特征在干预组和对照组之间存在显著差异。干预组和对照组之间存在除低保干预之外的系统性差异，这使得两者共同趋势假设很难成立。基于此估计出的 DID 效应存在严重的样本选择偏误。基于倾向值匹配构建控制组之后，通过与干预组比较不难发现，所有特征变量在两个组别之间的差异不再显著。这说明，使用倾向值匹配构造的控制组在各类特征方面与干预组非常相似，这保证了两者共同趋势假设的成立。基于这两个组别设计 PSM-DID 框架能够较好地克服样本选择问题，从而获得更为可靠的估计结果。倾向值匹配后干预组和控制组之间变得更为相似，该结论也可以通过比较匹配前后倾向值分数的核密度分布得到证实。图 7 - 1 显示，与匹配之前相比，匹配之后干预组和控制组的倾向值分数的核密度分布变得更为相似。

表 7 - 3 倾向值匹配前后的平衡性检验

项目	匹配前（N = 10 585）		匹配后（N = 10 567）	
	干预组 （N = 596）	对照组 （N = 9 989）	干预组 （N = 582）	控制组 （N = 9 985）
个体特征				
年龄	43.64 (16.39)	43.31 (15.00)	43.89 (16.30)	44.52 (16.11)
男性	0.52 (0.50)	0.50 (0.50)	0.52 (0.50)	0.51 (0.50)
小学以下	0.48 (0.50)	0.26 (0.44) ***	0.46 (0.50)	0.43 (0.50)
小学	0.24 (0.43)	0.26 (0.44)	0.24 (0.43)	0.24 (0.43)
初中	0.22 (0.41)	0.34 (0.47) ***	0.22 (0.42)	0.24 (0.43)
高中及以上	0.07 (0.25)	0.14 (0.35) ***	0.07 (0.26)	0.09 (0.28)
就业	0.39 (0.49)	0.59 (0.49) ***	0.40 (0.49)	0.43 (0.50)
在婚	0.75 (0.44)	0.83 (0.37) ***	0.76 (0.43)	0.77 (0.42)
未婚	0.18 (0.38)	0.12 (0.33) ***	0.17 (0.38)	0.15 (0.36)
同居	0.00 (0.06)	0.00 (0.05)	0.00 (0.06)	0.00 (0.07)
离婚	0.01 (0.09)	0.01 (0.10)	0.01 (0.09)	0.01 (0.09)
丧偶	0.06 (0.24)	0.04 (0.19) **	0.06 (0.24)	0.06 (0.25)
少数民族	0.34 (0.47)	0.12 (0.32) ***	0.32 (0.47)	0.28 (0.45)
党员	0.05 (0.22)	0.05 (0.23)	0.05 (0.22)	0.05 (0.22)
自评健康为差	0.24 (0.43)	0.15 (0.35) ***	0.24 (0.43)	0.23 (0.42)
生活满意度	3.18 (1.00)	3.37 (1.02)	3.17 (1.01)	3.18 (1.06)
家庭特征				
家庭规模	4.81 (1.91)	4.35 (1.75) ***	4.74 (1.88)	4.73 (2.09)
16 岁以下儿童数量 = 0	0.45 (0.50)	0.42 (0.49)	0.44 (0.50)	0.44 (0.50)
= 1	0.30 (0.46)	0.35 (0.48) *	0.31 (0.46)	0.30 (0.46)
≥2	0.25 (0.43)	0.23 (0.42)	0.25 (0.43)	0.26 (0.44)
60 岁及以上老人数量 = 0	0.46 (0.50)	0.62 (0.49) ***	0.47 (0.50)	0.47 (0.50)
= 1	0.31 (0.46)	0.21 (0.41) ***	0.30 (0.46)	0.31 (0.46)
≥2	0.23 (0.42)	0.17 (0.38) **	0.23 (0.42)	0.22 (0.41)
ln（家庭人均纯收入）	8.02 (1.46)	8.57 (1.29) ***	8.07 (1.45)	8.17 (1.48)
家庭人均净资产四等分				
最低	0.42 (0.49)	0.21 (0.41) ***	0.40 (0.49)	0.39 (0.49)
较低	0.22 (0.42)	0.24 (0.43)	0.23 (0.42)	0.22 (0.42)
较高	0.21 (0.41)	0.27 (0.45) **	0.22 (0.41)	0.22 (0.41)
最高	0.15 (0.36)	0.28 (0.45) ***	0.15 (0.36)	0.17 (0.38)
家庭存在住房困难	0.21 (0.41)	0.12 (0.33) ***	0.21 (0.41)	0.20 (0.40)
发生灾难性医疗支出				
未发生	0.83 (0.38)	0.87 (0.33) ***	0.83 (0.38)	0.81 (0.39)
轻度	0.12 (0.33)	0.11 (0.31)	0.12 (0.33)	0.14 (0.35)

续表

项目	匹配前（N = 10 585）				匹配后（N = 10 567）			
	干预组 （N = 596）		对照组 （N = 9 989）		干预组 （N = 582）		控制组 （N = 9 985）	
重度	0.05	(0.22)	0.02	(0.14)***	0.05	(0.22)	0.05	(0.21)
社区特征								
村内有卫生站或诊所	0.81	(0.39)	0.86	(0.34)***	0.82	(0.38)	0.82	(0.38)
村庄位于少数民族聚居区	0.31	(0.46)	0.09	(0.29)***	0.29	(0.46)	0.25	(0.44)
村庄位于矿产资源开发区	0.18	(0.38)	0.14	(0.35)**	0.18	(0.39)	0.17	(0.37)
村庄位于自然灾害频发区	0.36	(0.48)	0.25	(0.43)***	0.34	(0.48)	0.34	(0.47)
村庄已开展民主直选	0.82	(0.39)	0.78	(0.42)*	0.82	(0.39)	0.82	(0.39)
村内有家族祠堂	0.13	(0.34)	0.13	(0.34)	0.14	(0.34)	0.14	(0.35)
村内有宗教场所	0.37	(0.48)	0.42	(0.49)	0.38	(0.49)	0.40	(0.49)
村庄距离县城超过20公里	0.59	(0.49)	0.45	(0.50)***	0.58	(0.49)	0.54	(0.50)

注：①本表匹配后结果基于半径匹配（Caliper = 0.01）；
②括号外数值为均值，括号内数值为标准差；
③采用回归模型（连续型变量采用 OLS 模型，分类变量采用 Logistic 模型）来检验各变量在干预组和对照组（或控制组）中均值差异的显著性，显著性水平显示在对照组或控制组标准差之后；
④ *** p < 0.01，** p < 0.05，* p < 0.10。

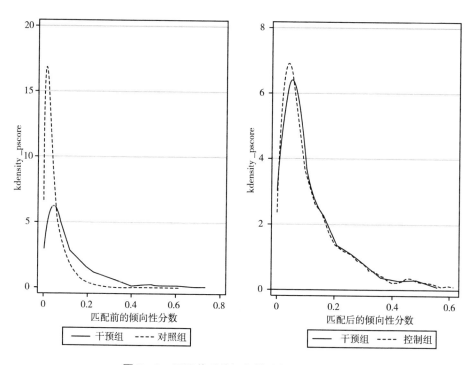

图 7－1　匹配前后的倾向性分数核密度分布

（三）PSM-DID 估计结果

表7-4 给出了农村低保政治社会效应在全部样本中的 PSM-DID 估计结果。基于半径匹配的估计结果（第1列）显示，农村低保会显著提高受助个体对地方政府干部的信任程度。一方面，低保为受助家庭提供了基本生活保障，降低了其陷入贫困的风险，这使受助者切实感受到地方政府干部对其福利状况的关注，从而促进了受助者对地方政府干部的信任。另一方面，农村低保执行中存在精英俘获等政策失范现象（韩华为，2018），同时低保瞄准过程也会给受助者带来社会羞耻感（Li and Walker，2017），这两种因素都会降低受助者对地方政府干部的信任。农村低保对地方政府干部信任的 PSM-DID 净效应为正，这说明低保通过改善受助者福利水平而提升政府干部信任的正效应比瞄准偏误和社会耻感引发的负效应更大。谢治菊（2013）指出，中国农民的政府信任主要体现为以利益为核心的算计型信任，从政府获得的好处越多，农民对政府的总体信任和支持度越高。上述估计结果也很好地印证了该观点。

表7-4 　　　　　　　　　　**基于全部样本的 PSM-DID 效应估计结果**

项目	半径匹配	K 最近邻匹配	核匹配
政府信任			
对地方政府干部的信任	0.262 ***	0.228 **	0.219 ***
社会信任			
对父母的信任	− 0.158 ***	− 0.227 ***	− 0.208 ***
对邻居的信任	0.063	0.042	0.047
对陌生人的信任	0.361 ***	0.339 ***	0.367 ***
对医生的信任	0.023	− 0.027	− 0.016
社会问题严重程度主观感受			
贫富差距问题	− 0.182 ***	− 0.382 ***	− 0.212 ***
教育问题	− 0.047	− 0.256 *	− 0.062
医疗问题	− 0.387 ***	− 0.555 ***	− 0.355 ***
就业问题	0.044	0.080	0.028
住房问题	− 0.054	− 0.205	− 0.055
社会保障问题	− 0.349 ***	− 0.647 ***	− 0.345 ***
N	10 567	2 513	10 580

注：①N 代表共同支撑域内的样本数量；

②半径匹配中，caliper = 0.01；k 最近邻匹配中，k = 5，caliper = 0.01；核匹配中，核类型为 normal，bwidth = 0.01；

③ *** $p < 0.01$，** $p < 0.05$，* $p < 0.10$。

社会信任方面。表 7 - 4 中半径匹配 PSM-DID 估计结果显示，获得农村低保会显著提升受助个体对陌生人的信任水平，但同时却会降低其对父母的信任水平。农村低保为贫困农民生活提供最后的兜底，定期获得低保金能够提升受助者的安全感，而安全感的提升有助于改善其对陌生人的信任水平。一个比较意外的结果是低保会降低受助者对父母的信任水平。我们尝试从两个角度来理解该结果。一方面，如果受助者和父母同住，那么受助者和其父母就如何使用低保金可能产生决策冲突，这种冲突可能会损害受助者对父母的信任程度。在其他发展中国家减贫项目背景下，一些文献曾发现家庭成员之间在使用救助金方面会存在冲突（Kirera，2012；Samuels et al.，2016）。另一方面，如果受助者和父母不同住，那么受助者获得低保可能挤出原本可以从父母处获得的私人救助，这同样可能降低受助者对父母的信任水平。

社会问题主观感受方面。表 7 - 4 中半径匹配 PSM-DID 估计结果表明，获得农村低保会显著降低受助者对贫富差距、医疗和社会保障问题严重程度的主观感受。根据《社会救助暂行办法》，农村低保户不仅能获得现金救助，当发生特定需求时，还可以获得医疗、教育、就业、住房等多方面的专项救助。由于低保提供的现金救助能够降低收入不平等程度，因此可以缓解受助者对贫富差距问题严重性的感受。患病是农民主要的致贫原因之一，获得低保金以及相应的医疗救助能够较大程度地缓解受助者的医疗负担，从而降低其对医疗问题严重程度的感受。最后，低保以及相关的专项救助为受助者提供了全方位的福利支持，这必然会有效降低受助者对社会保障问题严重性的感受。但是，农村低保对教育问题、住房问题和就业问题严重性感受的影响却并不显著，这说明农村地区与低保配套的教育救助、住房救助和就业救助执行效果有待进一步改善。

表 7 - 4 第 2 ~ 3 列给出了基于 k 最近邻匹配和核匹配的 PSM-DID 估计结果。无论是影响方向还是显著性水平，三类匹配方法下的估计结果基本一致。这说明估计结果具有较好的稳健性。

（四）异质性分析

农村低保的政治社会效应在不同群体之间可能存在差异，本章从贫困状况和所处地区两个角度来检验这种异质性效应。许多定量评估研究发现，农村低保实际瞄准中存在较为严重的错保偏误（韩华为，2018；韩华为、高琴，2018）。这意味着贫困组群和非贫困组群中都会有个体获得农村低保救助。在此背景下，本部分首先要探讨的问题是，农村低保的政治社会效应在贫困组群和非贫困组群之间是否存在差异。我们用家庭人均收入在 2012 年和 2014 年两个年度的均值来度量样本个体的福利水平，并将其与农村官方贫困线进行比较确定其是否贫困①。将总样本分成贫困组和非贫困组之后，我们在两个组群中分别进行 PSM-DID 估计②。

表 7 - 5 给出了各类效应在贫困组和非贫困组中的估计结果。总体来看，在改善政府信任和社会信任，以及降低社会问题严重程度感受方面，农村低保在贫困组中的效应比在非贫困组中更为突出。政治信任方面，尽管低保在两个组别中均会显著提高受助者的政府信任，但该效应在贫困组中更大。与非贫困个体相比，贫困个体对低保救助的需求程度更高，低保能给贫困个体带来更高的边际效用。而更显著的福利改善则会更大程度的提高贫困受助者对地方政府干部的信任。社会信任方面，获得低保会显著提高贫困受助者对邻居的信任，但该效应在非贫困组群中不显著。无论是否贫困，获得低保都会通过促进受助者的社会参与来改善其对邻居的信任。但是，与贫困个体相比，非贫困个体获得救助更容易引致其他社区成员的嫉恨，由此引发的社会冲突往往会削弱其对邻居的信任（MacAuslan and Riemenschneider, 2011）。由于该负向效应对贫困受助者的影响较小③，因此获得低保就更可能显著提升其对邻居的信任水平。另外，低保倾向于更大程度地降低贫困受助者对父母的信任。与非贫困个体相比，贫困个体获得救助更可能挤出来自非同住父母的非正规社会支持（Oduro, 2015），同时贫困个体和其同住父母就如何使用救助金也更容易发生冲突（Kirera, 2012；Samuels et al., 2016），这些原因都可能降低贫困个体对父母的信任。社会问题感受方面，获得低保能够显著降低贫困受助者对贫富差距、教育、医疗、就业和社会保障问题的严重感

---

① 农村官方贫困线调整为 2014 年不变价为 2 800 元/人·年。

② 分组后，基于 k 最近邻匹配获得的控制组样本过少，这会降低 PSM 的估计效率。基于核匹配与基于半径匹配的估计结果基本一致。因此，表 7 - 5 仅汇报了基于半径匹配的估计结果。

③ 在大多数社会背景下，贫困个体获得救助，尤其是那些处于持续性贫困的个体获得救助符合社会公平原则。因此引致其他社区成员嫉妒和怨恨的可能性较小。

受，而获得低保仅显著降低了非贫困受助者对医疗和社会保障问题的严重感受。

表7-5　　　　　　基于不同子样本的 PSM-DID 效应估计结果

项目	贫困	非贫困	东部	中部	西部
政府信任					
对地方政府干部的信任	0.538 ***	0.187 ***	0.538 ***	0.604 ***	-0.080
社会信任					
对父母的信任	-0.334 ***	-0.078 *	-0.193 ***	0.026	-0.274 ***
对邻居的信任	0.375 ***	-0.062	0.480 ***	0.196 **	-0.228 **
对陌生人的信任	0.144	0.459 ***	0.961	0.309 ***	0.108
对医生的信任	0.084	-0.019	0.279 ***	0.363 ***	-0.323 ***
社会问题严重程度主观感受					
贫富差距问题	-0.898 ***	0.056	-0.240 **	-0.110	-0.198 *
教育问题	-0.408 **	0.112	-0.211 *	0.073	-0.006
医疗问题	-0.301 *	-0.431 ***	-0.480 ***	-0.487 ***	-0.241 **
就业问题	-0.364 **	0.209 ***	0.369 ***	0.057	-0.057
住房问题	-0.117	0.016	-0.294 **	-0.049	0.096
社会保障问题	-0.578 ***	-0.292 ***	-0.580 ***	-0.483 ***	-0.120
N	1 333	9 234	4 081	3 187	3 299

注：①表中结果基于半径匹配（caliper = 0.01）；
②N 代表共同支撑域内的样本数量；
③ *** p < 0.01，** p < 0.05，* p < 0.10。

另外，我们将总样本按地区分为东部、中部、西部三个子样本，然后我们在三个组群中分别进行基于半径匹配的 PSM-DID 估计。表7-5 第3~5列给出了在东部、中部、西部三个子样本中的估计结果。通过比较不难发现，在改善政府信任和社会信任，以及缓解社会问题感受方面，农村低保在西部地区的效果不如东中部地区。在西部地区，获得低保对受助者政府信任的影响不显著，但却对受助者父母信任、邻居信任和医生信任都有显著的负向影响。与东中部地区相比，西部地区贫困发生率更高，基层行政能力更弱。因此在农村低保执行中更容易出现精英俘获等政策失范现象，以及社区内为争夺低保资源而产生的激烈冲突，这些都会削弱低保在改善政府信任和社会信任方面的效应。与东中部地区相比，农村低保在西部地区的救助标准更低，各类专项救助完善程度较差，这制约了低保在西部地区缓解受助者社会问题严重性感受方面的作用。

五、结论与政策启示

基于 CFPS 2012 和 2014 农村样本构成的面板数据，使用倾向值匹配和双重差分相结合（PSM-DID）的识别策略，本章严格评估了农村低保对受助者政府信任、社会信任和社会问题主观感受的影响效应。研究结果发现：农村低保能够有效提升受助者，尤其是贫困受助者对地方政府的信任水平；获得低保可以改善贫困受助者对邻居的信任程度，但同时也会削弱其对父母的信任程度；农村低保能够有效降低受助者对贫富差距、医疗、社会保障问题严重程度的主观感受，且该效应在贫困群体中更为突出；在改善政治信任和社会信任，以及缓解社会问题严重程度感受方面，农村低保在西部地区的作用不如在东中部地区。

本章实证结论具有以下几个方面的政策启示。第一，政策失范引发的瞄准偏误会削弱农村低保的正向政治社会效应。漏保和错保通过侵蚀社会正义感而降低农村居民对政府的信任。漏保和错保还可能引发村庄内社会冲突，进而损害社会信任。只有最大限度地杜绝漏保和错保，才能最大化的实现农村低保的政治社会效应。因此，改善贫困识别手段，提升低保瞄准效果，仍然是未来农村低保制度优化的重要方向。第二，获得低保能够显著降低受助者对贫富差距、医疗、社会保障问题严重性的主观感受，但对教育、就业和住房问题严重性感受的影响不显著。这说明，农村地区与低保配套的教育救助、就业救助和住房救助执行效果有待进一步提高。第三，西部地区农村低保在改善政府信任和社会信任，以及缓解社会问题感受方面的效果更差。与东部和中部地区相比，西部地区贫困发生率高，但低保救助水平较低、基层行政能力差、社会保障体系更不完善。因此，在低保领域，未来需要在资金、人力和制度层面给予西部更多的扶持。第四，本章结论表明农村低保具有广泛的政治社会效应，这些效应应该在未来的政策调整和政策效果评估中给予足够的重视。

本章实证分析也存在一些不足。首先，在政府信任的测量方面，受到数据限制，我们只能通过个体对地方政府干部的信任来对其进行间接性测量。在未来的农户调查中，需要设计专门板块对政府信任进行更全面的测量。例如，可以搜集个体对不同层级政府及其干部的信任水平、对不同职能部门政府机构及其干部的信任水平等信息。其次，在政府信任和社会信任，以及社会问题感受方面，低保干预对受助者和非受助者都可能产生影响。但是，基于定量评估技术，本章只能考察农村低保对受助者产生的政治社会效应。如何结合定性研究方法，探讨低保干预对非受助者的政治社会效应是未来深化本研究的重要方向。

参考文献

［1］韩华为.农村低保户瞄准中的偏误和精英俘获：基于社区瞄准机制的分析［J］.经济学动态，2018（2）.

［2］韩华为，高琴.中国农村低保制度的保护效果研究：来自中国家庭追踪调查（CFPS）的经验证据［J］.公共管理学报，2017（2）.

［3］韩华为，高琴.代理家计调查与农村低保瞄准效果：基于CHIP数据的分析［J］.中国人口科学，2018（6）.

［4］贺雪峰.农村低保实践中存在的若干问题［J］.广东社会科学，2017（3）.

［5］梁晓敏，汪三贵.农村低保对农户家庭支出的影响分析［J］.农业技术经济，2015（11）.

［6］刘丽娟.我国城乡低保家庭基本状况分析：基于2016年中国城乡困难家庭社会政策支持系统建设项目的调查［J］.中国民政，2017（21）.

［7］仇叶，贺雪峰.泛福利化：农村低保制度的政策目标偏移及其解释［J］.政治学研究，2017（3）.

［8］谢宇，胡婧炜，张春泥.中国家庭追踪调查：理念与实践［J］.社会，2014（2）.

［9］谢治菊.农村最低生活保障制度与农民对政府信任的关系研究：来自两次延续性的调查［J］.中国行政管理，2013（6）.

［10］Attanasio，O.，Pellerano，L.，＆ Sandra Polanía Reyes.（2009）.Building trust? Conditionalcash transfer programmes and social capital. *Fiscal Stud-*

ies, 30（2），139 – 177.

［11］ Camacho, L. (2014). *The effects of conditional cash transfers on social engagement and trust in institutions*：*Evidence from Peru's Juntos Programme*. German Development Institute Discussion Paper No. 24.

［12］ Cameron, L, & Shah, M. (2013). Can mistargeting destroy social capital and stimulate crime? Evidence from a cash transfer program in Indonesia. *Economic Development and Cultural Change*, 62（2），381 – 415.

［13］ Chong, A. , Nopo, H. , & Rios, V. (2009). *Do welfare programs damage interpersonal trust? Experimental evidence from representative samples for four Latin American cities*. Inter-American Development Bank Working Paper No. 668.

［14］ Evans, D. , Holtemeyer, B. , & Kosec, K. (2019). Cash transfers increase trust in local government. *World Development*, 114, 138 – 155.

［15］ Golan, J. , Sicular, T. , & Umapathi, N. (2017). Unconditional cash transfers in China：Who benefits from the Rural Minimum Living Standard Guarantee (Dibao) Program? *World Development*, 93, 316 – 336.

［16］ Heckman, J. , Ichimura, H. , & Todd, P. (1997). Matching as an econometric evaluation estimator：evidence from evaluating a job training programme. *Review of Economic Studies*, 64（4），605 – 654.

［17］ Hunter, W. , & Sugiyama, N. (2014). Transforming subjects into citizens：Insights from Brazil's Bolsa Família. *Perspectives on Politics*, 12（4），829 – 845.

［18］ Kakwani, N. , Li, S. , Wang, X. , & Zhu, M. (2019). Evaluating the effectiveness of the Rural Minimum Living Standard Guarantee (Dibao) Program in China. *China Economic Review*, 53, 1 – 14.

［19］ Kirera, P. (2012). *Implications of cash transfer programmes for social relations*：*Kenya's Cash Transfer for Orphans and Vulnerable Children（CT – OVC）*. Master's Thesis submitted to the International Institute of Social Studies of Erasmus University Rotterdam.

［20］ Leites, M. , Pereira, G. , Rius, A. , Salas, G. , & Vigorito, A. (2017). *Protocol*：*The effect of cash transfers on social solidarity*：*A systematic re-*

view. The Campbell Collaboration Report No. 2017 – 06 – 16.

[21] Li, M. , & Walker, R. (2017). Shame, stigma and the take-up of social assistance: Insights from rural China. *International Journal of Social Welfare*, 26, 230 – 238.

[22] MacAuslan, I. , & Riemenschneider, N. (2011). Richer but resented: What do cash transfers do to social relations? *IDS Bulletin*, 42 (6), 60 – 66.

[23] Mansuri, G. , & Rao, V. (2013). *Localizing development: Does participation work?* Washington, D. C: World Bank.

[24] Oduro, R. (2015). Beyond poverty reduction: Conditional cash transfers and citizenship in Ghana. *International Journal of Social Welfare*, 24 (1), 27 – 36.

[25] Samuels, F. , & Stavropoulou, M. (2016). Being able to breathe again: The effects of cash transfer programmes on psychosocial wellbeing. *The Journal of Development Studies*, 52 (8), 1099 – 1114.

[26] Woolcock, M. (1998). Social capital and economic development: Toward a theoretical synthesis and policy framework. *Theory and Society*, 27 (2), 151 – 208.

[27] World Bank. (2014). *The state of social safety nets* 2014. Washington, DC: The World Bank.

[28] Wu. Q. , & Xie, Y. (2014). The effects of contextual and individual-level factors on Chinese adults' attitudes toward social environments. *Chinese Sociological Review*, 47 (1), 84 – 102.

[29] Zhao, L. , Guo, Y. , & Shao, T. (2017). Can the minimum living standard guarantee scheme enable the poor to escape the poverty trap in rural China? *International Journal of Social Welfare*, 26, 314 – 328.

第八章

中国农村低保制度的主观福祉效应研究[*]

一、引　言

近 40 年以来，得益于快速的经济增长和大规模的开发式扶贫战略，中国农村的贫困水平显著下降（Li and Sicular，2014）。尽管如此，农村贫困问题仍然是中国发展进程中的重大挑战。2007 年，中国政府出台了农村最低生活保障制度（简称为农村低保）。作为削减绝对贫困的重要举措，农村低保已经成为中国农村地区最为重要的社会救助制度。农村低保的政策目标在于为绝对贫困人口提供经济救助，从而保障其最低生活水平。无论从覆盖人口数量，还是从财政投入水平来看，农村低保都已经成为世界上规模最大的社会救助项目之一（World Bank，2014）。

农村低保能够改善受助者的福祉水平吗？大多数学者使用家庭收入或消费支出来衡量家庭福祉，并以此为基础考察了农村低保对受助家庭福祉水平的影响。这些研究发现，获得农村低保不仅能够显著降低受助家庭的收入贫困水平（韩华为、徐月宾，2014；韩华为、高琴，2017；Golan et al.，2017；Kakwani et al.，2019），而且还能够显著提升受助家庭在食品、住房、医疗和教育等基本需求领域的消费支出（Han et al.，2016；Zhao et al.，2017；Wang et al.，2019）。与其同时，也有一些研究考察了农村低保对受助者非物质福祉水平的影响效应。比如，高琴等（Gao et al.，2015）通过分析低保对受助家庭户主时间利用模式的影响发现，农村低保会显著降低受助家庭户主

＊ 本章为笔者和高琴教授合作的一篇文章。原文以 "*Does welfare participation improve life satisfaction? Evidence from panel data in rural China*" 为题发表在 *Journal of Happiness Studies*，2020 年第 21 卷第 5 期上。本章为韩华为主持的国家自然科学基金项目 "中国农村低保救助的瞄准、减贫效应和行为激励研究"（71703008）的成果之一。

花在社会活动方面的时间。韩华为等（Han et al.，2016）的研究则发现，获得农村低保与家庭社会参与支出（比如赠送亲友支出）存在显著的负向关系。这些结果反映出农村低保可能会对受助者的关系福祉水平产生负面影响。

作为一类总体性福祉度量指标，主观福祉的重要价值近年来在学术界和政策领域已经得到广泛的确认（Layard，2010；Oswald and Wu，2010）。从概念层面来看，主观福祉超越了福祉水平的货币性度量，它进一步综合涵盖了社会关系、安全感、自治性和可行能力等多方面的非物质福祉维度。因此，探讨农村低保的主观福祉效应能够帮助我们对其政策效果有更准确的评估。然而，到目前为止，已有文献对农村低保的主观福祉效应却少有触及。

在本研究中，我们将首次基于生活满意度指标来考察中国农村低保对受助者主观福祉水平的影响效应。具体而言，我们将基于 2012 年和 2014 年中国家庭追踪调查构成的面板数据，并使用倾向值匹配和双差分相结合（PSM-DID）的计量方法来实证考察下述三个问题。首先，获得农村低保会提高还是会降低受助者的生活满意度？其次，农村低保是否会通过主观社会地位和未来信心程度这两个中介变量来间接影响受助者的生活满意度水平？最后，农村低保对生活满意度的影响，以及主观社会地位和未来信心程度在上述关系中的中介效应在年轻人、中年人和老年人群体中是否存在异质性？

相较于已有文献，本章的边际贡献主要体现在以下三个方面。第一，本研究首次考察了农村低保对受助者生活满意度的影响及其在不同年龄群体中的异质性。我们还进一步深入探讨了主观社会地位和未来信心程度在农村低保获得和生活满意度关系之中的中介效应。本章实证结论对于农村低保的未来政策优化具有重要的指导意义。

第二，本章所使用的中国家庭追踪调查（CFPS）是一项大样本微观调查数据，其样本覆盖了 25 个省份的 162 个区县，它具有全国代表性。该数据不仅包含了低保参与、主观社会地位、未来信心程度、生活满意度信息，而且还包含了丰富的个体、家庭和社区层面的特征变量信息。此外，由于 CFPS 是一项追踪调查，以此构建的面板数据有助于我们采用更严格的实证方法来准确估计农村低保对结果变量的影响效应。

第三，本章使用倾向值匹配和双重差分相结合的方法（PSM-DID）来解决样本选择问题。在政策效果评估研究中，样本选择带来的估计偏差是一个重要的实证难题（Dehejia and Wahba，1999）。接受政策干预的处理组样本与未接受政策干预的对照组样本之间存在特征变量的系统性差异，这些特征变量不仅会影响样本是否接受政策干预，而且还可能对所研究的结果变量产生影响。在此基础上，如果简单地将未接受政策干预的样本设置为控制组，并且通过比较处理组与控制组在结果变量上的差异来评估政策效果，那么评估结果就很可能存在偏差。近年来，一系列文献使用倾向值匹配方法来解决政策效果评估中的样本选择问题（Gao et al.，2014；Gao et al.，2015；Han et al.，2016；Gao and Zhai，2017；Wang et al.，2019）。但是，倾向值匹配方法仅能消除可观测特征变量引致的样本选择偏误，而难以克服不可观测异质性引致的样本选择问题，而后者在政策效果评估中同样会导致严重的估计偏差。本章基于面板数据，并使用倾向值匹配和双重差分相结合的计量方法来评估农村低保对生活满意度的影响效应。倾向值匹配和双重差分相结合的方法有助于进一步消除不随时间改变的不可观测异质性引起的样本选择偏误，因此有助于获得更为准确的评估结果（Heckman et al.，1997；Smith and Todd，2005）。

本章剩余部分结构安排如下。第二部分简要介绍农村低保的政策设置和发展历程。第三部分梳理相关实证文献。第四部分构建本章的分析框架。第五部分介绍实证方法、数据及变量测量。第六部分给出实证结果。第七部分对结果进行讨论。最后一部分是结论和政策启示。

二、政策背景

作为中国农村主要的社会救助制度，农村低保为那些人均收入低于当地低保标准的家庭提供现金救助。一般情况下，农村低保的救助金额等于救助前家庭人均收入与当地低保标准之间的差额，因此获得低保救助能够保证受助家庭的人均收入达到低保标准水平。此外，农村低保还与教育救助、医疗救助、住房救助、临时救助等其他专项救助相捆绑。换句话说，一个家庭一旦获得农村低保救助，该家庭就相应的获得接受上述专项救助的资格。这些专项救助有助于解决低保人口中一些子群体在教育、医疗、住房等领域中的特殊困难。一些文献发现，农村低保群体往往能够获得医疗救助和教育救助（贺雪峰，2017；仇叶、贺雪峰，2017）。具体的，那些面临重度医疗需要和支付困难的低保群体能够获得医疗救助。医疗救助能够为这些低保群体代缴医疗保险保费，以及对其住院自付医疗支出进行医保报销之后的二次报销。教育救助则通过减免学费和提供补贴的方式来帮助低保家庭的子女完成相应阶段的教育。医疗救助和教育救助在缓解农村低保群体医疗困难和教育困难方面效果显著。与此同时，一些文献却发现，针对农村低保群体的就业救助覆盖率较低、执行力度不足，这导致其在促进低保群体就业方面效果不佳（卓锴化、施冀，2016）。

尽管农村低保是一项全国性的政策，但是其在筹资和执行层面是高度分权化的。地方政府负责设定当地低保标准并定期对其进行调整。此外，地方政府对农村低保的筹资负有主要责任，中央政府只对财政能力不足的地方政府进行低保资金支持。农村低保通过家计调查方法来瞄准政策干预对象，所以农村家庭在申请低保过程中往往需要接受入户调查和密集的公共监督。因此，尽管农村低保有助于提高受助者的物质福祉水平，但是接受低保也可能引发受助者较为严重的福利耻感。

自2007年在全国范围内建立以来，农村低保发展极为迅猛。2007年，农村低保覆盖人口数量为3 566万人，占当年农村总人口的份额为4.99%。到2013年，农村低保覆盖人口数量迅速提高至5 388万人，占当年农村总人口的份额为8.56%。同一时期，各级财政支出农村低保资金总额也从2007年的109.1亿元持续增加至2013年的866.9亿元。2013年之后，农村低保覆盖人口数量开始出现下降趋势。2016年，农村低保覆盖人口数量下降至4 587万人，占当年农村总人口的份额也下降至7.78%。但是，农村低保财政投入在2013年之后仍然保持持续增长的势头。到2016年，各级财政支出农村低保资金总额已经增长至1 014.5亿元。农村低保的发展趋势还可以从低保标准和救助水平的变化中得到体现。2007~2016年，全国农村低保平均保障标准从840元/人·年上升至3 744元/人·年，而农村低保救助水平也从306元/人·年上升至2 212元/人·年。

农村低保人口的年龄结构具有什么特征呢？图8-1显示了2007~2017

年农村低保人口的年龄结构特征。不难看出，农村低保人口的主体是18～59岁的劳动年龄人口。然而，劳动年龄人口数量占农村低保总人口的份额却整体呈现出下降趋势。该份额从2007年的60%下降至2015年的48%。2015～2017年，该份额一直维持在48%～49%的水平。农村低保人口中所占份额排名第二的是老年人。2007年，农村低保人口中老年人的份额为29%。到2017年，该份额已经上升至39%。该趋势反映了这些年间中国农村地区快速的老龄化进程。最后，农村低保人口中儿童的占比为11%～13%。此外，根据民政部最新的管理数据显示，2017年，在所有的劳动年龄农村低保人口中，大约有58%的人具有劳动能力，而其他42%的人因为残疾、重病和其他原因不具有劳动能力。

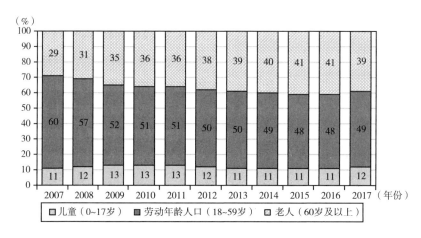

图 8-1　农村低保人口的年龄结构

资料来源：民政部网站。

三、文献回顾

有越来越多的文献探讨福利项目对受助者主观福祉水平的影响，其中很多文献考察了发展中国家现金转移支付项目的主观福祉效应。由于非缴费型养老保险（或社会养老保险）是发展中国家中最为流行的现金转移支付项目，许多学者考察了这类项目的主观福祉效应。结果表明，中国和其他发展中国家的非缴费型养老保险项目能够显著提升受助者的主观福祉水平

（Lloyd-Sherlock，2012；张川川等，2014；何泱泱、周钦，2016；Ding，2017）。与非缴费型养老保险给予所有符合年龄条件的老人不同，农村低保通过家计调查方法来瞄准贫困人口，因此农村低保更可能引发福利耻感。心理层面的福利耻感进而可能对受助者的主观福祉产生负面影响。所以，农村低保获得与主观福祉之间的关系需要基于严格的实证方法来进行深入研究。

　　国外一些学者基于规范的定量方法实证考察了家计调查型现金转移支付项目的主观福祉效应，大多数研究发现这类项目对受助者主观福祉有显著的促进作用（Handa et al.，2014；Haushofer and Shapiro，2016；Galama et al.，2017；Kilburn et al.，2018）。基于来自肯尼亚的大样本家户调查数据和严格的随机对照实验方法，汉达等（Handa et al.，2014）发现那些获得 CT - VOC 项目（肯尼亚规模最大的家计调查型社会保护项目）救助的家庭户主对其健康状况和整体生活质量表现出更高的满意度。在另外一项来自肯尼亚的随机对照实验评估研究中，豪斯霍弗和夏皮罗（Haushofer and Shapiro，2016）发现获得非政府组织 GiveDirectly 给予的家计调查型现金转移支付有助于改善受助个体的主观幸福感和生活满意度，同时也有助于降低受助个体的抑郁水平和焦虑程度。基于一项具有全国代表性的家户调查数据，并使用模糊断点回归方法，加拉马等（Galama et al.，2017）评估了哥伦比亚一项家计调查型现金转移支付项目 Familias en Accion Urbano 的政策效果，结果发现获得该项目能够显著改善受助家庭户主的主观幸福感和总体生活满意度。使用一项包含 3 365 个家庭样本的面板数据和聚类随机面板数据模型，基尔伯恩等（Kilburn et al.，2018）分析了马拉维一项针对极端贫困和缺乏劳动力家庭现金转移支付项目对受助家庭中照料提供者主观福祉水平的影响。研究结果表明，那些受助家庭中的照料提供者有更高的生活满意度和对未来的信心程度。

　　还有一些公共卫生领域的文献探讨了发展中国家家计调查型现金转移支付项目对受助者心理健康状况的影响效应。来自肯尼亚 CT - OVC 项目和墨西哥 Oportunidades 项目的证据表明，获得这两项现金转移支付救助分别有助于降低青少年受助者和女性受助者的抑郁症状，并且上述影响效应具有临床诊疗意义。这些结果说明现金转移支付项目可能对受助者主观福祉水平存在潜在的正向效应（Ozer et al., 2011；Kilburn et al., 2016）。

截至目前，仅有一项研究在中国背景下探讨了获得家计调查型现金转移支付项目对受助者主观福祉水平的影响。基于 2002 年中国家庭收入调查（CHIP）数据和倾向值匹配分析方法，高琴和翟福华（Gao and Zhai, 2017）评估了中国城市最低生活保障制度（简称城市低保）的主观福祉效应。与其他发展中国家背景下的研究结果（家计调查型现金转移支付项目具有正向主观福祉效应）不同，高琴和翟福华发现，相比于那些未获得城市低保的控制组样本，城市低保受助样本的主观幸福感更低。该研究进一步的中介效应分析表明，主观经济期望在城市低保和主观幸福感之间存在中介效应。具体的，城市低保受助者倾向于有更悲观的主观经济期望，这进而导致他们具有更低的主观幸福感。两位作者认为，城市低保申请和领取过程中产生的福利耻感可能是这种负向主观福祉效应的主要来源。此外，两位作者也指出，他们所使用的横截面数据及倾向值匹配分析方法难以完全消除样本选择偏误，这也可能影响估计结果的可靠性。因此，未来需要采用更严格的实证研究方法来探讨低保政策对受助者主观福祉水平的影响。与城市低保相比，农村低保的财政投入更大、覆盖人口更多，然而到目前为止仍然没有文献对农村低保的主观福祉效应展开严格的实证检验。

四、分析框架

从理论层面来看，农村低保对受助者的生活满意度可能有直接和间接两个方面的影响（见图 8-2）。首先，来自农村低保的现金救助和与低保相捆绑的专项救助有助于改善受助个体的经济状况和满足他们的基本需要，这体现为对其生活满意度的直接影响。按照马斯洛的需求层次理论，穷人的生活质量与其基本需求能否得到满足密切相关。另外，已有的实证文献发现，在中国农村地区和其他的发展中国家背景下，绝对收入水平和主观福祉之间存在稳健的正向关系（Howell et al., 2008；Knight et al., 2009；Sacks et al., 2012；Stevenson and Wolfers, 2013；Bai and Wu, 2017）。这同样支持上述农村低保对生活满意度水平的直接影响效应。

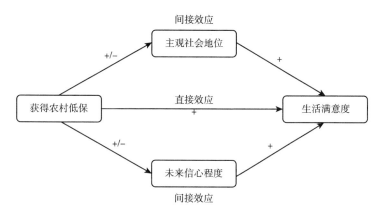

图 8 - 2　农村低保对受助对象生活满意度的影响机制

注：图中"＋"代表正向效应，"－"代表负向效应。

其次，农村低保还可能通过一些心理路径（比如通过影响受助者的主观社会地位和未来信心程度）来对受助者的生活满意度产生间接影响。这种间接影响既可能是正向的，也可能是负向的。一方面，获得农村低保能够减轻受助者对其亲友的经济依赖，这不仅使得受助者在饮食和衣着方面的基本需求得到满足，而且有助于提升其主观社会地位和未来信心程度，最终有助于提高其生活满意度。基于定量和定性分析方法的一系列文献发现，与非受助者或受助之前的情形相比，福利项目的受助者对未来更加乐观，对未来更加充满希望，并且拥有更高的自尊和主观社会地位（Handa et al.，2014；Attah et al.，2016；Haushofer and Shapiro，2016；Samuels and Stavropoulou，2016）。一些文献发现个体对未来的乐观程度和希望程度与他们的生活满意度之间存在正向关系（Baily et al.，2007；Bronk et al.，2009；Halama，2010）。另外，也有文献发现主观社会地位和生活满意度之间存在较强的正向关系（Curhan et al.，2014；Huang et al.，2017）。

另一方面，作为一项家计调查型福利项目，农村低保可能产生福利耻感效应，这进而可能对受助者的生活满意度产生负向影响。农村低保相关的福利耻感可能有两个主要的来源。首先，农村低保的申请过程涉及密集的筛查和公共监督，这可能会挫败申请者的士气并引发福利耻感（Gao，2017；Li and Walker，2017）。例如，在农村低保的申请过程中，申请者的名字和家庭信息需要在社区内部进行公示，这会牺牲申请者的隐私并损害他们的自尊

（霍萱、林闽钢，2016）。另外，在中国农村地区，低保受助者往往被贴上"穷人"标签。在农村社区内部，穷人标签本身就会带来羞辱感（Chen and Yang，2016）。尤其是，那些有劳动能力的穷人往往被贴上"不愿意承担责任"或"依赖福利的懒骨头"等标签。由于这种负面的刻板印象，农村低保受助者往往在人际关系网络中遭到歧视。来源于申请过程和穷人标签的耻感导致更低的主观社会地位和未来信心程度，这进而间接地对受助者生活满意度产生负向影响。因此，探讨获得农村低保与生活满意度关系中的中介效应有助于对该关系中的心理作用机制有更深入的理解。

为了理解农村低保对生活满意度影响效应在不同年龄阶段群体中的异质性，我们采用生活领域理论来解释上述效应在青年人、中年人和老年人三个群体中的差异。按照生活领域理论，个体的总体生活满意度受到不同生活领域满意度结果的广泛影响（Easterlin，2006；Rojas，2015；Bardo，2017）。对于不同年龄阶段的成人来说，其最为重要的生活领域存在差异。比如，青年人认为教育是其最为重要的生活领域，老年人认为健康是其最为重要的生活领域，而中年人可能把工作看作他们最为重要的生活领域（Nurmi，1992；Easterlin and Sawangfa，2009；Bardo，2017）。

正如本章第二部分所述，农村低保不仅为受助者提供现金救助，而且还使受助者在有需要时可以获得相应领域的专项救助。低保提供的现金救助及与其相捆绑的专项救助有助于满足受助者各个生活领域的基本需求，这进而会影响受助者在不同生活领域中的满意度。教育救助和医疗救助是农村低保受助者可以获得的两种最重要的专项救助。具体的，获得教育救助有助于满足青年低保受助者的受教育需求，而获得医疗救助有助于满足老年低保受助者的医疗需求。根据生活领域理论，教育和健康分别是青年人和老年人最看重的两个生活领域。因此，获得农村低保及与其相捆绑的专项救助对青年人和老年人的生活满意度有更显著的促进作用。由于就业救助的覆盖率低、执行力度不足，农村低保对以工作为核心生活领域的中年人的生活满意度的促进作用可能更小（卓锚化、施冀，2016）。

另外，农村低保相关的福利耻感的严重程度在不同年龄群体中也可能存在差异。对于青年人来说，由于其自立能力不足，而且所承担的责任也相对有限，因此他们更容易被家庭和社区成员包容（Brockmann，2010）。老年人进入生命周期的末端，他们往往面临生产能力的衰减和健康风险的提高，因此在很多文化背景下老年人往往会得到其他社会成员的关爱和优待（Barrientos et al.，2003）。对于青年人和老年人这两个群体，获得农村低保及其他专项救助更容易被其他社区成员接纳，这使得对他们来讲低保相关的福利耻感程度较低。与上述两个群体不同，中年人在中国农村地区一般会被看作家庭的经济支柱（张雪霖，2015）。中年人成为低保对象很容易被其他社区成员贴上"无能"和"失败者"的标签，这会导致他们遭遇比青年低保受助者和老年低保受助者更为严重的福利耻感。因此，农村低保通过福利耻感对生活满意度的负向影响可能对中年人群体更大。

五、实证策略、数据及变量测量

（一）倾向值匹配和双重差分方法（PSM-DID）

正如前文所述，如何克服样本选择偏误是福利政策效果评估研究中面临的重大挑战。为了解决该问题，本章在实证分析中采用了倾向值匹配和双重差分相结合的方法。倾向值匹配方法最先由罗森鲍姆和鲁宾（Rosenbaum and Rubin，1983）提出，之后该方法被广泛地应用于福利项目效果评估研究中（Gao et al.，2014；Gao et al.，2015；Han et al.，2016；Gao and Zhai，2017；Wang et al.，2019）。常规性的倾向值匹配方法使用一组可观测的特征变量来预测样本接受干预的概率（即倾向得分）。在此基础上，研究者可以通过最近邻匹配、半径匹配、核匹配等方法为每一个处理组样本匹配出一个或多个与其倾向得分最为接近的对照组样本。在条件独立假定下[①]，那些倾向得分相近的样本被认为在处理组和控制组之间进行了近似的随机指派。

考虑到一些不可观测的因素会同时影响样本是否接受政策干预和结果变量，因此倾向值匹配方法赖以有效的条件独立假定很难得到严格满足。将倾向值匹配与双重差分方法结合使用有助于消除不随时间改变的不可观测异质性引致的样本选择偏误（Heckman et al.，1997；Smith and Todd，2005）。在

---

① 条件独立假定指在控制可观测的特征变量后是否接受政策干预与结果变量相互独立。

倾向值匹配之后，双重差分估计结果等于处理组在干预前后的结果变量的差值减去控制组在同一时期结果变量的差值。通过对干预前和干预后两个期间结果变量进行差分能够消除个体不随时间改变的不可观测异质性，因此倾向值匹配和双重差分相结合的方法有助于获得更可靠的政策效果评估结果。但是，值得注意的是倾向值匹配和双重差分相结合的方法仍然不能消除随时间改变的不可观测异质性引致的样本选择偏误。因此尽管本章结果比基于常规性倾向值匹配方法所得到的结果更可靠，但仍然不能解读为严格的因果性结论。

本章通过下述三个步骤来执行倾向值匹配和双重差分方法。第一步，我们使用一组 2012 年的个体、家庭和社区特征变量来预测每一个样本在 2014 年获得农村低保的概率（倾向性得分）。这组初始期特征变量能够刻画每个样本在未来陷入贫困的风险，因此我们可以基于它们来预测每个样本在 2014 年获得农村低保的倾向性。我们可以通过 Probit 回归模型式（8 - 1）来估计样本 i 的倾向性得分：

$$\Pr(\text{Dibao}_i) = \Phi(\alpha_0 + \alpha_1 X_i) \qquad (8-1)$$

这里 Dibao_i 为 2014 年是否获得农村低保救助的虚拟变量（获得低保 =1；未获得低保 =0）。X_i 代表一组个体、家庭和社区特征变量和省份虚拟变量在 2012 年的取值。加入省份虚拟变量的目的是控制农村低保执行在不同省份之间的差异以及那些与省份相关的社会经济背景因素。

第二步，在估计出倾向性得分之后，我们为每一个农村低保样本匹配出一个或多个与其倾向性得分最为接近的非低保样本。在此基础上，所有低保样本被定义为处理组，而所有被匹配出的非低保样本被定义为控制组。我们采纳规值等于 0.01（caliper =0.01）的半径匹配方法来构建控制组。该匹配方法的优势在于它可以使用半径规值范围内尽可能多的非低保样本来获得尽可能精确的匹配。此外，我们还使用 K 最近邻匹配（K =5，caliper =0.01）和核匹配（核类型为正态，bwidth =0.01）来检验主要结论的稳健性。

第三步，在倾向值匹配和双重差分相结合的方法下，获得农村低保的平均处理效应（$\text{ATT}_{\text{PSM-DID}}$）通过式（8 - 2）来进行估计：

$$\text{ATT}_{\text{PSM-DID}} = E(Y_{14}^T - Y_{12}^T) - E(Y_{14}^C - Y_{12}^C) \qquad (8-2)$$

式（8-2）中 Y 代表结果变量，下脚标 14 和 12 分别代表 2014 年和 2012 年。T 和 C 分别代表处理组和控制组。等式右边的第一项表示处理组在接受农村低保前后结果变量的均值差，第二项则表示控制组在相同期间结果变量的均值差。最后，对这两项进行进一步的差分就可以获得消除不随时间改变的不可观测异质性之后的平均处理效应。

（二）中介效应分析方法

正如图 8-2 所示，农村低保可能通过直接效应和间接效应来共同影响受助者的生活满意度。而农村低保对生活满意度的间接效应可以通过主观社会地位和未来信心程度两个心理变量来实现。在本章中，我们使用倾向值匹配和双重差分基础上的逐步回归方法来检验这两个心理变量在农村低保与生活满意度关系中的中介效应。

根据巴伦和肯尼（Baron and Kenny，1986）所提出的方法，我们使用两个分析步骤来检验上述中介效应。第一步，我们使用上一部分介绍的倾向值匹配和双重差分相结合的方法来考察农村低保对主观社会地位和未来信心程度的影响效应。从技术层面来看，使用倾向值匹配和双重差分相结合的方法所得到的上述效应恰好等于 OLS 回归模型式（8-3）和式（8-4）中 $Dibao_i$ 的回归系数（即 $\hat{\alpha}_1$）。在式（8-3）和式（8-4）中，ΔPSS_i 代表主观社会地位在 2012~2014 年的变化量，而 ΔCAF_i 代表未来信心程度在 2012~2014 年的变化量。

$$\Delta PSS_i = \alpha_0 + \alpha_1 Dibao_i + \varepsilon_i \qquad (8-3)$$

$$\Delta CAF_i = \alpha_0 + \alpha_1 Dibao_i + \varepsilon_i \qquad (8-4)$$

第二步，我们在匹配样本中估计逐步 OLS 回归模型式（8-5）至式（8-8）：

$$\Delta LS_i = \alpha_0 + \alpha_1 Dibao_i + \varepsilon_i \qquad (8-5)$$

$$\Delta LS_i = \alpha_0 + \alpha_1 Dibao_i + \alpha_2 \Delta PSS_i + \varepsilon_i \qquad (8-6)$$

$$\Delta LS_i = \alpha_0 + \alpha_1 Dibao_i + \alpha_3 \Delta CAF_i + \varepsilon_i \qquad (8-7)$$

$$\Delta LS_i = \alpha_0 + \alpha_1 Dibao_i + \alpha_2 \Delta PSS_i + \alpha_3 \Delta CAF_i + \varepsilon_i \qquad (8-8)$$

在所有这些 OLS 回归模型中，因变量 ΔLS_i 代表生活满意度变量在 2012 ~ 2014 年的变化量。在基准模型式（8 - 5）中，唯一的自变量为 $Dibao_i$。然后，通过在式（8 - 6）至式（8 - 8）中逐步加入 ΔPSS_i 和 ΔCAF_i，我们来检验在控制农村低保基础上这两个心理变量对生活满意度的影响效应。最后，通过比较式（8 - 5）至式（8 - 8）中 $Dibao_i$ 的回归系数（即 $\hat{\alpha}_1$）的变化，我们可以来判断主观社会地位和未来信心程度是否起到中介变量的作用。

（三）数据和变量测量

本章使用的数据来自 2012 年和 2014 年两轮中国家庭追踪调查（CFPS）。中国家庭追踪调查是北京大学中国社会科学调查中心所执行的隔年追踪的大样本微观调查数据，该数据具有全国代表性。采用多阶段内隐分层和人口规模成比例的系统概率抽样设计，该调查包含了个体、家庭和社区三个层面的样本，这些样本覆盖了全国 25 个省份的 162 个区县。

本研究的分析单位是 16 岁及以上的成年个体。为了在政策效果评估中使用倾向值匹配和双重差分相结合的方法，我们把研究样本限制为 2012 年未获得农村低保的成年个体。做出这样的限定确保了所有研究样本在初始期具有相同的政策干预结果（即 2012 年均未获得农村低保），而且按照 2014 年是否获得农村低保可以被区分为处理组和对照组。删除那些核心变量存在缺失值的样本之后，我们最终获得样本量为 12 776 个的两期面板数据。在所有的研究样本中，2014 年有 708 个样本个体获得了农村低保。

中国家庭追踪调查询问了每个受调家庭在过去一年是否获得了农村低保救助。如果一个受调家庭回答为获得了农村低保，那我们定义该家庭中的所有成员均为农村低保个体。我们通过两个变量来度量生活满意度。第一个变量是对自己生活的满意度，该变量来自对问题"您对自己生活的满意程度如何？"的回答。第二个变量是对自家生活的满意度，该变量来自对问题"您对自家生活的满意程度如何？"的回答。上述两个变量结果均为五点式李克特刻度，其中 1 代表很不满意，5 代表非常满意。由于家庭内部资源分配的不均等性，农村低保影响对自己生活满意度的效应可能不同于该政策影响对自家生活满意度的效应。

中国家庭追踪调查也询问了个体受调者的主观社会地位和未来信心程度。

主观社会地位度量了受调个体对自身社会地位的自我评价，该变量来自对问题"您在本地的社会地位如何？"的回答。其结果为五点式李克特刻度，其中 1 代表地位很低，5 则代表地位很高。未来信心程度度量了受调个体对未来信心程度的自我评价，该变量来自对问题"您对自己未来的信心程度如何？"的回答。该问题的回答同样为五点式李克特刻度，其中 1 代表很没信心，5 则代表很有信心。

在倾向值匹配过程中，我们控制了一组个体、家庭和社区层面的特征变量，这些变量 2012 年的取值会影响样本个体在 2014 年陷入贫困并获得农村救助的可能性。具体的，个体层面的特征包括年龄、性别、受教育水平、就业状况、婚姻状况、是否少数民族、是否中国共产党党员（简称是否党员）和自评健康状况。家庭层面的特征包括家庭人口数、16 岁以下儿童数量、60 岁及以上老人数量、家庭人均收入的对数、家庭人均净财产（在所有研究样本中的四等分虚拟变量）[①]、家庭是否存在住房困难[②]、家庭遭遇灾难性医疗支出情况（未遭遇、轻度遭遇、重度遭遇）[③]。社区层面的特征包括村庄内是否有卫生站、家族祠堂、寺庙或教堂，村庄是否有民主选举，村庄是否为少数民族聚居区、矿区、自然灾害高发区，村庄距县城是否超过 20 公里。

六、实证结果

（一）描述性统计和匹配前后的平衡性检验

表 8 - 1 给出了生活满意度（对自己生活的满意度和对自家生活的满意度）、主观社会地位和未来信心程度的描述性统计结果。结果显示，无论是

---

① 家庭人均净财产来自敬永爱和谢宇（2014）的测算结果。

② 家庭存在住房困难指因住房面积过小导致出现 12 岁以上的子女与父母同住一室、老少三代同住一室、12 岁以上的异性子女同住一室、床晚上架起白天拆掉、客厅里也架床的情形。

③ M = 家庭自付医疗支出/（家庭总收入 - 家庭食品支出）。当 M < 40% 时，我们定义该家庭未遭遇灾难性医疗支出。当 40% ≤ M < 80% 时，我们定义该家庭遭遇轻度灾难性医疗支出。当 M ≥ 80% 时，我们定义该家庭遭遇重度灾难性医疗支出。

2014 年获得农村低保的处理组，还是 2014 年未获得农村低保的对照组，
2012~2014 年四个变量均出现了显著的上升。更细致的观察可以发现，与对
照组相比，这四个变量在 2012~2014 年的上升幅度在处理组中更高。这说明
农村低保对生活满意度、主观社会地位和未来信心程度均存在潜在的影响
效应。

表 8-1　　　生活满意度、主观社会地位和未来信心程度的描述性统计

项目	2012 年		2014 年		2002~2014 年
	均值	标准差	均值	标准差	两期均值之差
处理组（N=708）					
对自己生活的满意度	3.155	1.006	3.699	1.044	0.543***
对自家生活的满意度	3.242	1.018	3.738	1.045	0.495***
主观社会地位	2.695	0.970	3.038	1.055	0.343***
未来信心程度	3.416	1.149	3.921	1.068	0.505***
对照组（N=12 068）					
对自己生活的满意度	3.354	1.028	3.855	0.989	0.501***
对自家生活的满意度	3.494	1.022	3.940	0.970	0.447***
主观社会地位	2.763	1.003	3.041	0.975	0.279***
未来信心程度	3.694	1.073	4.091	0.983	0.397***

注：①两期均值是否具有显著性差异的 t 检验结果显示在最后一列；
② *** p < 0.001。

　　表 8-2 报告了用于预测倾向性得分的农村低保获得 Probit 模型，如
式（8-1）所示的估计结果表明，2012 年的许多特征变量与 2014 年获得农
村低保之间存在显著的关系。在个体特征中，年龄更大、男性、少数民族、
自评健康为差会显著提高样本个体获得农村低保的概率。就业、在婚、具有
较高教育水平的个体获得农村低保的可能性更低。在家庭特征中，家庭规模
更大、家中 60 岁及以上老人更多、家庭面临住房困难和重度灾难性医疗支出
的样本个体获得农村低保的概率更高。而家中 16 岁以下儿童更多、家庭人均
收入和财产水平更高与获得农村低保之间存在显著的负向关系。在社区特征
中，那些所在村庄位于少数民族聚居区或自然灾害高发区，所在村庄有家族
祠堂、寺庙或教堂的样本个体更可能获得农村低保救助。

表 8 - 2 **农村低保获得 Probit 模型估计结果**

项目	回归系数	标准误
个体特征		
年龄	0.020 +	(0.012)
年龄平方	− 0.000 *	(0.000)
男性	0.129 *	(0.054)
小学（参照组：未完成小学教育）	− 0.168 *	(0.067)
初中	− 0.266 ***	(0.075)
高中及以上	− 0.414 ***	(0.114)
就业	− 0.121 *	(0.054)
在婚	− 0.366 ***	(0.084)
少数民族	0.177 +	(0.100)
党员	0.141	(0.120)
自评健康为差	0.221 ***	(0.063)
家庭特征		
家庭人口数	0.062 ***	(0.016)
16 岁以下儿童数量 = 1（参照组：= 0）	− 0.233 ***	(0.063)
16 岁以下儿童数量 ≥ 2	− 0.353 ***	(0.079)
60 岁及以上老人数量 = 1（参照组：= 0）	0.257 ***	(0.065)
60 岁及以上老人数量 ≥ 2	0.315 ***	(0.078)
家庭人均收入的对数	− 0.072 ***	(0.020)
家庭人均财产四等分（参照组：最低）		
较低	− 0.113 +	(0.067)
较高	− 0.111	(0.070)
最高	− 0.208 **	(0.077)
家庭存在住房困难	0.177 *	(0.072)
遭遇轻度灾难性医疗支出（参照组：未遭遇）	− 0.039	(0.074)
遭遇重度灾难性医疗支出	0.490 ***	(0.118)
社区特征		
村庄有卫生站	− 0.072	(0.073)
村庄为少数民族聚居区	0.401 ***	(0.102)
村庄为矿区	− 0.019	(0.085)
村庄为自然灾害高发区	0.140 *	(0.055)
村庄有民主选举	0.098	(0.069)
村庄有家族祠堂	0.404 ***	(0.094)
村庄有寺庙或教堂	0.113 +	(0.065)

项目	回归系数	标准误
村庄距县城超过20公里	0.027	(0.054)
常数项	-0.502	(0.353)
省份虚拟变量	控制	
Wald chi^2	649.77 ***	
Pseudo R-squared	0.173	
N	12 776	

注：*** p < 0.001，** p < 0.01，* p < 0.05，+ p < 0.10。

表8-3给出了基于半径匹配方法的平衡性检验结果。比较列（1）和列（2）结果可知，倾向值匹配之前，对于大多数的个体、家庭和社区层面的特征变量，农村低保样本（处理组）与非农村低保样本（对照组）之间存在显著的差异。正如上文所述，处理组和对照组之间在可观测特征方面存在系统性差异是样本选择偏误的重要来源。倾向值匹配方法是消除这种来源样本选择偏误的有效手段。比较列（3）和列（4）的结果不难发现，倾向值匹配之后，农村低保样本（处理组）和匹配之后的非农村低保样本（控制组）在所有的特征变量方面都不再有显著性差异。倾向值匹配使得处理组和控制组之间变得非常相似，这一点也可以通过图8-3得到印证。图8-3显示，与匹配前相比（左侧图形），匹配之后处理组和控制组的倾向得分概率密度分布变得更为接近（右侧图形）。

表8-3　　　　　　初始特征在倾向值匹配前后的平衡性检验

项目	匹配之前（N = 12 776）		匹配之后（N = 12 761）	
	(1) 低保样本 (N = 708)	(2) 非低保样本 (N = 12 068)	(3) 低保样本 (N = 693)	(4) 非低保样本 (N = 12 068)
个体特征				
年龄	45.476 (16.766)	44.624 (15.127)	45.762 (16.705)	46.220 (16.660)
男性	0.519 (0.500)	0.481 (0.500)	0.512 (0.500)	0.523 (0.499)
未完成小学教育	0.506 (0.500)	0.295 (0.456) ***	0.497 (0.500)	0.471 (0.499)
小学	0.232 (0.422)	0.260 (0.439)	0.236 (0.425)	0.240 (0.427)
初中	0.204 (0.403)	0.315 (0.464) ***	0.208 (0.407)	0.221 (0.415)
高中及以上	0.056 (0.231)	0.129 (0.335) ***	0.058 (0.233)	0.068 (0.251)
就业	0.395 (0.489)	0.590 (0.492) ***	0.402 (0.491)	0.434 (0.496)
在婚	0.747 (0.435)	0.841 (0.366) ***	0.756 (0.430)	0.766 (0.423)

续表

项目	匹配之前（N = 12 776）		匹配之后（N = 12 761）	
	（1）低保样本（N = 708）	（2）非低保样本（N = 12 068）	（3）低保样本（N = 693）	（4）非低保样本（N = 12 068）
少数民族	0.320　（0.467）	0.114　（0.317）***	0.306　（0.461）	0.276　（0.447）
党员	0.051　（0.219）	0.050　（0.219）***	0.052　（0.221）	0.048　（0.214）
自评健康为差	0.252　（0.434）	0.165　（0.371）***	0.256　（0.437）	0.256　（0.436）
家庭特征				
家庭总人口	4.749　（1.957）	4.358　（1.763）***	4.686　（1.916）	4.699　（2.086）
16 岁以下儿童数量 =0	0.451　（0.498）	0.425　（0.494）	0.447　（0.498）	0.441　（0.497）
16 岁以下儿童数量 =1	0.290　（0.454）	0.342　（0.474）*	0.295　（0.456）	0.285　（0.451）
16 岁以下儿童数量 ≥2	0.258　（0.438）	0.233　（0.423）	0.258　（0.438）	0.274　（0.446）
60 岁及以上老人数量 =0	0.440　（0.497）	0.606　（0.489）***	0.441　（0.497）	0.432　（0.495）
60 岁及以上老人数量 =1	0.305　（0.461）	0.210　（0.407）***	0.302　（0.460）	0.302　（0.459）
60 岁及以上老人数量 ≥2	0.256　（0.436）	0.184　（0.388）***	0.257　（0.437）	0.266　（0.442）
家庭人均收入的对数	7.976　（1.479）	8.589　（1.287）***	8.015　（1.465）	8.006　（1.677）
家庭人均财产四等分				
最低	0.405　（0.491）	0.211　（0.408）***	0.392　（0.489）	0.384　（0.486）
较低	0.231　（0.422）	0.235　（0.424）	0.236　（0.425）	0.233　（0.423）
较高	0.223　（0.416）	0.271　（0.445）*	0.227　（0.419）	0.222　（0.416）
最高	0.142　（0.349）	0.283　（0.450）***	0.145　（0.352）	0.161　（0.367）
家庭存在住房困难	0.201　（0.401）	0.122　（0.327）***	0.199　（0.400）	0.180　（0.384）
未遭遇灾难性医疗支出	0.831　（0.375）	0.867　（0.340）***	0.828　（0.378）	0.821　（0.383）
遭遇轻度灾难性医疗支出	0.115　（0.319）	0.111　（0.314）	0.117　（0.322）	0.124　（0.330）
遭遇重度灾难性医疗支出	0.054　（0.227）	0.022　（0.148）***	0.055　（0.229）	0.055　（0.228）
社区特征				
村庄有卫生站	0.810　（0.392）	0.873　（0.333）***	0.825　（0.380）	0.807　（0.395）
村庄为少数民族聚居区	0.307　（0.462）	0.093　（0.291）***	0.293　（0.455）	0.259　（0.438）
村庄为矿区	0.184　（0.388）	0.138　（0.345）*	0.188　（0.391）	0.172　（0.377）
村庄为自然灾害高发区	0.389　（0.488）	0.261　（0.439）***	0.378　（0.485）	0.375　（0.484）
村庄有民主选举	0.812　（0.391）	0.782　（0.413）	0.809　（0.393）	0.802　（0.398）
村庄有家族祠堂	0.130　（0.337）	0.134　（0.340）	0.133　（0.340）	0.138　（0.345）
村庄有寺庙或教堂	0.369　（0.483）	0.414　（0.493）+	0.377　（0.485）	0.391　（0.488）
村庄距县城超过20公里	0.592　（0.492）	0.424　（0.494）***	0.584　（0.493）	0.546　（0.498）

注：①括号外面数字为均值，括号内数字为标准差；

②列（3）和列（4）结果基于 caliper = 0.01 的半径匹配方法估计得到；

③使用回归模型来检验各类特征在低保样本和非低保样本之间的显著性差异。对于连续性变量，使用 OLS 回归模型，对于虚拟变量，使用 Logistic 模型。双尾显著性检验结果在非低保样本标准差后显示。结果表明，匹配之后所有特征在低保样本和非低保样本之间均不存在显著差异；

④ ***p < 0.001，**p < 0.01，*p < 0.05，+p < 0.10。

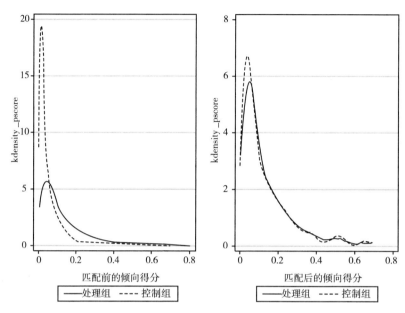

图 8 - 3　匹配前后处理组和控制组倾向得分的核密度分布

注：图中结果基于 caliper = 0.01 的半径匹配方法估计得到。

（二）在总样本中的 PSM-DID 处理效应和中介效应

表 8 - 4 给出了在总样本中农村低保对生活满意度影响效应的 PSM-DID 估计结果。表 8 - 4 上侧给出了基于半径匹配方法估计出的 PSM-DID 处理效应。该结果表明，对于处理组样本和控制组样本来说，2012～2014 年对自己生活满意度的平均差值分别为 0.556 和 0.490。对两者进一步的差分可以得出农村低保影响对自己生活满意度的 PSM-DID 效应值为 0.066。该效应在 0.01 的水平上具有统计显著性，这说明农村低保有助于提升受助者对自己生活的满意度。另外，我们还发现农村低保影响对自家生活满意度的 PSM-DID 效应仍然具有统计显著性，而且该效应的值（0.118）还大于农村低保影响对自己生活满意度的 PSM-DID 效应（0.066）。以上差异可能来自低保家庭倾向于将救助资源优先分配给其 16 岁以下的儿童成员，而这些成员并未包含在本章的研究样本中。此外，我们还基于 K 最近邻匹配和核匹配来重新估计了上述 PSM-DID 效应，这些估计结果显示在表 8 - 4 的

中侧和下侧。这些结果表明，农村低保对两个生活满意度变量均具有显著的促进效应，而且农村低保影响对自己生活满意度的效应要小于该政策影响对自家生活满意度的效应。以上结果说明，表 8 - 4 估计结果具有较好的稳健性。

表 8 - 4　　农村低保对生活满意度和中介变量的 PSM-DID 处理效应

项目	处理组 $E(Y_{14}^{T} - Y_{12}^{T})$	控制组 $E(Y_{14}^{C} - Y_{12}^{C})$	$ATT_{PSM\text{-}DID}$
半径匹配（N = 12 761）			
对自己生活的满意度	0.556 ***	0.490 ***	0.066 **
对自家生活的满意度	0.519 ***	0.401 ***	0.118 ***
主观社会地位	0.342 ***.	0.267 ***	0.075 **
未来信心程度	0.497 ***	0.416 ***	0.081 **
K 最近邻匹配（N = 3 096）			
对自己生活的满意度	0.577 ***	0.484 ***	0.093 *
对自家生活的满意度	0.532 ***	0.354 ***	0.178 ***
主观社会地位	0.356 ***	0.259 ***	0.097 +
未来信心程度	0.510 ***	0417 ***	0.093 +
核匹配（N = 12 767）			
对自己生活的满意度	0.555 ***	0.494 ***	0.061 **
对自家生活的满意度	0.513 ***	0.407 ***	0.106 ***
主观社会地位	0.346 ***	0.268 ***	0.078 **
未来信心程度	0.504 ***	0.428 ***	0.076 **

注：①半径匹配中，caliper = 0.01。K 最近邻匹配中，k = 5，并且 caliper = 0.01。核匹配中，核类型为正态（normal），并且 bwidth = 0.01；

②表中 N 代表共同支撑域内的样本数量；

③ *** $p < 0.001$，** $p < 0.01$，* $p < 0.05$，+ $p < 0.10$。

为了考察主观社会地位和未来信心程度在农村低保与生活满意度关系中的中介效应，我们首先需要分析农村低保对这两个心理变量的影响效应。表 8 - 4 结果显示，获得农村低保对主观社会地位和未来信心程度都表现出显著的正向效应，而且该结果在三种匹配方法下均保持稳健。第二步，我们基于如式（8 - 5）~式（8 - 8）所示的逐步 OLS 回归模型来检验中介效应。

表 8 - 5 给出了基于半径匹配的逐步回归估计结果。在表 8 - 5 中，模型（1）~模型（4）的因变量为 2012 ~ 2014 年样本个体对自己生活满意度的变化量，而模型（5）~模型（8）的因变量为 2012 ~ 2014 年样本个体对自家生活满意度的变化量。基准模型（1）和模型（5）的自变量仅包括是否获得农村低保。在此基础上，模型（2）和模型（6）在自变量中加入了主观社会地位在同一时期的变化量，而模型（3）和模型（7）则在自变量中加入了未来信心程度在同一时期的变化量。最后，模型（4）和模型（8）在自变量中同时加入了主观社会地位的变化量和未来信心程度的变化量。

表 8 - 5　　　　农村低保影响生活满意度的中介效应分析（N = 12 761）

项目	对自己生活满意度的变化				对自家生活满意度的变化			
	（1）	（2）	（3）	（4）	（5）	（6）	（7）	（8）
获得农村低保	0.066 **	0.050 *	0.043 *	0.033	0.119 ***	0.102 ***	0.092 ***	0.082 ***
	(0.022)	(0.021)	(0.021)	(0.020)	(0.022)	(0.021)	(0.020)	(0.020)
主观社会地位的变化		0.215 ***		0.164 ***		0.219 ***		0.157 ***
		(0.008)		(0.008)		(0.008)		(0.008)
未来信心程度的变化			0.279 ***	0.252 ***			0.334 ***	0.307 ***
			(0.007)	(0.007)			(0.007)	(0.007)
常数项	0.490 ***	0.433 ***	0.374 ***	0.342 ***	0.400 ***	0.342 ***	0.261 ***	0.230 ***
	(0.016)	(0.015)	(0.015)	(0.015)	(0.016)	(0.015)	(0.015)	(0.015)
F 统计量	9.16 **	331.54 ***	709.74 ***	620.65 ***	29.58 ***	355.85 ***	1 073.97 ***	864.59 ***
R-squared	0.001	0.049	0.100	0.127	0.002	0.053	0.144	0.169

注：①本表结果在匹配样本中估计得到，该匹配样本来自 caliper = 0.01 的半径匹配；
② *** $p < 0.001$，** $p < 0.01$，* $p < 0.05$。

表 8 - 5 结果显示，在模型（2）~模型（4）中，主观社会地位和未来信心程度均与对自己的生活满意度呈现显著的正向关系。而在模型（6）~模型（8）中，主观社会地位和未来信心程度均与对自家的生活满意度呈现显著的正向关系。进一步的观察发现，与基准模型（1）和（5）相比，当逐步加入主观社会地位和未来信心程度这两个心理变量的两期变化量之后，模型（2）~模型（4）及模型（6）~模型（8）中农村低保对生活满意度变量的影响效应都变得更小或更不显著。总体来看，表 8 - 4 和表 8 - 5 的结果表明主观社会地位和未来信心程度在农村低保与生活满意度关系中发挥出显著的中介作用。

（三）在不同年龄组群中的 PSM-DID 处理效应和中介效应

表8-6给出了在青年人（16~35岁）、中年人（36~59岁）和老年人（60岁及以上）组群中农村低保对生活满意度的 PSM-DID 处理效应。表8-6结果显示，无论使用何种匹配方法，农村低保对生活满意度的影响效应在上述三个年龄组群中存在稳健的异质性。具体而言，在青年人和老年人组群中，农村低保对两个生活满意度指标均表现出显著的正向效应。而农村低保对生活满意度的这些影响在中年人组群中则并不显著。

表8-6　在不同年龄组群中农村低保对生活满意度的 PSM-DID 处理效应

项目	半径匹配		K 最近邻匹配		核匹配	
	$ATT_{PSM-DID}$	N	$ATT_{PSM-DID}$	N	$ATT_{PSM-DID}$	N
对自己生活的满意度						
青年人（16~35岁）	0.188***	3 065	0.226**	749	0.148***	3 069
中年人（36~59岁）	-0.040	7 010	-0.036	1 553	-0.038	7 011
老年人（60及以上）	0.127*	2 686	0.189*	794	0.147**	2 687
对自家生活的满意度						
青年人（16~35岁）	0.150**	3 065	0.186*	749	0.084+	3 069
中年人（36~59岁）	0.026	7 010	0.076	1553	0.027	7 011
老年人（60及以上）	0.280***	2 686	0.388***	794	0.301***	2 687

注：①半径匹配中，caliper=0.01。K 最近邻匹配中，k=5，并且 caliper=0.01。核匹配中，核类型为正态（normal），并且 bwidth=0.01；

②表中 N 代表共同支撑域内的样本数量；

③ *** $p<0.001$，** $p<0.01$，* $p<0.05$，+ $p<0.10$。

那么，主观社会地位和未来信心程度是否在三个年龄组群中都在农村低保与生活满意度关系中发挥中介作用呢？根据在总样本中的中介效应检验程序，我们通过两个步骤来展开分析。这两个分析步骤的结果分别显示在表8-7和表8-8中。其中，表8-7给出了在不同年龄组群中农村低保对主观社会地位和未来信心程度的影响效应。表8-7结果表明，在青年人和老年人组群中，农村低保对主观社会地位和未来信心程度存在显著的影响效应，而上述效应在中年人组群中几乎不存在统计显著性（在核匹配方法下，农村低保对中年人未来信心程度的影响具有较低水平的显著性）。具体而言，对于青年人，农村低保对主观社会地位的影响在三种匹配方法下均表现得非常显著，而农村低保对其未来信心程度的影响仅在半径匹配方法下表现出较低的显著性。对于老年人，农村低保对主观社会地位和未来信心程度的影响效应在三种匹配方法下均表现显著。

表 8 - 7　　　在不同年龄组群中农村低保对中介变量的 PSM-DID 处理效应

项目	半径匹配		K 最近邻匹配		核匹配	
	$ATT_{PSM-DID}$	N	$ATT_{PSM-DID}$	N	$ATT_{PSM-DID}$	N
主观社会地位						
青年人（16 ~ 35 岁）	0.167 ***	3 065	0.134 +	749	0.144 ***	3 069
中年人（36 ~ 59 岁）	– 0.026	7 010	0.011	1 553	– 0.025	7 011
老年人（60 及以上）	0.172 **	2 686	0.225 *	794	0.202 ***	2 687
未来信心程度						
青年人（16 ~ 35 岁）	0.081 +	3 065	0.056	749	0.061	3 069
中年人（36 ~ 59 岁）	0.041	7 010	0.068	1 553	0.054 +	7 011
老年人（60 及以上）	0.176 **	2 686	0.198 *	794	0.151 *	2 687

注：①半径匹配中，caliper = 0.01。K 最近邻匹配中，k = 5，并且 caliper = 0.01。核匹配中，核类型为正态（normal），并且 bwidth = 0.01。

②表中 N 代表共同支撑域内的样本数量。

③ *** p < 0.001，** p < 0.01，* p < 0.05，+ p < 0.10。

表 8 - 8　　　在不同年龄组群中农村低保影响生活满意度的中介效应分析

项目	对自己生活满意度的变化				对自家生活满意度的变化			
	(1)	(2)	(3)	(4)	(5)	(6)	(7)	(8)
	青年人（N = 3 065）							
获得农村低保	0.188 ***	0.172 ***	0.165 ***	0.156 ***	0.150 **	0.129 **	0.127 **	0.114 **
	(0.043)	(0.042)	(0.041)	(0.041)	(0.043)	(0.043)	(0.042)	(0.042)
主观社会地位的变化		0.096 ***		0.056 **		0.123 ***		0.083 ***
		(0.020)		(0.020)		(0.021)		(0.020)
未来信心程度的变化			0.285 ***	0.280 ***			0.284 ***	0.276 ***
			(0.017)	(0.017)			(0.017)	(0.017)
F 统计量	19.47 ***	20.98 ***	156.38 ***	107.24 ***	11.96 ***	23.62 ***	145.18 ***	103.08 ***
R-squared	0.006	0.014	0.093	0.095	0.004	0.015	0.087	0.092

项目	对自己生活满意度的变化				对自家生活满意度的变化			
	（1）	（2）	（3）	（4）	（5）	（6）	（7）	（8）
中年人（N = 7 010）								
获得农村低保	−0.040	−0.034	−0.051[+]	−0.044	0.026	0.032	0.013	0.018
	(0.029)	(0.028)	(0.028)	(0.028)	(0.030)	(0.029)	(0.028)	(0.027)
主观社会地位的变化		0.237***		0.196***		0.216***		0.159***
		(0.011)		(0.011)		(0.011)		(0.011)
未来信心程度的变化			0.247***	0.213***			0.318***	0.290***
			(0.010)	(0.010)			(0.010)	(0.010)
F 统计量	1.91	232.79***	284.49***	305.54***	0.77	185.60***	482.37***	403.21***
R-squared	0.0003	0.062	0.075	0.116	0.000 1	0.050	0.121	0.147
老年人（N = 2 686）								
获得农村低保	0.127*	0.084[+]	0.071	0.047	0.280***	0.233***	0.213***	0.187***
	(0.051)	(0.049)	(0.047)	(0.046)	(0.049)	(0.046)	(0.042)	(0.041)
主观社会地位的变化		0.251***		0.180***		0.277***		0.189***
		(0.017)		(0.016)		(0.016)		(0.014)
未来信心程度的变化			0.318***	0.283***			0.384***	0.347***
			(0.014)	(0.014)			(0.013)	(0.013)
F 统计量	6.28*	116.01***	255.56***	220.09***	33.25***	171.53***	471.16***	391.83***
R-squared	0.002	0.080	0.160	0.198	0.012	0.113	0.260	0.305

注：①本表结果在匹配样本中估计得到，该匹配样本来自 caliper = 0.01 的半径匹配；
②表中 N 代表共同支撑域内的样本数量；
③ *** $p < 0.001$ ，** $p < 0.01$ ，* $p < 0.05$ ，+ $p < 0.10$ 。

表 8 − 8 给出了分别在三个年龄组群匹配样本中的逐步 OLS 回归估计结果。由于农村低保对主观社会地位和未来信心程度的效应仅在青年人和老年人中表现显著（见表 8 − 7），因此我们集中关注这两个年龄组群中的逐步 OLS 回归结果。表 8 − 8 结果显示，主观社会地位在青年人和老年人组群中均发挥出中介作用。而未来信心程度在农村低保与生活满意度关系中的中介效应仅在老年人组群中显著。

七、对实证结果的讨论

在总样本中的实证分析结果表明，农村低保对受助个体的生活满意度有显著的促进作用。该结论与一系列来自发展中国家家计调查型现金转移支付项目的证据相一致（Handa et al.，2014；Haushofer and Shapiro，2016；Galama et al.，2017；Kilburn et al.，2018）。进一步的中介效应分析结果表明，获得农村低保能够显著提升受助个体的主观社会地位和未来信心程度，而较高的主观社会地位和未来信心程度有助于改善受助个体的生活满意度。

按照第四部分图 8 - 2 给出的分析框架，农村低保可能产生正和负两个方向的心理效应。因此，主观社会地位和未来信心程度的中介效应的方向也可能或正或负。本章第六部分表 8 - 4 显示农村低保对上述两个心理变量具有显著的正向效应，这说明农村低保的正向心理效应大于由福利耻感所引致的负向心理效应。在这样的情况下，农村低保能够通过促进主观社会地位和未来信心程度来间接地改善受助个体的生活满意度。

但是，本章上述结果与一项城市低保背景下的相关研究的结果存在差异（Gao and Zhai，2017）。与本章结果不同，高琴和翟福华在他们的研究中发现城市低保受助个体具有更悲观的主观经济期望和更低的主观福祉水平。这种结果的差异可能源自实证分析中使用了不同的数据、方法和变量测量。本章使用了面板数据和基于面板数据的 PSM-DID 方法，而高琴和翟福华使用的是横截面数据及常规的 PSM 方法。两者相比较，本章所使用的数据和研究方法有助于更好地处理样本选择偏误，从而获得更可靠的估计结果。另外，高琴和翟福华使用主观幸福感来度量主观福祉，而本章采用生活满意度来度量主观福祉。不同的主观福祉度量指标同样可能导致差异化的研究结果。

除了上述数据、方法和测量方面的原因之外，由于城乡之间不同的经济、社会和制度背景，低保引致的福利耻感可能在中国城市地区比在农村地区更为严重，这也可能是研究结果存在差异的重要致因。农村社区成员之间的关系比起城市社区可能更为紧密，这可能导致农村低保带来的福利耻感要大于城市低保带来的福利耻感。但是，还有一些重要的因素会使得城市低保引致的福利耻感比农村低保引致的福利耻感更为严重。

首先，一般来说，社区内部福利受助者的比例越高，福利项目的救助水平越低，那么相关的福利耻感会倾向于更低。与城市低保相比，农村低保的覆盖水平更高，而其救助水平更低①。因此农村低保引致的福利耻感会低于城市低保引致的福利耻感。其次，从 2013 年开始，中国政府展开了旨在到 2020 年完全消除现行标准下农村绝对贫困的"精准扶贫"战略。在该战略体系中，农村低保是为农村贫困人口提供兜底保障的重要制度安排。随着"精准扶贫"战略的大力推进，农村贫困人口逐渐认识到获得农村低保在内的扶贫救助是他们拥有的一项权利。这种权利意识的增强有效地降低了低保相关的福利耻感（Chen and Yang，2016）。但是直到目前，"精准扶贫"仍未在城市地区推行，因此城市低保带来的福利耻感可能高于农村低保带来的福利耻感。最后，相比农村地区，中国城市地区的工作机会更多。因此，在城市地区依赖低保生活会遭遇更多的歧视，与此相关的差耻感会比农村低保更严重。基于上述原因，与城市低保相关的福利耻感带来的负面心理效应可能会比该政策带来的正面心理效应更大，因此城市低保更可能对受助者主观福祉产生负向影响。

在不同年龄组群中的分析结果发现，在青年人和老年人组群中，农村低保和生活满意度有显著的正向关系，而且主观社会地位和未来信心程度在上述关系中发挥出中介作用。然而，农村低保的这种主观福祉效应，以及两个心理变量的中介效应在中年人群体中却并不显著。我们可以通过生活领域理论来理解上述结果。根据生活领域理论，不同年龄组群的人具有不同的核心生活领域，而核心生活领域的满意度对其总体生活满意度具有关键性的影响。一般情况下，青年人和老年人分别将教育和健康看作他们最为重要的生活领域，而中年人将工作看作其最为核心的生活领域。农村低保及与其相捆绑的教育救助和医疗救助能够较好地满足青年人和老年人在其核心生活领域的需求（分别为教育需求和医疗需求），因此能够有效改善其生活满意度。但是，由于农村低保救助水平不足，而且相关的就业救助覆盖水平低、执行力度差，农村低保对中年人供养家庭和工作领域的帮助不大（卓锴化、施冀，2016）。因此导致该政策未能有效改善该年龄组群的生活满意度。

农村低保对生活满意度的影响效应在不同年龄组群之间存在异质性，这

---

① 例如，在2014 年，城市低保的覆盖率为 2.51%，救助水平为 3 432 元/人·年，而农村低保的覆盖率为 8.42%，救助水平为 1 548 元/人·年（民政部，2015；国家统计局，2015）。

还可能源自低保相关的福利耻感在不同年龄组群之间的差异。在中国农村地区，与青年人和老年人相比，中年人更多地被看作家庭的经济支柱，他们在供养家庭经济需要方面负有主要责任（张雪霖，2015）。如果中年人接受低保救助，他们往往会被贴上"无能"和"不负责任"的标签。因此，中年低保受助者遭遇的福利耻感可能更为严重，这会进一步导致农村低保与其生活满意度之间出现负向关系。

八、结论与政策启示

基于 2012 年和 2014 年中国家庭追踪调查构成的面板数据，本章实证考察了农村低保对受助个体生活满意度的影响效应，同时还进一步探讨了主观社会地位和未来信心程度在上述效应中的中介作用。另外，本章还比较了这些效应在不同年龄组群中的异质性。在现有文献中，本章首次探讨了农村低保的主观福祉效应。我们使用倾向值匹配和双重差分相结合的方法来处理样本选择问题，这有助于获得更为可靠的政策效果评估结果。严格的中介效应分析则有助于深入理解农村低保主观福祉效应中的心理机制。

在总样本中的分析发现，农村低保对受助个体的生活满意度有显著的正向促进作用，而主观社会地位和未来信心程度在农村低保与生活满意度之间的关系中具有中介效应。获得农村低保能够显著提升受助个体的主观社会地位和未来信心程度，获得农村低保会通过这两条心理路径对受助个体的生活满意度产生正向影响。在不同年龄组群样本中的分析发现，农村低保对生活满意度的影响，以及主观社会地位和未来信心程度在这种影响中的中介效应在不同年龄组群中表现出明显的异质性。具体而言，我们发现农村低保能够显著促进青年和老年受助个体的生活满意度，而且主观社会地位在这种关系中发挥着重要的中介作用。但是在中年人组群中，农村低保对生活满意度的影响及心理中介效应并不显著。

本章结论对于农村低保未来的政策优化具有重要启示。首先，在农村低保的政策改进和实际执行中，不仅要关注它对受助者经济层面或物质层面的影响效应，而且还应该考虑它对受助者主观福祉的潜在影响。在全球福利政策的讨论中，用于衡量总体性福祉水平的主观福祉指标已经得到越来越多的关注。为了更好地评估农村低保的政策效果，主观福祉信息应该得到更广泛的搜集和监测。在对农村低保进行政策调整过程中，也应该将政策调整可能对受助者主观福祉的影响作为核心因素纳入考量。

其次，降低福利耻感有助于进一步强化农村低保的主观福祉效应。那些容易引致受助者福利耻感的低保执行环节应该做出调整，同时也应该在公众宣传中强化贫困人口获得政策救助的权利意识。同样值得注意的是，福利耻感及其影响因素在不同政策环境下和不同的社会群体中可能存在差异。正如上文所讨论，城市低保所引致的福利耻感倾向于大于农村低保所引致的福利耻感。与青年人和老年人群体相比，农村低保在中年人群体中的福利耻感更为严重。因此，在采取某些措施来降低福利耻感时，应该针对相关问题展开细致深入的研究。

最后，本章结论还发现，低保所提供的现金转移支付本身并不足以实现兜底保障的政策目标。教育救助、医疗救助和就业救助等专项救助对于满足不同贫困群体相应领域的基本需求，进而改善其总体福祉水平发挥着重要作用。在农村低保背景下，教育救助和医疗救助有助于提升青年人和老年人的生活满意度，而就业救助对于中年人满足其工作需求和供养家庭，进而提高其主观福祉水平具有重要意义。基于本章结论，我们建议未来在政策执行中应该强化各类专项救助。

参考文献

[1] 白描，吴国宝. 农民主观福祉现状及其影响因素分析：基于 5 省 10 县农户调查资料 [J]. 中国农村观察，2017（1）.

[2] 韩华为，高琴. 中国农村低保制度的保护效果研究：来自中国家庭追踪调查（CFPS）的经验证据 [J]. 公共管理学报，2017（2）.

[3] 韩华为，徐月宾. 中国农村低保制度的反贫困效应研究：来自中西部五省的经验证据 [J]. 经济评论，2014（6）.

[4] 贺雪峰. 农村低保实践中存在的若干问题 [J]. 广东社会科学，2017（3）.

[5] 何泱泱，周钦. "新农保"对农村居民主观福利的影响研究 [J]. 保险研究，2016（3）.

［6］霍萱，林闽钢．城乡最低生活保障政策执行的影响因素及效果分析［J］．苏州大学学报（哲学社会科学版），2016（6）．

［7］靳永爱，谢宇．中国家庭追踪调查：2010 年和 2012 年财产数据技术报告［R］．中国家庭追踪调查技术报告 CFPS－29，2014．

［8］民政部．中国民政统计年鉴［M］．北京：中国社会出版社，各年度．

［9］国家统计局．2015 年中国统计年鉴［M］．北京：中国统计出版社，2015．

［10］仇叶，贺雪峰．泛福利化：农村低保制度的政策目标偏移及其解释［J］．政治学研究，2017（3）．

［11］张雪霖．城市化背景下的农村新三代家庭结构分析［J］．西北农林科技大学学报（社会科学版），2015（5）．

［12］张川川，John Giles，赵耀辉．新型农村社会养老保险政策效果评估：收入、贫困、消费、主观福利和劳动供给［J］．经济学季刊，2015（1）．

［13］卓锴化，施冀．农村低保与就业、社会保险政策衔接问题研究［J］．财政科学，2016（3）．

［14］Attah, R., Barca, V., Kardan, A., MacAuslan, I., Merttens, F., & Pellerano, L. (2016). Can social protection affect psychosocial wellbeing and why does this matter? Lessons from cash transfers in Sub－Saharan Africa. *The Journal of Development Studies*, 52 (8), 1115－1131.

［15］Bailey, T., Eng, W., Frisch, M., & Snyder, C. (2007). Hope and optimism as related to life satisfaction. *The Journal of Positive Psychology*, 2 (3), 168－175.

［16］Bardo, A. (2017). A life course model for a domains-of-life approach to happiness: Evidence from the United States. *Advances in Life Course Research*, 33, 11－22.

［17］Baron, R. M., & Kenny, D. A. (1986). The moderator-mediator variable distinction in social psychological research: Conceptual, strategic, and statistical consideration. *Journal of Personality and Social Psychology*, 51 (6), 1173－1182.

［18］Barrientos, A. , Gorman, M. , & Heslop, A. (2003). Old age poverty in developing countries: Contributions and dependence in later life. *World Development*, 31 (3), 555 – 570.

［19］Brockmann, H. (2010). Why are middle-aged people so depressed? Evidence from west Germany. *Social Indicators Research*, 97 (1), 23 – 42.

［20］Bronk, K. , Hill, P. , Lapsley, D. , Talib, T. , & Finch, H. (2009). Purpose, hope, and life satisfaction in three age groups. *The Journal of Positive Psychology*, 4 (6), 500 – 510.

［21］Chen, J. , & Yang, L. (2016). Poverty and shame: Interactional impacts on claimants of Chinese Dibao. *International Journal of Social Quality*, 6 (2), 18 – 34.

［22］Curhan, K. , Levine, C. , Markus, H. , Kitayama, S. , Park, J. , Karasawa, M. , Kawakami, N. , Love, G. , Coe, C. , Miyamoto, Y. , & Ryff, C. (2014). Subjective and objective hierarchies and their relations to psychological well-being: A U. S. and Japan comparison. *Social Psychological and Personality Science*, 5 (8), 855 – 864.

［23］Dehejia, R. H. , & Wahba, S. (1999). Causal effects in nonexperimental studies: Reevaluating the evaluation of training programs. *Journal of the American Statistical Association*, 94 (448), 1053 – 1062.

［24］Ding, Y. (2017). Personal life satisfaction of China's rural elderly: Effect of the new rural pension program. *Journal of International Development*, 29 (1), 52 – 66.

［25］Easterlin, R. (2006). Life cycle happiness and its sources: Intersections of psychology, economics, and demography. *Journal of Economic Psychology*, 27 (4), 463 – 482.

［26］Easterlin, R. , & Sawangfa, O. (2009). Happiness and domain satisfaction: New directions for the economics of happiness. In A. Dutt, & B. Radcliff (Eds.), *Happiness, economics, and politics: Towards a multi-disciplinary approach* (*pp.* 70 – 94). Northampton: Edward Elgar.

［27］Galama, T. , Morgan, R. , & Saavedra, J. (2017). *Wealthier, hap-*

pier and more self-sufficient: When anti-poverty programs improve economic and subjective wellbeing at a reduced cost to taxpayers. NBER Working Paper 24090.

[28] Gao, Q. (2017). *Welfare, work, and poverty*: Social assistance in China. New York: Oxford University Press.

[29] Gao, Q., & Zhai, F. (2017). Public assistance, economic prospect, and happiness in urban China. *Social Indicators Research*, 132, 451 – 473.

[30] Gao, Q., Zhai, F. Yang, S. & Li, S. (2014). Does welfare enable family expenditures on human capital? Evidence from China. *World Development*, 64: 219 – 231.

[31] Gao, Q., Wu, S., & Zhai, F. (2015). Welfare participation and time use in China. *Social Indicators Research*, 124, 863 – 887.

[32] Golan, J., Sicular, T., & Umapathi, N. (2017). Unconditional cash transfers in China: Who benefits from the rural minimum living standard guarantee (Dibao) program? *World Development*, 93, 316 – 336.

[33] Handa, S., Martorano, B., Halpern, C., Pettifor, A., & Thirumurthy, H. (2014). *Subjective well-being, risk perceptions and time discounting*: Evidence from a large-scale cash transfer programme. UNICEF Office of Research Working Paper 2014 – 02.

[34] Halama, P. (2010). Hope as a mediator between personality traits and life satisfaction. *Studia Psychologica*, 52 (4), 309 – 314.

[35] Han, H., Gao, Q., & Xu, Y. (2016). Welfare Participation and Family Consumption Choices in Rural China. *Global Social Welfare*, 3 (4), 223 – 241.

[36] Haushofer, J., & Shapiro, J. (2016). The short-term impact of unconditional cash transfer to the poor: Experimental evidence from Kenya. *The Quarterly Journal of Economics*, 131 (4), 1973 – 2042.

[37] Heckman, J., Ichimura, H., & Todd, P. (1997). Matching as an econometric evaluation estimator: evidence from evaluating a job training programme. *Review of Economic Studies*, 64 (4), 605 – 654.

[38] Howell, R., & Howell, C. (2008). The relation of economic status to

subjective well-being in developing countries: A meta – analysis. *Psychological Bulletin*, 134 (4), 536 – 560.

［39］ Huang, S. , Hou, J. , Sun, L. , Dou, D. , Liu, X. , & Zhang, H. (2017). The effects of objective and subjective socioeconomic status on subjective well-being among rural-to-urban migrants in China: The moderating role of subjective social mobility. *Frontiers in Psychology*, 8, 1 – 9.

［40］ Kakwani, N. , Li, S. , Wang, X. , & Zhu, M. (2019). Evaluating the effectiveness of the Rural Minimum Living Standard Guarantee (Dibao) Program in China. *China Economic Review*, 53, 1 – 14.

［41］ Kilburn, K. , Handa, S. , Angeles, G. , Tsoka, M. , & Mvula, P. (2018). Paying for happiness: Experimental results from a large cash transfer program in Malawi. *Journal of Policy Analysis and Management*, 37 (2), 331 – 356.

［42］ Kilburn, K. , Thirumurthy, H. , Halpern, C. , Pettifor, A. , & Handa, S. (2016). Effects of a larege-scale unconditional cash transfer program on mental health outcomes of young people in Kenya. *Journal of Adolescent Health*, 58 (2), 223 – 229.

［43］ Knight, J. , Lina, S. , & Gunatilaka, R. (2009). Subjective well-being and its determinants in rural China. *China Economic Review*, 20 (4), 635 – 649.

［44］ Layard, R. (2010). Measuring subjective well-being. *Science*, 327 (5965), 534 – 535.

［45］ Li, S. , & Sicular, T. (2014). The distribution of household income in China: Inequality, poverty and policies. *The China Quarterly*, 217, 1 – 41.

［46］ Li, M. , & Walker, R. (2017). Shame, stigma and the take-up of social assistance: Insights from rural China. *International Journal of Social Welfare*, 26, 230 – 238.

［47］ Lolyd-Sherlock, P. , Saboia, J. , & Ramirez – Rodriguez, B. (2012). Cash transfers and the well-being of older people in Brazil. *Development and Change*, 43 (5), 1049 – 1072.

［48］ Nurmi, (1992). Age differences in adult life goals, concerns, and their temporal extension: A life course approach to future-oriented motivation. International Journal of Behavioral Development, 15 (4), 487 – 508.

[49] Oswald, A. J., & Wu, S. (2010). Objective confirmation of subjective measures of human well-being: Evidence from the USA. *Science*, 327 (5965), 576 – 579.

[50] Ozer, E., Fernald, L., Weber, A., Flynn, E., & Vander-Weele, T. (2011). Does alleviating poverty affect mothers' depressive symptoms? A quasi-experimental investigation of Mexico's Oportunidades program. *International Journal of Epidemiology*, 40, 1565 – 1576.

[51] Rojas, M. (2015). Poverty and people's wellbeing. In Glatzer, W., Camfield, L., Moller, V., & Rojas, M. (Eds.), *Global handbook of quality of life* (International Handbooks of Quality-of-Life, pp. 317 – 350). Dordrecht: Springer.

[52] Rosenbaum, P. R., & Rubin, D. B. (1983). The central role of the propensity score in observational studies for causal effects. *Biometrika*, 70 (1), 41 – 55.

[53] Sacks, D., Stevenson, B., & Wolfers, J. (2012). *The new stylized facts about income and subjective well-being.* IZA Discussion Paper No. 7105.

[54] Samuels, F., & Stavropoulou, M. (2016). Being able to breathe again: The effects of cash transfer programmes on psychosocial wellbeing. *The Journal of Development Studies*, 52 (8), 1099 – 1114.

[55] Smith, J., & Todd, P. (2005). Does matching overcome Lalonde's critique of non-experimental estimators? *Journal of Econometrics*, 125 (1 – 2), 305 – 353.

[56] Stevenson, B., & Wolfers, J. (2013). Subjective Well-Being and Income: Is There Any Evidence of Satiation? *The American Economic Review*, 103 (3), 598 – 604.

[57] Wang, Y., Gao, Q. & Yang, S. (2019). Prioritising health and food: Social assistance and family consumption in rural China. *China: An International Journal*, 17 (1), 48 – 75.

［58］World Bank. (2014). *The State of Social Safety Nets* 2014. Washington, D. C.: World Bank.

［59］Zhao, L., Guo, Y., & Shao, T. (2017). Can the minimum living standard guarantee scheme enable the poor to escape the poverty trap in rural China? *International Journal of Social Welfare*, 26, 314 – 328.

第三篇

中国农村低保制度的行为激励效应

第九章

农村低保会引致负向就业激励吗？
——基于 CFPS 面板数据的实证检验 *

一、引言及文献回顾

自 2007 年正式建立以来，农村低保在财政投入和保障标准方面都呈现出快速增长的趋势。2007～2018 年，全国各级财政支出农村低保资金总额从 109 亿元快速上升至 1 057 亿元，全国农村低保平均保障标准也从 840 元/人·年持续提高至 4 833 元/人·年。12 年间，全国农村低保财政总投入和平均保障标准上升幅度分别高达 8.70 倍和 4.75 倍。与此同时，随着农村社会救助体系的不断完善，农村低保人口除了可以获得稳定的现金救助之外，如果遭遇教育、就医、住房等方面的困难时，他们还可以获得这些领域的专项救助（刘丽娟，2017）。众多证据表明，随着保障标准的不断提高，农村低保可以有效降低受助群体的贫困发生率和贫困距指数（韩华为、徐月宾，2014；韩华为、高琴，2017；Golan et al.，2017；Kakwani et al.，2019），并且显著提升其在食品、住房、医疗和教育等基础需求方面的消费水平（Han et al.，2016；Zhao et al.，2017；Wang et al.，2019）。时至今日，作为农村社会的兜底保障网，低保制度在削减贫困、促进公平和维护社会稳定方面发挥着日益重要的作用。

从官方文件来看，农村低保采用家计调查方法来瞄准目标群体①。这意味着，只要家庭人均收入低于低保标准，且符合低保户财产状况规定，即便

---

* 本章原文发表于《人口学刊》2019 年第 6 期。收入本书时做了适当改动。本章为韩华为主持的国家自然科学基金项目"中国农村低保救助的瞄准、减贫效应和行为激励研究"（71703008）的成果之一。

① 见《社会救助暂行办法》第九条。

是那些有劳动能力的农村个体也可以获得低保。民政部统计数据显示，2010年以来农村低保群体中劳动年龄人口的比例一直在50%左右。另外，一些基于不同数据来源的统计分析也发现，在农村低保群体中有相当比例的个体具有劳动能力（韩华为、徐月宾，2014；韩华为、高琴，2017；Golan et al.，2017）。那么，随着救助水平的不断提高，农村低保是否会对有劳动能力受助个体的就业行为产生负向激励，以至于形成广受诟病的"福利依赖"现象呢？本章将对此问题展开实证研究。

从理论层面来看，农村低保可能通过多条路径对受助个体的就业产生负向激励。首先，在经典的劳动供给模型中，在闲暇是一种正常商品并且工作本身不具有直接效用的前提下，非劳动收入提高所带来的收入效应会减少个体的劳动供给水平（范里安，2015）。作为公共转移支付的低保救助金是一种典型的非劳动收入，因此获得低保会通过收入效应机制对受助者就业产生负面影响。其次，依据政策规定，农村低保使用家计调查瞄准方法，并在此基础上按照家庭人均收入低于当地低保标准的差额进行补差式救助。这意味着受助者的边际税率为100%。此时，救助前的收入如果增加一定数额，受助者所获得的低保金将会减少相同的数额。显然，这种补差式救助很容易引致负向就业激励（韩华为、高琴，2017）。再次，目前农村低保实践中存在广泛的福利捆绑现象（仇叶、贺雪峰，2017）。低保资格一旦被认定，受助家庭不仅能够得到低保金，而且在有需要的时候还能获得各类专项救助。一方面，这意味着更高水平的收入效应，从而导致对劳动供给产生更大的负向冲击。另一方面，在家计调查瞄准机制下，如果通过就业将其收入提升至低保标准以上，那么受助者不仅会失去现金救助，而且还会丧失与之相捆绑的各类专项救助。这显然会进一步强化低保对受助个体就业的负向激励。最后，农村低保执行过程中的污名化效应会引致福利耻感（Li and Walker，2017），这种福利耻感也可能对就业意愿和就业行为产生负面影响。

与此同时，农村低保也可能通过一些潜在机制对受助者就业产生正向激励。比如，获得低保以及其他专项救助有助于改善受助个体的营养状况、提升受助个体健康和教育方面的人力资本水平（Dasgupta and Ray，1986；Gao et al.，2014），这些均能促进受助个体的生产能力并对其就业产生正向影响。另外，低保救助还可以通过缓解农村贫困家庭的信贷约束而对其成员就业行为产生正向影响（Baird et al.，2018），比如通过帮助其获得迁移费用而促进其外出打工就业。考虑到农村低保对受助者就业具有正负两方面的影响机制，因此其净效应的方向和大小有待于严格的实证检验。

基于调查数据和严格的定量方法，国外已有不少文献对发展中国家贫困瞄准型公共救助项目的就业效应展开实证考察[①]。来自肯尼亚、马拉维和吉尔吉斯斯坦公共现金救助项目的证据发现，这些救助项目会对受助者就业产生显著的负向激励（Covarrubias et al.，2012；Asfaw et al.，2014；Gassmann and Trindade，2019）。而来自巴西、洪都拉斯、印度尼西亚、菲律宾等国的研究却发现公共救助项目并未对受助家庭成员的就业行为产生显著影响（Alzua et al.，2013；de Brauw et al.，2015；Banerjee et al.，2017）。其中，一些文献还进一步分析了这些救助项目未产生负向就业激励的原因。一些学者认为发展中国家救助项目的瞄准过程很难严格按照家计调查方法来执行，当转而采用其他变通的瞄准方法时[②]，由于瞄准和收入的关联度减弱，因此救助项目的边际税率显著下降，最终削弱了救助项目引致的负向就业激励（Alderman and Yemtsov，2013）。另外，也有一些学者指出，救助水平较低也是一些发展中国家救助项目未引发显著负向就业激励的重要原因（Banerjee et al.，2017）。

由于中国低保救助在城市地区建立时间较长，国内学者对城市低保的就业效应和福利依赖问题展开了较多的考察（韩克庆、郭瑜，2012；慈勤英、兰剑，2015；马爽，2017；肖萌、李飞跃，2017）。但受到方法和数据的限制，这些研究大多仅以有劳动能力的城市低保人口作为研究对象，然后通过考察救助时间或救助水平对就业变量的影响来探讨城市低保对低保对象产生的就业效应。在此基础上，其中一些研究发现城市低保会对低保对象的就业意愿和就业行为产生负面影响（慈勤英、兰剑，2015）。但也有不少研究发现，城市低保并未对低保对象就业产生显著的负向激励（韩克庆、郭瑜，2012；马爽，2017；肖萌、李飞跃，2017）。从项目评估角度来看，对低保救

---

① 由于本章所考察的农村低保是以贫困家庭为瞄准对象的救助项目，因此我们这里主要梳理发展中国家贫困瞄准型救助项目就业效应的文献。也有很多国外文献考察了发展中国家普惠型公共救助项目（比如社会养老金项目）的就业效应，鉴于这些研究与本章关系并不紧密，故不再赘述。

② 如社区瞄准、分类瞄准、代理家计调查瞄准方法等。

助就业激励效应的实证检验需要基于包括低保对象和非低保对象在内的样本数据,并构造合理的反事实框架来识别低保干预变量对就业变量的因果性影响。由此观之,上述对城市低保就业效应的评估存在较大的局限性,该领域的研究需要基于更全面的数据和更严格的计量方法来进行深化。

尽管一些定性研究发现农村低保对受助个体就业存在潜在的负向激励风险(陈元刚、徐智垠,2013),但现有文献对农村低保就业效应的定量考察却非常稀少。一些研究测算了农村低保的边际税率,发现该边际税率远低于诱发负向就业激励的水平(韩华为、高琴,2017;Golan et al.,2017)。另外,通过分析农村低保对受助者时间利用模式的影响,有文献发现获得低保与个体工作时间之间存在显著的负向关联,该结论意味着农村低保存在引发负向就业激励的可能性(Gao et al.,2015)。这些研究虽然在定量层面对该问题做出了初步的探索,但却都未能在反事实因果识别框架下对农村低保的就业激励效应做出严格评估。基于来自中国家庭追踪调查农村样本的面板数据,使用倾向值匹配和双重差分相结合(PSM-DID)的实证策略,本研究试图对农村低保的就业激励效应做出严格的实证检验。

本研究的贡献体现在如下几点:第一,研究主题方面,本章对农村低保的就业激励效应展开了严格的实证检验,同时还探讨了这些效应在不同群体中的异质性,这在国内尚属首次。第二,数据方面,本研究所采用的 CFPS 面板数据具有全国代表性,样本量大且包含了低保和非低保两类群体,这使得我们能对农村低保的就业效应做出严格评估。第三,方法方面,本章使用 PSM-DID 方法构造反事实因果识别框架,这有助于消除样本选择引致的内生性问题,从而获得更可靠的评估结果。

二、实证策略与计量模型

基于 2012 年和 2014 年 CFPS 农村样本构成的平衡面板数据,本章构造反事实框架来识别农村低保对受助者就业状况的影响效应。我们将 2012 年设定为初始期,并将研究样本限定为 2012 年未获得低保的有劳动能力的农村成年个体。因此,在本章所设置的反事实框架中,干预组为 2012 年未获得低保但 2014 年获得低保的样本,而对照组则为 2012 年和 2014 年均未获得低保的样本。为了控制效果评估中普遍存在的样本选择偏误，我们将使用倾向值匹配和双重差分相结合（PSM-DID）的估计策略来识别政策效果。

PSM-DID 方法最初由赫克曼（Heckman）等提出并应用于政策评估研究中（Heckman et al.，1997）。该方法的基本思想体现为：通过倾向值匹配方法，在对照组样本中，为每一个干预组样本匹配出与其特征相似的样本，并将所有匹配样本作为控制组代替原来的对照组来进行 DID 估计①。与单纯的 DID 策略相比，PSM-DID 方法较好地满足了干预组和控制组的共同趋势假设②。与单独使用 PSM 方法相比，PSM-DID 方法不仅能控制可观测的特征，而且还能在一定程度上消除不可观测异质性的影响，从而有助于获得较为可靠的政策效应估计结果③。

在本章的研究背景下，我们使用下述三个步骤来具体执行 PSM-DID 方法。

第一步，考虑到初始期（2012 年）特征能够刻画样本在未来期（2014 年）陷入贫困并获得低保的风险，因此我们基于 Probit 模型来建立 2014 年农村低保获得与 2012 年各类特征之间的关系，并利用其估计系数来计算每个样本在 2014 年获得低保的倾向性分数。该回归模型表示如式（9－1）所示：

$$Pr(D_{i,14}) = \Phi(\alpha_0 + \alpha_1 X_{i,12}) \qquad (9-1)$$

式（9－1）中，$D_{i,14}$ 是一个虚拟变量，代表样本 i 在 2014 年是否获得低保（获得 ＝1；未获得 ＝0）。$X_{i,12}$ 代表样本 i 来自个体、家庭和社区三个层面的特征在 2012 年的取值。此外，考虑到农村低保执行在各省之间可能存在差异，我们在回归模型中还进一步控制了省份虚拟变量。

第二步，利用步骤一中得出的倾向性分数，为干预组中的所有样本在对照组中匹配出与其特征类似的样本，我们使用这些匹配出的样本构建出控制组。我们以半径匹配（caliper ＝0.01）作为主要的匹配方法。半径匹配的优

---

① 为了做出区分，本章将匹配前的非低保样本称为对照组，而将匹配后的非低保样本称为控制组。

② 共同趋势假设是采用 DID 方法识别政策效应的重要前提。该假设指，如果没有政策干预，干预组和对照组的结果变量在两期之间的变化不存在显著差异。PSM 方法可以在一定程度上消除控制组与干预组之间除政策干预之外的系统性差异，因此能够较好地满足共同趋势假设。

③ PSM 方法通过控制可观测的特征来进行匹配，但干预组和控制组之间还可能在不可观测的特征方面存在差异，两期之间的双重差分（DID）有助于消除不随时间改变的不可观测异质性的干扰。

势在于，它能够利用在半径范围内尽可能多的对照组样本进行匹配，这有助于提高匹配的精确性。同时，为了检验核心结论的稳健性，我们还采用了其他两种匹配方法：最近邻匹配（k = 10；caliper = 0.01）和核匹配（核类型为 normal；bwidth = 0.01）。

第三步，PSM-DID 得出的平均处理效应如式（9 - 2）所示：

$$\text{ATT}_{\text{PSM-DID}} = E(Y_{14}^T - Y_{12}^T \mid X_{12}, D = 1) - E(Y_{14}^C - Y_{12}^C \mid X_{12}, D = 0) \qquad (9 - 2)$$

式（9 - 2）中，T 代表干预组，C 代表通过匹配获得的控制组，Y_{12} 代表干预前的结果变量，Y_{14} 代表干预后的结果变量，D 代表是否获得农村低保，X_{12} 代表匹配过程中所控制的 2012 年的各类特征变量和省份虚拟变量。

三、数据来源及变量说明

（一）数据来源

本章所使用的数据来自北京大学中国社会科学调查中心（ISSS）所执行的中国家庭追踪调查（CFPS）。CFPS 已经公布了 2016 年轮次的调查数据，但是它却没有针对家庭是否获得农村低保进行询问。考虑到低保获得是本研究中最为关键的政策干预变量，我们只能利用 CFPS 在 2012 年和 2014 年两轮调查中的农村样本，并以此构造两期面板数据来展开实证分析。两个方面的优势使得该数据能满足我们的研究目的。第一，CFPS 在上述两轮调查中不仅询问了农村低保获得状况，而且还调查了受访者的就业状况及就业意愿。尤其是，不同于以往调查仅依靠单一问题来判断样本的就业状态[1]，CFPS 的就业板块还考虑了个体临时休假、生意淡季、农闲季节等多方面的因素，因此能够通过逐步筛查对样本就业状态作出更精确的判断。第二，两个年度的面板数据，以及 CFPS 所提供的受访者各个层面的丰富特征信息，使得我们可以使用 PSM-DID 反事实因果识别框架，这有助于克服样本选择引致的内生性问题，从而获得更可靠的评估结果。

---

[1] 例如，不少调查仅仅通过"您现在有工作吗？"一个问题来判断样本的就业状态。

本章实证分析选择 16~65 岁有劳动能力的农村个体作为研究对象，我们删除了处于该年龄段的在校学生，以及因病残而丧失劳动能力的样本。为了构建平衡面板数据，我们仅仅保留了 2012 年和 2014 年两轮均接受调查的受访者样本。在删除核心变量有缺失值的样本后，我们最终获得样本量为 12 170 个的两期平衡面板数据。其中，干预组和对照组的样本数量分别为 610 个和 11 560 个。

（二）变量说明

本研究的被解释变量为样本个体的就业状态，我们通过两个变量来对其进行刻画。第一个就业变量（Work1）是度量样本个体是否工作的虚拟变量（工作 = 1；未工作 = 0）。CFPS 通过五个问题逐步筛查来判断样本个体是否工作（见图 9-1）。第二个就业变量（Work2）还进一步纳入了样本个体的工作意愿信息。CFPS 通过两个问题来判断样本个体是否具有工作意愿：（1）您过去一个月是否找过工作？（2）如有工作机会，您能否在两周之内开始工作？当两个问题回答均为否时，我们设定该样本无工作意愿。反之，我们设定该样本具有工作意愿。在此基础上，我们设定变量 Work2 包括三个取值：当样本个体未工作且无工作意愿时，该变量取值为 0；当样本个体未工作但有工作意愿时，该变量取值为 1；当样本个体实际参与工作时，则该变量取值为 2。我们认为，该变量的数值越大，样本个体的就业激励越强。

本研究的解释变量为样本个体是否获得农村低保（获得 = 1，未获得 = 0）。CFPS 询问受访农户是否获得低保，如果回复为获得低保，我们就将该家庭内的所有成员界定为低保个体。在 Probit 模型式（9-1）中，我们控制了 2012 年来自个体、家庭、社区三个层面的特征变量和一组省份虚拟变量。其中，个体特征包括年龄、性别、受教育程度、是否在婚、是否少数民族、是否中共党员，及自评健康水平。家庭特征变量有家庭规模、16 岁以下儿童人数、60 岁及以上老人人数、家庭人均收入对数、家庭人均净资产的四等分①、家庭存在住房困难②、

---

① 家庭人均净资产来自靳永爱和谢宇（2014）的测算结果。

② 家庭存在住房困难指因住房面积过小导致出现 12 岁以上的子女与父母同住一室、老少三代同住一室、12 岁以上的异性子女同住一室、床晚上架起白天拆掉、客厅里也架床的情形。

家庭发生灾难性医疗支出①。社区特征则包括村庄内是否有卫生站或诊所、家族祠堂和宗教场所，村庄是否位于少数民族聚居区、矿产资源开发区和自然灾害频发区，村庄是否已经开展民主直选，村庄距本县县城是否超过 20 公里②。

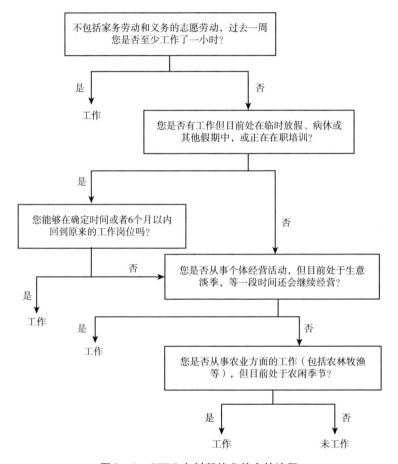

图 9 - 1　CFPS 中判断就业状态的流程

资料来源：谢宇等（2013），根据本研究需要略有修改。

---

① 设 M＝家庭自付医疗支出/家庭非食品消费支出。如果 M＜40％，我们定义该家庭未发生灾难性医疗支出。如果 40％≤M＜80％，我们定义该家庭发生轻度灾难性医疗支出。如果 M≧80％，我们定义该家庭发生重度灾难性医疗支出。

② 考虑到两个年度内社区特征变化的可能性较小，CFPS 在 2010 年调查社区特征之后，CFPS 2012 并未对社区特征进行调查。因此，本研究采用 CFPS 2010 中的社区特征来度量初始期社区特征。

四、实证结果

（一）样本就业状态描述性统计

表9-1给出了样本就业状态的描述性统计结果。无论在哪个年度，总样本中均有接近88%的个体参与工作。在未工作的样本中，无工作意愿的个体比例（两个年度分别为8.41%和8.82%）显著高于有工作意愿的个体比例（两个年度分别为3.93%和3.10%）。分性别来看，男性样本的工作参与率显著高于女性样本。同时，与男性相比，女性样本未工作且无工作意愿的比例要高得多。分年龄段来看，随着年龄的增加，工作参与率呈现出先上升后下降的倒U形趋势。其中，36~45岁样本的工作参与率最高且无工作意愿比例最低，而16~25岁和56~65岁样本的劳动参与率最低且无工作意愿比例最高。按教育水平分组来看，各类教育水平组群在工作参与率方面差异不明显，但教育水平为小学以下的个体未工作且无工作意愿的比例显著高于教育水平更高的样本个体。按健康水平分组来看，与自评健康好的个体相比，自评健康差的个体未工作且无工作意愿的比例更高。按地区分组来看，西部地区的工作参与率高于中东部地区，而东部地区未工作且无工作意愿的样本比例高于中西部地区。从低保干预前后的两期比较来看，总样本及各子样本的工作参与率变化并不明显。与低保干预前的2012年相比，2014年低保干预之后，56~65岁子样本、自评健康差子样本，以及东部子样本的未工作且无工作意愿的比例有较大幅度的上升，这说明农村低保可能对这几类群体产生负向就业激励。

表9-1　　　　　　　　　　　　样本就业状态描述性统计

项目	样本数量	2012年			2014年		
		未工作且无工作意愿	未工作但有工作意愿	工作	未工作且无工作意愿	未工作但有工作意愿	工作
总样本	12 170	8.41	3.93	87.66	8.82	3.10	88.08
按性别分组							
男性	5 954	3.39	2.72	93.89	3.56	2.07	94.37
女性	6 216	13.23	5.08	81.69	13.87	4.08	82.05

项目	样本数量	2012 年			2014 年		
		未工作且无工作意愿	未工作但有工作意愿	工作	未工作且无工作意愿	未工作但有工作意愿	工作
按年龄分组							
16~25 岁	1 294	15.23	11.59	73.18	12.29	7.73	79.98
26~35 岁	1 964	8.91	5.55	85.54	7.02	4.79	88.19
36~45 岁	3 092	3.85	2.55	93.60	4.01	2.62	93.37
46~55 岁	3 167	5.18	2.56	92.26	7.04	1.83	91.13
56~65 岁	2 653	13.91	2.22	83.87	16.21	1.66	82.13
按教育水平分组							
小学以下	3 873	10.20	2.50	87.30	10.46	2.14	87.40
小学	3 201	7.19	3.84	88.97	8.56	3.37	88.07
初中	3 577	7.99	5.54	86.47	8.44	3.91	87.65
高中及以上	1 517	7.44	3.96	88.60	6.13	3.03	90.84
按健康水平分组							
自评健康好	10 125	8.14	4.37	87.50	8.17	3.39	88.44
自评健康差	2 045	8.92	3.13	87.95	10.01	2.57	87.42
按地区分组							
东部	4 920	8.88	3.80	87.32	10.37	3.29	86.34
中部	3 602	8.61	4.83	86.56	9.55	3.36	87.09
西部	3 648	7.59	3.21	89.20	6.03	2.58	91.39

注：样本数量单位为个，表中其余数据的单位为%。

（二）匹配前后的平衡性检验

本章通过倾向值匹配方法（PSM）来构造控制组。表 9 - 2 给出了用于计算倾向值分数的 Probit 回归估计结果。许多 2012 年的特征变量对样本个体在 2014 年是否获得低保表现出显著的影响效应。个体特征变量中，少数民族、自评健康差会显著提高个体获得农村低保的概率，而在婚和教育水平较高的个体获得农村低保的可能性更低。家庭特征变量中，家庭规模越大，家中老人人数越多，家中发生重度灾难性医疗支出的个体获得农村低保的可能性越高，而家中儿童人数较多、家庭人均收入和人均净资产更高则会显著降低个体获得农村低保的概率。社区特征变量中，村内有卫生站或诊所与个体获得低保存在负向关系，而所在村庄位于少数民族聚居区，所在村庄位于自然灾害频发区、村庄内部有家族祠堂却与个体获得农村低保呈现出正向关系。

表 9 - 2　　　　　　　　　农村低保获得 Probit 模型回归结果

项目	回归系数	标准误
个体特征		
年龄	0.019	(0.013)
年龄平方/100	- 0.024	(0.014)
男性	0.063	(0.044)
小学（参照组为小学以下）	- 0.150 ***	(0.057)
初中	- 0.295 ***	(0.062)
高中及以上	- 0.358 ***	(0.087)
在婚	- 0.398 ***	(0.070)
少数民族	0.217 **	(0.090)
中共党员	0.114	(0.104)
自评健康差	0.146 ***	(0.055)
家庭特征		
家庭规模	0.056 ***	(0.015)
16 岁以下儿童人数 =1（参照组为 =0）	- 0.119 **	(0.054)
16 岁以下儿童人数 ≥2	- 0.229 ***	(0.069)
60 岁及以上老人人数 =1（参照组为 =0）	0.227 ***	(0.051)
60 岁及以上老人人数 ≥2	0.250 ***	(0.062)
ln（家庭人均纯收入）	- 0.077 ***	(0.017)
家庭人均净资产四等分（参照组为最低）		
较低	- 0.279 ***	(0.059)
较高	- 0.086	(0.059)
最高	- 0.173 **	(0.069)
家庭存在住房困难	0.037	(0.061)
是否发生灾难性医疗支出（参照组为未发生）		
轻度	0.054	(0.064)
重度	0.438 ***	(0.120)
社区特征		
村内有卫生站或诊所	- 0.123 **	(0.059)
村庄位于少数民族聚居区	0.263 ***	(0.083)
村庄位于矿产资源开发区	0.114	(0.073)
村庄位于自然灾害频发区	0.175 ***	(0.047)
村庄已开展民主直选	0.041	(0.056)
村内有家族祠堂	0.146 *	(0.076)

续表

项目	回归系数	标准误
村内有宗教场所	-0.040	(0.051)
村庄距县城超过20公里	0.026	(0.049)
常数项	-0.890 **	(0.414)
省份虚拟变量	控制	
Wald chi^2	699.22 ***	
Pseudo R^2	0.144	
样本量	12 170	

注：*** p<0.01，** p<0.05，* p<0.10。

表9-3显示了用于检验倾向值匹配效果的平衡性检验结果。匹配之前，非常多的特征变量在干预组和对照组之间存在显著差异。总体来看，与未获得低保的对照组样本相比，获得低保的干预组样本在家庭经济状况和人力资本水平方面均表现出明显的劣势，同时干预组样本遭遇灾难性医疗支出冲击的可能性更高。干预组和对照组之间存在系统性差异，这使得两者共同趋势假设很难成立。基于匹配结果构建控制组之后，所有的特征变量在干预组和控制组之间的差异不再显著。这表明，基于匹配结果构建的控制组在各类特征变量方面与干预组非常相似，这保证了两者共同趋势假设的成立。因此，在倾向值匹配基础上进一步采用双重差分方法能够更好地处理样本选择问题，从而使得政策效果估计结果更为可靠。

表9-3　　　　　　　　　　倾向值匹配前后的平衡性检验

项目	倾向值匹配前（N=12 170）				倾向值匹配后（N=12 151）			
	干预组（N=610）		对照组（N=11 560）		干预组（N=592）		控制组（N=11 559）	
个体特征								
年龄	43.74	(13.22)	43.82	(12.43)	43.91	(13.08)	44.26	(13.01)
男性	0.51	(0.50)	0.49	(0.50)	0.51	(0.50)	0.50	(0.50)
小学以下	0.51	(0.50)	0.31	(0.46) ***	0.50	(0.50)	0.49	(0.50)
小学	0.24	(0.43)	0.26	(0.44)	0.24	(0.43)	0.24	(0.43)
初中	0.18	(0.39)	0.30	(0.46) ***	0.19	(0.39)	0.19	(0.40)
高中及以上	0.07	(0.25)	0.13	(0.33) ***	0.07	(0.25)	0.08	(0.26)
在婚	0.82	(0.39)	0.90	(0.30) ***	0.83	(0.38)	0.83	(0.38)
少数民族	0.25	(0.43)	0.08	(0.27) ***	0.23	(0.42)	0.23	(0.42)
党员	0.04	(0.21)	0.05	(0.22)	0.05	(0.21)	0.04	(0.20)

续表

项目	倾向值匹配前（N = 12 170）				倾向值匹配后（N = 12 151）			
	干预组（N = 610）		对照组（N = 11 560）		干预组（N = 592）		控制组（N = 11 559）	
自评健康差	0.23	(0.42)	0.17	(0.37)***	0.24	(0.43)	0.24	(0.43)
家庭特征								
家庭规模	5.02	(1.96)	4.59	(1.82)***	4.94	(1.90)	4.99	(2.04)
16 岁以下儿童人数 =0	0.40	(0.49)	0.40	(0.50)	0.39	(0.49)	0.39	(0.49)
=1	0.30	(0.46)	0.34	(0.48)**	0.31	(0.46)	0.31	(0.46)
≥2	0.30	(0.46)	0.26	(0.44)**	0.30	(0.46)	0.30	(0.46)
60 岁及以上老人人数 =0	0.49	(0.50)	0.63	(0.48)***	0.50	(0.50)	0.49	(0.50)
=1	0.30	(0.46)	0.21	(0.41)***	0.30	(0.46)	0.29	(0.46)
≥2	0.21	(0.41)	0.16	(0.36)***	0.20	(0.40)	0.21	(0.41)
ln（家庭人均纯收入）	8.18	(1.33)	8.68	(1.20)***	8.25	(1.29)	8.22	(1.48)
家庭人均净资产四等分								
最低	0.44	(0.50)	0.24	(0.43)***	0.42	(0.49)	0.43	(0.50)
较低	0.18	(0.39)	0.25	(0.44)***	0.19	(0.39)	0.19	(0.39)
较高	0.24	(0.43)	0.25	(0.43)	0.24	(0.43)	0.23	(0.42)
最高	0.14	(0.35)	0.26	(0.44)***	0.15	(0.35)	0.15	(0.36)
家庭存在住房困难	0.18	(0.38)	0.12	(0.33)***	0.17	(0.38)	0.16	(0.37)
是否发生灾难性医疗支出								
未发生	0.83	(0.38)	0.88	(0.33)***	0.83	(0.38)	0.82	(0.39)
轻度	0.13	(0.33)	0.11	(0.31)	0.13	(0.34)	0.14	(0.35)
重度	0.04	(0.20)	0.02	(0.13)***	0.04	(0.21)	0.05	(0.21)
社区特征								
村内有卫生站或诊所	0.76	(0.43)	0.86	(0.35)***	0.78	(0.41)	0.78	(0.41)
村庄位于少数民族聚居区	0.28	(0.45)	0.09	(0.29)***	0.26	(0.44)	0.26	(0.44)
村庄位于矿产资源开发区	0.14	(0.35)	0.09	(0.29)***	0.15	(0.35)	0.15	(0.36)
村庄位于自然灾害频发区	0.44	(0.50)	0.28	(0.45)***	0.42	(0.49)	0.42	(0.49)
村庄已开展民主直选	0.79	(0.41)	0.80	(0.40)	0.79	(0.41)	0.79	(0.41)
村内有家族祠堂	0.12	(0.32)	0.14	(0.35)*	0.12	(0.32)	0.12	(0.33)
村内有宗教场所	0.44	(0.50)	0.47	(0.50)	0.45	(0.50)	0.46	(0.50)
村庄距县城超过 20 公里	0.64	(0.48)	0.48	(0.50)***	0.63	(0.48)	0.62	(0.49)

注：①本表中，我们基于半径匹配（Caliper = 0.01）来构建控制组；

②均值在括号外，标准差在括号内；

③各变量在干预组和对照组（或控制组）中均值差异的显著性采用回归模型来检验（连续型变量使用 OLS 模型，分类变量使用 Logistic 模型），显著性水平结果显示于对照组和控制组标准差后侧；

④ *** $p < 0.01$，** $p < 0.05$，* $p < 0.10$。

（三） 总样本中的 PSM-DID 估计结果

表9－4 给出了在全部样本中的 PSM-DID 估计结果。我们考察了获得农村低保救助分别对两个就业状态变量的影响效应。其中，第一个就业状态变量 Work1 是度量样本个体是否工作的虚拟变量。第二个就业状态变量 Work2 则进一步纳入了工作意愿信息，当样本个体的就业状态分别为未工作且无工作意愿、未工作但有工作意愿、实际参与工作时，Work2 的取值分别为 0、1、2。当 Work2 数值越大时，样本个体的就业激励越强。使用半径匹配的估计结果表明，获得农村低保会对有劳动能力受助个体就业产生显著的负向效应。具体的，对 Work1 的估计结果表明，获得农村低保会显著降低样本个体参与工作的概率。对 Work2 的估计结果表明，获得农村低保会显著降低考虑工作意愿之后的就业激励。

表9－4　　　　　　　　　基于总样本的 PSM-DID 估计结果

干预变量	就业状态变量 Work1			就业状态变量 Work2		
	半径匹配	K 最近邻匹配	核匹配	半径匹配	K 最近邻匹配	核匹配
获得低保救助	－ 0. 019 ***	－ 0. 025 **	－ 0. 014 **	－ 0. 042 ***	－ 0. 055 ***	－ 0. 035 ***
	（0. 007）	（0. 011）	（0. 007）	（0. 012）	（0. 021）	（0. 012）
	N = 12 151	N = 4 103	N = 12 163	N = 12 151	N = 4 103	N = 12 163
获得较低	－ 0. 002	0. 007	－ 0. 001	－ 0. 008	0. 003	－ 0. 005
低保救助金额	（0. 007）	（0. 015）	（0. 007）	（0. 012）	（0. 026）	（0. 012）
	N = 11 858	N = 2 299	N = 11 858	N = 11 858	N = 2 299	N = 11 858
获得较高	－ 0. 024 ***	－ 0. 029 *	－ 0. 024 ***	－ 0. 063 ***	－ 0. 071 ***	－ 0. 062 ***
低保救助金额	（0. 007）	（0. 015）	（0. 007）	（0. 013）	（0. 027）	（0. 013）
	N = 11 853	N = 2 708	N = 11 864	N = 11 853	N = 2 708	N = 11 864

注：①表中 N 代表各类匹配模型下共同支撑域内的样本数量；

②括号内数值为标准误；

③三类匹配方法的参数设置如下：半径匹配（caliper = 0. 01），K 最近邻匹配（k = 10，caliper = 0. 01），核匹配（normal，bwidth = 0. 01）；

④ *** p < 0. 01，** p < 0. 05，* p < 0. 10。

按照政策设置，农村低保按照家庭人均收入低于低保标准的差额进行补差式救助。在此背景下，来自不同家庭的受助者所获得的低保救助金额可能存在较大差异。因此，我们有必要进一步探讨不同额度的低保干预对个体就业的差异化影响。我们将家庭人均低保金低于其中位数（1 020 元/人·年）的个体定义为获得较低低保救助金额的样本（N = 305），而将家庭人均低保金高于其中位数的个体定义为获得较高低保救助金额的样本（N = 305）。参照 Gao 等（2014）所采用的方法，我们通过有序 Probit 模型①来估计每个样本未获得低保、获得较低低保救助金额、获得较高低保救助金额的概率，然后分别为获得较低低保救助金额和获得较高低保救助金额的样本匹配出与其特征相似的非低保样本，最后基于匹配后的控制组和干预组来识别与其对应的 PSM-DID 效应。表 9 - 4 给出了采用上述方法得出的估计结果。比较之后不难发现，当使用半径匹配方法时，获得较低低保救助金额对受助个体的两个就业状态变量均未产生显著影响，而获得较高低保救助金额则显著降低了两个就业状态变量。这说明，较高的救助水平会对受助者产生较为严重的负向就业激励。

为了检验以上结论的稳健性，表 9 - 4 还给出了基于最近邻匹配和核匹配的 PSM-DID 估计结果。无论从影响方向来看，还是从影响效应的显著性水平来看，基于其他两种匹配方法的估计结果与基于半径匹配的估计结果大体一致。这说明表中结果较为稳健。

（四）异质性分析

农村低保对个体就业的影响效应在不同群体之间可能存在差异。同样采用 PSM-DID 识别策略，下面我们分别从性别、年龄、教育水平、健康状况，以及所处地区五个角度来检验这种异质性效应。表 9 - 5 给出了在不同组群中的 PSM-DID 估计结果。在不同性别组群中的估计结果显示，获得农村低保会对女性样本的就业产生显著的负向效应，而该效应在男性样本中并不显著。在农村家庭内部，女性更多的承担料理家务和照顾老幼的责任。而贫困会迫使一些女性选择参与生产活动以缓解家庭经济压力。获得低保则可能降低女性的就业激励，使其花更多的时间来承担传统的家庭责任。在不同年龄组群

① 有序 Probit 模型的自变量与表 9 - 2 中的自变量完全一致。限于篇幅，该结果未在文中呈现。如有需要，请向作者索取。

中的估计结果表明，农村低保仅对 56～65 岁样本个体产生显著的负向就业激励。该年龄段的农村个体大多从事劳动密集型的农业生产，年龄较大导致其体力出现较严重的衰减。因此，当获得低保救助及其他专项救助之后，该年龄段的个体更倾向于降低其工作意愿和工作参与。按照教育水平和健康状况分组估计结果表明，农村低保仅在教育水平为小学以下，以及自评健康差的子样本中表现出显著的负向激励效应。教育和健康是农村个体最主要的两类人力资本，较低的人力资本水平限制了个体的就业能力和就业机会。当获得保障其最低生活水平的救助之后，这些面临就业困难的个体更容易对福利产生依赖而降低其工作积极性。

表 9 – 5　　　　　　　基于不同子样本的 PSM-DID 估计结果

项目	就业状态变量 Work1			就业状态变量 Work2		
	核匹配	半径匹配	k 最近邻匹配	核匹配	半径匹配	k 最近邻匹配
按性别分组						
男性	- 0.010	- 0.009	- 0.002	- 0.016	- 0.015	- 0.007
女性	- 0.029 ***	- 0.043 **	- 0.026 **	- 0.068 ***	- 0.095 ***	- 0.063 ***
按年龄分组						
16～25 岁	- 0.023	- 0.039	- 0.001	- 0.062	- 0.077	- 0.037
26～35 岁	0.014	0.029	0.018	- 0.021	- 0.001	- 0.010
36～45 岁	- 0.002	- 0.006	- 0.007	- 0.009	- 0.012	- 0.021
46～55 岁	- 0.003	- 0.019	0.004	- 0.002	- 0.033	0.003
56～65 岁	- 0.067 ***	- 0.074 ***	- 0.058 ***	- 0.108 ***	- 0.131 ***	- 0.090 ***
按教育水平分组						
小学以下	- 0.045 ***	- 0.057 ***	- 0.032 ***	- 0.086 ***	- 0.112 ***	- 0.066 ***
小学	0.015	0.021	0.009	0.013	0.023	0.001
初中	0.007	0.003	0.010	0.006	- 0.004	0.010
高中及以上	- 0.025	- 0.040	- 0.026	- 0.048	- 0.058	- 0.048
按健康水平分组						
自评健康好	0.009	0.004	0.018 **	0.007	- 0.006	0.018
自评健康差	- 0.061 ***	- 0.069 ***	- 0.062 ***	- 0.114 ***	- 0.125 ***	- 0.113 ***

项目	就业状态变量 Work1			就业状态变量 Work2		
	核匹配	半径匹配	k 最近邻匹配	核匹配	半径匹配	k 最近邻匹配
按地区分组						
东部	− 0.061 ***	− 0.071 ***	− 0.060 ***	− 0.075 ***	− 0.090 ***	− 0.075 ***
中部	− 0.027 **	− 0.018	− 0.029 **	− 0.066 ***	− 0.055	− 0.068 ***
西部	− 0.003	− 0.015	0.007	− 0.021	− 0.043	− 0.008

注：①各类匹配模型的具体参数同表 9 - 4 注；
② *** p < 0.01，** p < 0.05。

在不同地区组群中的估计结果表明，与中西部地区相比，农村低保的负向就业激励在东部地区更为显著。相比中部和西部地区，东部地区农村低保的保障标准和救助金额更高①，同时与低保配套的各类专项救助制度也更加完善。因此，该地区较高的福利待遇更容易引致显著的负向就业激励。

五、结论与政策启示

基于中国家庭追踪调查 2012 年和 2014 两个年度构成的面板数据，使用倾向值匹配和双重差分相结合的因果识别策略，本章实证检验了农村低保对具有劳动能力受助对象的就业激励效应，并进一步考察了该效应在不同样本群体中的异质性。研究结果表明：获得农村低保会显著降低有劳动能力受助个体的就业激励，当就业状态变量纳入工作意愿信息之后，该结论仍然成立。不同的低保救助金额所产生的就业激励效应存在差异，其中，获得较低救助金额对受助个体产生的就业效应并不显著，而获得较高救助金额能够对受助个体就业产生显著的负向效应。按照社会人口特征分组后的估计结果表明，农村低保在女性、年龄较大、教育水平较低，以及健康状况差的群体中表现出显著的负向就业效应。按照地区分组的估计结果显示，农村低保的负向就

---

① 根据民政部统计的 2014 年第一季度各省市农村低保保障标准数据以及本章样本数据，我们计算发现：在本章数据所涉及的 24 个省（区市）中，东部省（区市）农村低保的平均保障标准和救助金额分别为 3 857.66 元/人·年和 1 907.08 元/人·年，中部省（区市）农村低保的平均保障标准和救助金额分别为 2 245.65 元/人·年和 1 195.41 元/人·年，西部省（区市）农村低保的平均保障标准和救助金额分别为 2 089.41 元/人·年和 1 004.45 元/人·年。

业激励在东部地区更为突出。采用多种匹配方法的分析结果表明，本章上述结论具有较好的稳健性。

本章实证结论支持农村低保会对有劳动能力受助个体产生负向就业激励。结合我们在引言部分所展开的理论分析，以及已有的农村低保研究文献，本章实证结论可以从以下几个角度来进行理解。首先，农村低保的负向就业激励可能来源于该制度在瞄准方面的政策设置。按照官方的政策文本，农村低保应该采用严格的家计调查瞄准，并且按照家庭人均收入与低保标准的差额来确定实际救助金额。这种政策设置意味着低保金会面临很高的边际税率，从而会对受助者的就业产生负向激励。一些文献发现农村低保在瞄准实践中对上述政策规定有所偏离，这可能会弱化瞄准和家庭收入的关联度，从而降低低保金的边际税率并削弱其可能导致的负向就业激励（韩华为、2018；韩华为、高琴，2019；Han and Gao，2019）。但是，2012 年以来，国家相关部门严格规范了农村低保家庭经济状况核查工作，并且重新强调了家庭收入和财产是认定低保对象和确定救助金额的基本依据①。在此背景下，农村低保在瞄准方面的政策设置仍然可能是引致负向就业激励的重要原因。其次，农村低保所带来的负向就业激励也可能归因于低保实践中广泛存在的福利捆绑现象。基于案例研究的证据显示，在现有的农村低保政策下，低保户不仅可以获得越来越高的低保救助金，而且还可以获得医疗救助、教育救助、危房补贴、过节补助等诸多的额外好处（仇叶、贺雪峰，2017）。这甚至使得低保身份成了某种特权，造成一种"赢者通吃"的现象。很显然，福利捆绑提高了低保的含金量，这意味着更高水平的收入效应，从而导致对劳动供给更大的负向冲击。另外，在现有的瞄准机制下，如果通过就业将其收入提升至低保标准以上，那么受助者不仅会失去现金救助，而且还会丧失与低保相捆绑的其他各类救助，这显然会进一步强化低保对受助个体就业的负向激励。最后，针对农村低保对象的就业扶持政策效果不佳（唐钧，2017），这导致低保对其受助者，尤其是能力不足受助者的负向就业激励难以得到有效缓解。

---

① 具体请见民政部印发的《最低生活保障审核审批办法（试行）》、国务院发布的《社会救助暂行办法》、民政部和国家统计局发布的《关于进一步加强农村最低生活保障申请家庭经济状况核查工作的意见》。

　　为了缓解负向就业激励以及由此可能导致的福利依赖问题，未来农村低保可以尝试从以下几个方面进行政策优化。首先，为了弱化农村低保内在的制度性负向就业激励机制，可以尝试设置就业收入豁免和救助渐退政策。具体的，在瞄准过程中确定低保户救助额度时，对其新增就业收入给予一定比例的豁免，从而使得对新增就业收入的边际税率低于100%。在低保动态管理过程中，对于通过就业使其收入超过低保标准的家庭，应该尝试采取低保渐退政策，即允许该类家庭在一定期限内仍然能够继续享受低保待遇，从而削弱福利悬崖效应引致的负向就业激励。其次，考虑到福利捆绑可能强化农村低保的负向就业激励，农村低保和其他专项救助应该逐步建立相对独立的保障对象识别机制。与农村低保救助相比，医疗、教育、住房等领域的专项救助应该设置稍高的收入识别标准。这样，即使因为增加就业而使人均收入略高于低保标准，在发生特定领域的困难时，这些农村困难家庭仍然有资格享受相应领域的专项救助。在这样的政策设置下，低保个体因为害怕失去各类专项救助而减少工作的激励才能随之减弱。最后，积极的、有针对性的就业援助措施也有助于缓解农村低保引致的负向就业激励。对于女性、年龄较大、健康和教育人力资本水平较低的低保个体，受制于体力和技能方面的不足，其就业能力差而工作报酬低，因此低保对其产生的负向就业激励尤其显著。在当前农村地区脱贫攻坚的时代背景下，通过整合民政系统的就业救助政策和扶贫系统的各类转移就业项目，为这些弱势群体提供有针对性的就业帮扶，这对于缓解农村低保负向就业激励、降低低保对象福利依赖具有重要作用。

参考文献

　　[1] 陈元刚，徐智垠．我国农村最低生活保障的福利依赖现状及防范研究：以重庆市涪陵区部分乡镇、湖北恩施市屯堡乡为例 [J]．重庆理工大学学报，2013（10）．

　　[2] 慈勤英，兰剑．"福利"与"反福利依赖"：基于城市低保群体的失业与再就业行为分析 [J]．武汉大学学报（哲学社会科学版），2015（4）．

　　[3] 范里安．微观经济学：现代观点（第九版）[M]．上海：格致出版社，2015．

［4］韩华为. 农村低保户瞄准中的偏误和精英俘获：基于社区瞄准机制的分析 ［J］. 经济学动态，2018（2）.

［5］韩华为，高琴. 中国农村低保制度的保护效果研究：来自中国家庭追踪调查（CFPS）的经验证据 ［J］. 公共管理学报，2017（2）.

［6］韩华为，高琴. 代理家计调查与农村低保瞄准效果：基于 CHIP 数据的分析 ［J］. 中国人口科学，2018（6）.

［7］韩华为，徐月宾. 中国农村低保制度的反贫困效应研究：来自中西部五省的经验证据 ［J］. 经济评论，2014（6）.

［8］韩克庆，郭瑜. "福利依赖"是否存在？中国城市低保制度的一个实证研究 ［J］. 社会学研究，2012（2）.

［9］靳永爱，谢宇. 中国家庭追踪调查：2010 年和 2012 年财产数据技术报告 ［R］. 中国家庭追踪调查技术报告 CFPS – 29，2014.

［10］刘丽娟. 我国城乡低保家庭基本状况分析：基于 2016 年中国城乡困难家庭社会政策支持系统建设项目的调查 ［J］. 中国民政，2017（21）.

［11］马爽. 城市低保对象求职行为及其影响因素研究 ［J］. 清华大学学报（哲学社会科学版），2017（5）.

［12］仇叶，贺雪峰. 泛福利化：农村低保制度的政策目标偏移及其解释 ［J］. 政治学研究，2017（3）.

［13］唐钧. 论城乡困难家庭就业救助精准化 ［J］. 党政研究，2017（5）.

［14］肖萌，李飞跃. 工作还是依赖？低保对象就业行为的影响因素分析 ［J］. 人口学刊，2017（1）.

［15］谢宇，张晓波，李建新，于学军，任强. 中国民生发展报告 2013 ［M］. 北京：北京大学出版社，2013.

［16］Alderman, H., & Yemtsov, R. (2013). How can safety nets contribute to economic growth? *World Bank Economic Review*, 28 (1), 1 – 20.

［17］Alzúa, M., Cruces G., & Ripani L. (2013). Welfare programs and labor supply in developing countries: Experimental evidence from Latin America. *Journal of Population Economics*, 26 (4), 1255 –1284.

［18］Asfaw, S., Davis, B., Dewbre, J., Handa, S., & Winters, P.

(2014). Cash transfer programme, productive activities and labour supply: Evidence from a randomised experiment in Kenya. *Journal of Development Studies*, 50 (8), 1172 – 1196.

[19] Baird, S., McKenzie, D., & Özler, B. (2018). *The effects of cash transfers on adult labor market outcomes.* World Bank Policy Research Working Paper No. 8404.

[20] Banerjee, A., Hanna, R., Kreindler, G., & Olken, B. (2017). Debunking the stereotype of the lazy welfare recipient: Evidence from cash transfer programs. *World Bank Research Observer*, 32 (2), 155 – 184.

[21] Covarrubias, K., Davis, B., & Winters, P. (2012). From protection to production: Productive impacts of the Malawi Social Cash Transfer Scheme. *Journal of Development Effectiveness*, 4 (1), 50 – 77.

[22] Dasgupta, P., & Ray, D. (1986). Inequality as a determinant of malnutrition and unemployment: Theory. *The Economic Journal*, 96 (384), 1011 – 1034.

[23] de Brauw, A., Gilligan, D., Hoddinott, J., & Roy, S. (2015). Bolsa Família and household labor supply. *Economic Development and Cultural Change*, 63 (3), 423 – 457.

[24] Gao, Q., Wu, S., & Zhai, F. (2015). Welfare participation and time use in China. *Social Indicators Research*, 124, 863 – 887.

[25] Gao, Q., Zhai, F. Yang, S. & Li, S. (2014). Does welfare enable family expenditures on human capital? Evidence from China. *World Development*, 64: 219 – 231.

[26] Gassmann, F., & Trindade, L. (2019). Effect of means-tested social transfers on labor supply: Heads versus spouses-An empirical analysis of work disincentives in the Kyrgyz Republic. *European Journal of Development Research*, 31 (2), 189 – 214.

[27] Golan, J., Sicular, T., & Umapathi, N. (2017). Unconditional cash transfers in China: Who benefits from the rural minimum living standard guarantee (Dibao) program? *World Development*, 93, 316 – 336.

［28］Han, H. , & Gao, Q. (2019). Community-based welfare targeting and political elite capture: Evidence from rural China. *World Development*, 115, 145 – 159.

［29］Han, H. , Gao, Q. , & Xu, Y. (2016). Welfare participation and family consumption choices in rural China. *Global Social Welfare*, 3 (4), 223 – 241.

［30］Heckman, J. , Ichimura, H. , & Todd, P. (1997). Matching as an econometric evaluation estimator: evidence from evaluating a job training programme. *Review of Economic Studies*, 64 (4), 605 – 654.

［31］Kakwani, N. , Li, S. , Wang, X. , & Zhu, M. (2019). Evaluating the effectiveness of the Rural Minimum Living Standard Guarantee (Dibao) Program in China. *China Economic Review*, 53, 1 – 14.

［32］Li, M. , & Walker, R. (2017). Shame, stigma and the take-up of social assistance: Insights from rural China. *International Journal of Social Welfare*, 26, 230 – 238.

［33］Wang, Y. , Gao, Q. & Yang, S. (2019). Prioritising health and food: Social assistance and family consumption in rural China. *China: An International Journal*, 17 (1), 48 – 75.

［34］Zhao, L. , Guo, Y. , & Shao, T. (2017). Can the minimum living standard guarantee scheme enable the poor to escape the poverty trap in rural China? *International Journal of Social Welfare*, 26, 314 – 328.

第十章

农村低保会挤出子女对老年父母的代际转移吗？

——来自中国健康与养老追踪调查的证据 *

一、引　言

　　伴随着人均预期寿命的普遍延长和生育率的持续下降，我国老龄化态势日趋严重。与城镇地区相比，农村地区的老龄化程度更高、速度更快、老年人口规模更大（林宝，2018）。农村老年人面临生理机能的加速退化和更频繁的健康冲击，这不仅限制了其通过参与农业生产获取收入的能力，同时健康冲击引发的医疗费用也给其所在家庭带来沉重的经济负担。在大规模青壮年人口为寻求就业机会从农村流向城市的进程中，农村地区传统的家庭结构以及与此相关的家庭养老模式受到严重的冲击（Liu et al. , 2015）。与此同时，与城镇地区相比，我国农村地区的养老保障体系发展仍然相对滞后，偏低的基本养老金水平不能完全满足农村老年人的基本需求（于建华等，2016）。自身生理机能的退化、家庭结构转变引致的家庭养老功能弱化，以及农村地区公共养老保障体系的不健全，这些因素使得农村老年人成为一个贫困风险极高的群体。在当前政府大力推进"精准扶贫、精准脱贫"的战略背景下，农村贫困老年人口必将成为"兜底扶贫"的重要对象。

　　农村最低生活保障制度（以下简称为农村低保制度）是当前农村兜底扶贫体系中的核心制度。自2007年在全国范围内开展以来，农村低保制度经历了快速的扩张。2007~2018年，农村低保全国财政投入从109.1亿元增加到

　　＊　本章原文发表于《社会保障评论》2020年第2期。收入本书时做了适当改动。本章为韩华为主持的国家自然科学基金项目"中国农村低保救助的瞄准、减贫效应和行为激励研究"（71703008）的成果之一。

1 056.9亿元。全国农村低保平均保障标准也从2007年的840元/人·年上升到了2018年底的4 833元/人·年。农村低保覆盖人口经历了先上升后下降的变化趋势，但是截至2018年底，仍然有3 519万农村人口被低保救助覆盖。无论从覆盖人口数量，还是投入资金总额来看，农村低保都是世界上规模最大的减贫性公共转移项目之一（World Bank，2018）。在政策执行过程中，贫困老年人是农村低保的重要瞄准目标（张昊，2017）。来自民政部的管理数据显示，2013~2017年，农村低保覆盖人口中大约有40%为60岁及以上的老年人。随着救助待遇的不断提升，农村低保所给予的现金救助，以及与低保资格相捆绑的专项救助已经构成了农村贫困老人的重要经济来源。一些研究发现，低保在降低农村老年群体的收入贫困方面效果显著（李振刚，2018）。

在中国农村地区，受传统儒家思想和孝道文化的影响，成年子女对老年父母的经济供养发挥着重要作用（宁满秀、王小莲，2015）。尽管人口流动和家庭结构变迁削弱了这种传统的经济供养模式，但是仍然有相当大比例的农村老年父母可以从成年子女处获得代际转移①，代际转移依然是农村老人主要的经济来源之一（Cai et al.，2012；Lei et al.，2012）。来自其他国家或地区的大量证据表明，公共转移项目可能对亲子代际转移产生潜在的挤出效应，而这种挤出效应会削弱公共转移项目的减贫和再分配效果（Jensen，2004；Lai and Orsuwan，2008；Jung et al.，2016）。那么，作为世界上规模最大的减贫性公共转移项目之一，农村低保是否也会挤出成年子女对老年父母的代际转移呢？考察这个问题不仅对于阐明农村低保对老年受助者经济福利水平的影响机制具有重要的理论意义，而且对于改善农村低保效果评估和优化其政策设置具有重要的现实意义。基于中国健康与养老追踪调查数据和倾向值匹配分析方法，本章将对该问题展开严格的实证检验。

二、文献回顾

从理论层面来看，公共转移是否会对亲子代际转移产生挤出效应，其主

---

① 这里的代际转移特指包括货币和实物在内的代际经济转移，而不包括陪伴和照料等形式的代际非经济转移。如无特别说明，下文中的代际转移均特指代际经济转移。

要取决于代际转移行为的动机。现有文献主要识别出两类代际转移动机，即利他动机和交换动机（Cox et al.，1998）。贝克尔（Becker，1974）最早基于新古典经济学框架构建了家庭成员之间的利他主义模型。按照该模型，成年子女的效用水平依赖于老年父母福利水平的高低，因此成年子女会出于利他动机向其父母提供代际转移。当老年父母因获得公共转移而收入提高时，成年子女会相应地减少其提供的代际转移水平。考克斯（Cox，1987）则较早构建了私人转移的交换动机模型。在交换动机模型中，成年子女为了获得老年父母提供的服务而向其提供代际转移。当老年父母因获得公共转移而收入提高时，她或他就会要求其成年子女为每单位服务支付更高的价格。假定这种服务是一种正常商品，那么成年子女就会减少对父母所提供服务的需求数量。进一步地，如果成年子女对父母所提供服务的需求富有弹性，那最终的代际转移总额就会降低①。反之，如果成年子女对父母所提供服务的需求弹性不足，那么最终的代际转移总额将会上升。由此观之，如果出于利他动机，公共转移会挤出成年子女向父母的代际转移。而如果出于交换动机，那公共转移既可能挤出，也可能挤入这种代际转移。在现实中，成年子女向父母的代际转移可能同时出于利他和交换两类动机，因此基于转移动机的理论模型就难以对挤出效应的存在与否给出确定性的答案。最终，公共转移对亲子代际转移的影响效应实际上成了一个实证主导的问题。

与发达国家相比，子女向老年父母提供代际转移的现象在发展中国家更为普遍（Lei et al.，2012）。20 世纪 90 年代以来，随着以减贫为目标的公共转移项目在发展中国家蓬勃兴起，一系列实证文献检验了这些公共转移项目对亲子代际转移的挤出效应。来自非洲和拉美的大多数证据表明，获得公共转移会挤出子女向老年父母提供的代际转移。比如，詹森（Jensen，2004）利用南非数据的实证研究发现，老人家庭获得的公共养老金每增加一个货币单位，其非同住子女所提供的代际转移会减少 0.25～0.3 个货币单位。考克斯和吉梅内斯（Cox and Jimenez，1992）对秘鲁的研究表明，如果没有获得社会保障金，老年人从其子女处获得的代际转移将会提高 20%。阿梅多·多兰特斯和华雷斯（Amuedo-Dorantes and Juarez，2015）考察了墨西哥针对 70

---

①　代际转移总额 = 单位服务的价格 × 服务需求数量。

岁以上老人的公共救助金对亲子代际转移的影响，结果发现，获得这项公共救助会挤出 37% 的来自子女的代际转移。根据考克斯和法夫汉（Cox and Fafchamps，2008）对挤出效应的讨论，公共转移对亲子代际转移的挤出效应在发展中国家中之所以被普遍发现，可能主要出于两个方面的原因。一方面，子女向老年父母的代际转移在发展中国家非常普遍而且数额较大；另一方面，在发展中国家中，这种亲子代际转移大多由经济条件较好的子女转移向经济条件较差的老年父母，而这种转移特征更多地体现出利他动机而不是交换动机。

东亚地区深受儒家思想的影响。儒家思想将仁爱作为其伦理教导的核心，在亲子关系层面则推崇孝道文化。在此文化背景下，子女向老年父母的代际转移更多地体现为利他动机，从而可能引致公共转移对亲子代际转移的挤出效应。与此相呼应，在实证研究层面，公共转移对亲子代际转移的挤出效应也得到大多数来自东亚地区证据的支持。例如，利用 1990 ~ 2003 年的调查数据，赖和奥素万（Lai and Orsuwan，2008）考察了中国台湾地区一项针对老年人的家计调查公共转移项目（公共老龄津贴）对亲子代际转移的影响。结果发现，贫困老人每获得一个货币单位的公共老龄津贴，从其子女获得的代际转移就会减少 0.3 ~ 0.5 个货币单位。杰拉迪和蔡（Gerardi and Tsai，2014）则实证检验了中国台湾地区一项针对老年人的普惠性公共转移项目（老年公民生活福利津贴）对亲子代际转移的影响，研究结果表明，获得津贴的老人获得其子女代际转移的可能性会降低 37%。另外，容格等（Jung et al.，2016）基于韩国数据的实证研究也发现，公共养老金会挤出老人从子女或兄弟姐妹处获得的经济转移，这进而显著的削弱了公共养老金对老年人的消费促进效应。

中国农村地区具有典型的发展中经济特征，同时又深受传统儒家思想和孝道文化的影响。2007 年以来，随着社会保障体系的逐步完善和精准扶贫战略的大力推进，农村老年人可以获得的公共转移水平日益提高。那么，在此背景下，公共转移是否会对农村老人获得的亲子代际转移产生挤出效应呢？由于新型农村养老保险（简称为新农保）[①] 是直接以农村老年人为瞄准目标

---

① 2014 年开始，"新农保"和"城镇居民养老保险"已经被合并为"城乡居民基本养老保险"。具体请见 2014 年国务院颁布的《关于建立统一的城乡居民基本养老保险制度的意见》。

的公共转移项目，近年来，一系列文献基于不同的数据和实证方法检验了新农保对亲子代际转移的影响，但是得到的结论却并不一致。一方面，陈华帅和曾毅（2013）发现新农保对于老年父母获得亲子代际转移有非常显著的挤出效应。张川川和陈斌开（2014）同样发现新农保对于亲子代际转移存在挤出效应，但该效应的规模却比陈华帅和曾毅所估计的结果要小得多。另一方面，也有不少研究发现新农保并未对来自子女的代际转移产生挤出效应（程令国等，2013；王翌秋、陈青霞，2017；Huang and Zhang，2016；Ning et al.，2019）。其中，一些文献还进一步指出，新农保基础养老金水平过低，以及老人照顾孙子女所体现的代际转移交换动机是新农保未能显著挤出亲子代际转移的可能原因（王翌秋、陈青霞，2017；Ning et al.，2019）。

在当前的公共政策体系下，除新农保以外，农村老年人可以享受的另外一项大型公共转移项目是农村低保。与新农保相比，农村低保的一些政策特征使其更可能挤出子女给老年父母的代际转移。首先，被农村低保覆盖的老年人不仅可以获得高于新农保基础养老金水平的现金救助①，而且还可以获得医疗救助、住房救助等多种与低保相捆绑的专项救助（刘丽娟，2017）。其中，医疗救助使得低保个体可以享受更高的就医报销比例，这对于农村老年人来说尤其重要（贺雪峰，2017）。考虑到这些专项救助的附加价值，农村低保的总体待遇水平必然会远远高于新农保，这无疑会提高其挤出亲子代际转移的可能性。其次，与作为普惠性公共转移项目的新农保不同，农村低保是一项针对绝对贫困人口的瞄准性公共转移制度。从政策设置来看，获得低保的农村老人应该是贫困老人，其收入水平低、健康状况差，有些甚至完全丧失了劳动能力。因此，低保老人获得的亲子代际转移可能更多的出于利他动机而不是交换动机，此时农村低保更可能挤出来自子女的代际转移支付。

通过对政策特征的分析表明，在老年群体中，农村低保对亲子代际转移产生挤出效应的潜在可能性比新农保更高。在现有文献中，新农保对亲子代际转移的挤出效应已经得到较为充分的考察，但是上述挤出效应在农村低保

---

① 本章基于2015年的调查数据展开实证研究。在2015年，农村低保全国平均救助水平为1 900元/人·年（Han and Gao，2019），而城乡居民基本养老保险人均基金支出为1 430元/人·年（张婷、王三秀，2019）。

背景下的存在性和严重性却仍未得到严格的实证检验。基于中国健康与养老追踪调查数据和倾向值匹配分析方法，本章首次实证考察了农村低保对成年子女与老年父母之间亲子代际转移的影响效应，同时还探讨了这些效应在不同收入群体中的异质性。与以往相关文献相比，本章对亲子代际转移做了更为细致的分类。我们不仅按照转移发生方向区分了子女向老年父母的转移和老年父母向子女的转移，而且按照转移的规律性区分了定期代际转移和非定期代际转移。上述分类有助于更加深入细致的分析农村低保对亲子代际转移的影响效应。

三、方法、数据和变量

（一）实证方法

为了控制政策效应研究中普遍存在的样本选择偏误，本章采用倾向值匹配方法来分析农村低保对亲子代际转移的影响效应。作为处理样本选择偏误的常用计量方法，倾向值匹配在政策效应研究中已经得到了广泛的使用。该方法的基本思想体现为：基于可观测的特征变量预测每个样本被干预的倾向值，再以倾向值为标准为干预组样本匹配出控制组样本，从而构建近似随机指派的反事实框架，最终利用该框架估计出政策干预的平均处理效应。具体到本章研究背景，我们通过以下三个步骤来执行该方法。

第一步，建立农村低保获得 Logistic 回归模型。考虑到农村低保是一项针对绝对贫困人口的瞄准性公共转移制度，所以我们在该回归方程中不仅控制了个体的社会人口特征，而且还控制了个体所在家庭的经济特征。基于该模型的估计结果，我们可以计算每个样本获得低保干预的倾向性分数。该回归模型表示如式（10-1）所示：

$$\text{Logit}(D_i) = \alpha_0 + \alpha_1 X_i \qquad (10-1)$$

式（10-1）中，下角标 i 代表第 i 个样本。D_i 是一个虚拟变量，代表是否获得农村低保（获得=1；未获得=0）。X_i 代表个体社会人口特征和家庭经济特征。此外，我们在该模型中还控制了省份虚拟变量，这有助于控制农村低保执行在各省份之间可能存在的差异,以及其他与省份相关的宏观特征。

第二步,基于上述得出的倾向性分数,我们为低保样本(干预组)匹配出与其特征相似的非低保样本(控制组)。我们主要采用半径匹配方法(caliper = 0.01)来进行匹配。与其他匹配方法相比,半径匹配的一个显著优势在于,其能够利用在半径范围内尽可能多的对照组样本来获得更精确的匹配[1]。此外,我们还采用最近邻匹配(k = 10;caliper = 0.01)和核匹配(核类型为正态分布;bwidth = 0.01)两种方法对本章核心结论进行稳健性检验。

第三步,我们通过亲子代际转移在干预组和控制组之间的回归校正差来估计农村低保对亲子代际转移的平均处理效应。在回归校正中,我们不仅控制了式(10 - 1)X_i 中包含的个体社会人口特征和家庭经济特征,而且还进一步控制了可能影响亲子代际转移的其他特征(包括居住安排模式、是否照顾孙子女,以及子女特征)。控制这些变量对亲子代际转移的影响后,倾向值匹配后的回归校正能够进一步消除干预组和控制组之间的残余差异。因此,倾向值匹配后的回归校正模型能够更好地克服样本选择偏差,从而得到更为准确的平均处理效应(Dehejia and Wahba,1999;Gibson,2003)。具体的,回归校正模型体现为在匹配后的样本(即干预组和控制组构成的总样本)中操作如式(10 - 2)的 OLS 回归模型:

$$T_i = \beta_0 + \beta_1 D_i + \beta_2 X_i + \beta_3 Z_i + \varepsilon_i \tag{10 - 2}$$

式(10 - 2)中,T_i 代表亲子代际转移变量,Z_i 代表 X_i 以外其他可能影响亲子代际转移的变量,ε_i 为随机扰动项,且 $\varepsilon_i \sim N(0, \sigma_\varepsilon)$。其他符号的含义与式(10 - 1)相同。

(二) 数据来源

本章使用中国健康与养老追踪调查(CHARLS)2015 年数据进行实证分析。CHARLS 是由北京大学国家发展研究院主持的具有全国代表性的大样本住户调查。该调查每两年追踪一次,旨在收集一套代表中国 45 岁及以上中老年

---

[1] 　为了作出区分,我们将匹配前的非低保样本称为对照组,而将匹配后的非低保样本称为控制组。

人家庭和个人的高质量微观数据。本研究所使用的 2015 年数据是 CHARLS 目前已经公布的最新一轮调查数据。该数据不仅包括个体社会人口特征和家庭经济特征信息，而且还调查了家户享受公共转移项目的情况，以及详尽的代际经济转移信息。丰富的变量信息有助于对本章主题作出更深入细致的分析。

为了考察农村低保对成年子女和老年父母之间亲子代际转移的影响，我们以老年个体为研究对象，并且对研究样本作出如下几点限定：第一，样本为 60 岁及以上老年人，且具有农村户口。第二，考虑到未成年或在校就读的子女一般不具有对父母的经济供养能力，我们限定样本老人至少有一个年满 18 周岁且不在校就读的健在子女。第三，我们限定样本为那些不和子女同住的老人。在农村地区，经济资源一般在家庭内部共享。在这种情况下，研究者难以准确界定同住子女和老人之间的代际经济转移（宁满秀、王小莲，2015）。另外，与子女同住还可能影响非同住子女对老年父母的代际转移。为了避免这些因素的干扰，我们将样本限定为不和子女同住的老人。剔除不符合限定条件的样本，同时剔除关键变量存在缺失值的样本之后，我们最终获得 4 552 个有效样本。其中，低保样本（干预组）和非低保样本（对照组）数量分别为 663 个和 3 889 个。

（三）变量设置

本研究的被解释变量为成年子女和老年父母之间的亲子代际转移。这里的代际转移指包括货币和折算成货币的实物转移总额。根据转移的发生方向，我们将亲子代际转移划分为成年子女向老年父母的转移（子女→父母）和老年父母向成年子女的转移（父母→子女）。进一步地，我们将两者之差界定为成年子女向老年父母的代际转移净值。根据转移的规律性，我们将亲子代际转移划分为定期转移和非定期转移。其中，定期转移指规律性的经济转移，比如定期提供生活费、定期帮助支付水电费和房租，以及定期提供食品和衣服等实物。非定期转移则指不规律的、带有偶发特征的经济转移，比如因突发疾病而帮助支付医疗费和因过节而给予的现金或礼物。需要说明的是，对于有配偶的老人样本，CHARLS 询问的是夫妻双方共同获得或给出的代际转移。因此，对于这些样本，我们用夫妻共同的代际转移除以 2 来衡量每位老人获得或给出的代际转移。

本研究的解释变量为样本个体是否获得农村低保（获得=1，未获得=0）。CHARLS 询问了受访家户是否获得农村低保，如果回复为获得低保，我们就将该家庭内的老人样本界定为低保个体。在 Logistic 模型式（10-1）中，我们控制了个体的社会人口特征和家庭经济特征。其中，个体的社会人口特征包括年龄、性别、婚姻状况、受教育程度、是否患有慢性病，以及日常活动是否存在困难。家庭经济特征包括家庭规模、扣减医疗支出后的家庭人均转移前收入、家庭人均财产、住房结构类型、厕所类型，以及是否使用清洁炊事能源。需要特别说明的是，由于老年人具有较高的重病发病率，其医疗支出在大多数情况下较高且具有不可自由选择性（Non-discretionary）①，因此扣减医疗支出后的家庭人均收入能够更好地度量老年家庭的实际经济状况（Korenman and Remler，2013；Wu and Li，2014）。所以在模型式（10-1）中，我们通过扣减医疗支出后的家庭人均转移前收入度量样本在接受低保和代际私人转移之前的经济福利水平。此外，在倾向值匹配后的回归校正模型式（10-2）中，我们还进一步控制了其他一些影响亲子代际转移的变量，这些变量包括老人的居住安排模式、老人是否照看孙子女、健在成年子女数量、健在成年子女平均年龄和平均受教育年限。控制变量的设置及其描述性统计请见表10-1。

表 10-1　　　　　　　　　　　变量及其描述性统计

变量名称及其赋值	均值/比例	标准差
个体特征		
年龄（岁）	68.038	6.540
女性（1=女性，0=男性）	0.520	0.500
在婚（1=在婚，0=不在婚）	0.839	0.368
初中及以上（1=初中及以上，0=初中以下）	0.154	0.361
患有慢性疾病（1=是，0=否）	0.743	0.437
日常活动存在困难（1=是，0=否）	0.395	0.489

---

① 对老人来说，医疗需求，以及随之而来的医疗支出，在很多情况下不是一种自由选择，而是一种在面对外生健康冲击时不得不做出的行为。比如在罹患急性病或重病时，由于其可能带来剧烈痛苦或直接危及生命，家庭在购买医疗服务时并没有足够的选择空间，大多情况下不得不接受治疗并导致可观的医疗支出。

续表

变量名称及其赋值	均值/比例	标准差
家庭特征		
家庭规模（人）	2.078	0.904
家庭人均转移前收入（不包括低保金和净私人转移，千元）	3.376	15.946
家庭人均医疗支出（千元）	2.103	6.089
扣减医疗支出后的家庭人均转移前收入（千元）	1.272	17.313
家庭人均财产（千元）	5.252	45.670
住房为钢混或砖木结构（1＝是，0＝否）	0.786	0.410
厕所可以冲水（1＝是，0＝否）	0.284	0.451
做饭使用清洁能源（1＝是，0＝否）	0.449	0.497
居住安排		
单独居住（1＝是，0＝其他）	0.182	0.386
仅与配偶居住（1＝是，0＝其他）	0.645	0.478
与子女和配偶以外的人居住（1＝是，0＝其他）	0.172	0.378
照料孙子女（1＝是，0＝否）	0.377	0.485
子女特征		
健在成年子女数量（个）	3.336	1.458
健在成年子女平均年龄（岁）	40.448	6.649
健在成年子女平均受教育年数（年）	7.722	3.142
样本量	4 552	

注：①在日常活动存在困难变量中，日常活动包括穿衣、洗澡、吃饭、上下床、上厕所、控制大小便、做家务、做饭、购物、管钱和吃药，在完成上述任何一项日常活动中存在困难则定义为1，否则为0；

②健在成年子女定义为年满18周岁且不在上学的健在子女；

③家庭财产仅包括家畜家禽水产品价值、土地价值、农机具等生产性资产价值、消费性耐用品价值、交通工具（汽车、摩托车和电动车）价值，其他财产类型因为缺失值过多未纳入家庭财产变量；

④清洁能源包括管道天然气或煤气、沼气、液化石油气和电。

四、实证分析

（一）代际转移模式描述性分析

表10－2描述了亲子代际转移的分布模式。总体来看，中国农村亲子代

际转移的方向主要体现为成年子女向老年父母的转移。而在亲子代际转移的构成中，非定期转移的份额要远高于定期转移。具体来看，在总样本中，高达89.05%的老年父母能够获得来自成年子女的代际转移，而老年父母给予成年子女代际转移的比例则要低得多（33.52%）。从转移金额来看，成年子女向老年父母的平均转移金额（3 800.90 元）也远高于老年父母向成年子女的平均转移金额（1 171.28 元）。无论从转移发生率，还是从转移金额来看，两种方向的代际转移（子女→父母、父母→子女）均以非定期转移为主。在成年子女向老年父母的转移净值中，超过74%的份额来自非定期转移。上述结论与宁满秀和王小莲基于 2011 年 CHARLS 数据得出的结论基本一致（宁满秀、王小莲，2015）。中国农村以非定期转移为主体的亲子代际转移模式可能源于以下几个方面的原因。首先，不管是农业生产，还是在非正规经济中从事非农就业，其收入都具有较大的波动性，代际转移的不规律特征在一定程度上可以归因于转移给予方收入的不规律性。其次，作为一种风险共担机制，中国农村的亲子代际转移在很多情况下被用来应对突发的负向冲击（比如因突发疾病而发生高额医疗支出），负向冲击的不确定性导致了代际转移的不规律性。最后，成年子女逢年过节向父母馈赠钱物是孝道文化的重要体现，而中国传统节日在一年当中的分布并不均匀，因此可能导致农村代际转移的非规律化。

表 10-2 还比较了代际转移在低保样本和非低保样本中的差异。总转移的统计结果表明，无论是成年子女向老年父母的转移，还是老年父母向成年子女的转移，尽管转移发生率在两个样本中的差异不太明显，但是低保样本的平均转移金额却显著低于非低保样本。进一步地，低保样本中成年子女向老年父母的平均转移净值也低于非低保样本。定期转移和非定期转移的统计结果表明，亲子代际转移在低保和非低保样本中的差异更多地表现在非定期转移中。尤其是，对于成年子女向老年父母的非定期代际转移，低保样本的平均转移金额显著低于非低保样本。低保样本中成年子女向老年父母的平均非定期转移净值也显著低于非低保样本。上述结论意味着，农村低保对成年子女向老年父母的代际转移，尤其是作为其主体部分的非定期转移可能会产生挤出效应。

表 10 - 2　　　　　　　　　　　代际转移分布模式

转移类型	总样本 (N = 4 552)		非低保样本 (N = 3 889)		低保样本 (N = 663)	
	发生率 (%)	均值 (元)	发生率 (%)	均值 (元)	发生率 (%)	均值 (元)
总转移						
子女→父母（1）	89.05	3 800.90	89.03	3 940.62	89.20	2 896.14***
父母→子女（2）	33.52	1 171.28	34.43	1 238.62	27.59	735.20*
子女→父母净值 (3) = (1) - (2)	—	2 629.62	—	2 701.99	—	2 160.94
定期转移						
子女→父母（1）	38.57	983.08	38.64	995.17	38.15	904.77
父母→子女（2）	12.32	303.57	12.46	329.58	11.37	135.13
子女→父母净值 (3) = (1) - (2)	—	679.51	—	665.60	—	769.64
非定期转移						
子女→父母（1）	73.89	2 817.82	73.80	2 945.44	74.45	1 991.37***
父母→子女（2）	25.98	867.72	26.47	909.05	22.83	600.08
子女→父母净值 (3) = (1) - (2)	—	1 950.10	—	2 036.40	—	1 391.30*

注：①我们使用t检验来考察各类代际转移支付均值在低保样本和非低保样本之间是否存在显著性差异，检验结果显示在最后一列；

②*p<0.1，***p<0.01。

（二）倾向值匹配及其平衡性检验

本章通过倾向值匹配方法来构造控制组。表 10 - 3 给出了用于计算倾向值分数的 Logistic 回归估计结果。在控制省份虚拟变量之后，许多能够刻画贫困风险的个体和家庭特征对是否获得农村低保表现出显著的影响。个体特征变量中，高龄、不在婚、患有慢性疾病、日常活动存在困难会显著提高老年个体获得农村低保的概率。家庭经济特征变量中，扣减医疗支出后的家庭人均转移前收入和家庭人均财产与老年个体获得农村低保之间存在显著的负向关系。与所在家庭住房为土坯、木草、窑洞等结构的老年个体相比，所在家庭住房结构为钢混或砖木的老年个体获得农村低保的概率更低。

表 10－3　　　　　农村低保获得 Logistic 模型估计结果

项目	回归系数	标准误	OR 值
年龄（参照组：60~64 岁）			
65~69 岁	0.146	0.128	1.157
70~74 岁	0.346 **	0.139	1.413
75~79 岁	0.275 *	0.166	1.317
80 岁及以上	0.351 *	0.183	1.421
女性	-0.320 ***	0.101	0.726
在婚	-0.246 *	0.147	0.782
初中及以上	-0.119	0.143	0.888
患有慢性疾病	0.352 ***	0.117	1.421
日常活动存在困难	0.353 ***	0.099	1.424
家庭规模	0.014	0.062	1.014
扣减医疗支出后的家庭人均转移前收入	-0.009 *	0.005	0.991
家庭人均财产四等分（参照组：最低）			
较低	-0.034	0.126	0.966
较高	-0.020	0.134	0.980
最高	-0.412 ***	0.151	0.663
住房为钢混或砖木结构	-0.247 **	0.111	0.781
厕所可以冲水	-0.185	0.123	0.831
做饭使用清洁能源	-0.124	0.109	0.884
截距项	-2.041 ***	0.316	0.130
省份虚拟变量	控制		
Wald chi^2	264.870 ***		
Pseudo R-squared	0.098		
样本量	4 552		

注：①OR 指 Odds Ratio，代表低保获得发生比率比；
②* p<0.1，** p<0.05，*** p<0.01。

表 10－4 显示了用于检验倾向值匹配效果的平衡性检验结果。匹配之前，非常多的特征变量在干预组和对照组之间存在显著差异。具体来看，与未获得低保的对照组样本相比，获得低保的干预组样本年龄更大、在婚比例更低、健康状况和自理能力更差，其所在家庭的收入和财产水平更低、住房及其设

施条件更差。干预组和对照组之间存在系统性差异，通过代际转移在这两个组别之间的均值差来估计平均处理效应存在严重的样本选择偏误。基于匹配结果构建控制组之后，所有的特征变量在干预组和控制组之间的差异不再显著。这表明，基于匹配结果构建的控制组在各类特征变量方面与干预组非常相似。在是否接受干预仅取决于这些特征变量的假设条件下，上述分组近似等价于通过随机指派构建的反事实框架，以此为基础估计低保干预的平均处理效应可以得到更为可靠的结果。

表 10 - 4   倾向值匹配前后的平衡性检验

项目	匹配之前（N = 4 552）				匹配之后（N = 4 542）			
	干预组（N = 663）		对照组（N = 3 889）		干预组（N = 653）		控制组（N = 3 889）	
	均值	标准差	均值	标准差	均值	标准差	均值	标准差
年龄								
60 ~ 64 岁	0.301	0.459	0.374	0.484 ***	0.304	0.460	0.292	0.455
65 ~ 69 岁	0.260	0.439	0.266	0.442	0.260	0.439	0.267	0.442
70 ~ 74 岁	0.218	0.413	0.175	0.380 **	0.215	0.411	0.228	0.419
75 ~ 79 岁	0.118	0.322	0.096	0.295	0.118	0.323	0.112	0.315
80 岁及以上	0.103	0.304	0.089	0.285	0.103	0.305	0.102	0.302
女性	0.482	0.500	0.526	0.499 *	0.482	0.500	0.474	0.499
在婚	0.799	0.401	0.845	0.362 ***	0.801	0.400	0.789	0.408
初中及以上	0.142	0.349	0.156	0.363	0.143	0.351	0.136	0.343
患有慢性疾病	0.817	0.387	0.732	0.443 ***	0.815	0.388	0.817	0.387
日常活动存在困难	0.508	0.500	0.377	0.485 ***	0.504	0.500	0.501	0.500
家庭规模	2.054	0.922	2.082	0.901	2.060	0.925	2.050	0.922
扣减医疗支出后的家庭人均转移前收入	- 1.379	22.791	1.682	16.269 ***	- 1.765	19.135	- 1.142	12.825
家庭人均财产四等分								
最低	0.310	0.463	0.244	0.430 ***	0.305	0.461	0.293	0.455
较低	0.260	0.439	0.253	0.435	0.261	0.440	0.264	0.441

续表

| 项目 | 匹配之前 (N=4 552) | | | | 匹配之后 (N=4 542) | | | |
| | 干预组
(N=663) | | 对照组
(N=3 889) | | 干预组
(N=653) | | 控制组
(N=3 889) | |
	均值	标准差	均值	标准差	均值	标准差	均值	标准差
较高	0.248	0.432	0.234	0.423	0.250	0.433	0.248	0.432
最高	0.177	0.382	0.256	0.436 ***	0.179	0.384	0.177	0.382
住房为钢混或砖木结构	0.691	0.463	0.801	0.400 ***	0.696	0.460	0.687	0.464
厕所可以冲水	0.210	0.408	0.295	0.456 ***	0.213	0.410	0.214	0.410
做饭使用清洁能源	0.338	0.474	0.466	0.499 ***	0.341	0.475	0.336	0.472

注：①本表匹配结果基于 caliper=0.01 的半径匹配方法；

②各变量在干预组和对照组（或控制组）中均值差异的显著性采用回归模型来检验（OLS 模型应用于连续型变量，Logistic 模型应用于分类变量），显著性水平结果显示于对照组和控制组标准差后侧；

③ $*p<0.1$，$**p<0.05$，$***p<0.01$。

（三） 农村低保对代际转移的影响效应

表 10-5 给出了基于倾向值匹配方法估计的农村低保对代际总转移的影响效应。该表前 3 列给出了通过半径匹配得到的估计结果。就农村低保对代际总转移的影响，我们主要发现以下三点结论。首先，农村低保对于老年父母从其子女处获得的代际转移有显著的负向影响。得到农村低保救助会导致老年父母从其子女处获得的代际转移降低 1 085.77 元。其次，获得农村低保对于老年父母给予成年子女的代际转移没有表现出显著的影响。最后，获得农村低保对于老年父母从其子女处获得的代际转移净值有显著的负向影响。得到农村低保救助会导致老年父母从其子女处获得的代际转移净值降低 1 144.31 元。表 10-5 第 4~6 列和第 7~9 列分别给出了通过 K 最近邻匹配和核匹配的估计结果。比较之后可以看出，基于这两种匹配方法的结果与基于半径匹配方法的结果大体一致。以上结论说明，农村低保对于老年父母从成年子女处获得的亲子代际转移有显著的挤出效应，而且该效应具有较好的稳健性。

表10－5　农村低保对代际总转移的影响效应

项目	半径匹配（N = 4 542）			K 最近邻匹配（N = 3 160）			核匹配（N = 4 524）		
	子女→父母	父母→子女	转移净值	子女→父母	父母→子女	转移净值	子女→父母	父母→子女	转移净值
农村低保	-1 085.772***	58.533	-1 144.306***	-1 178.028***	48.669	-1 226.697***	-1 197.774***	30.763	-1 228.537***
65~69 岁（参照组：60~64 岁）	-485.587	-50.343	-435.244	-534.329	-182.963	-351.366	-570.808	-13.440	-557.369
70~74 岁	-633.912	-80.246	-553.666	-577.903	-239.647	-338.256	-859.840	-85.067	-774.773
75~79 岁	19.412	209.549	-190.137	223.294	61.547	161.747	-257.584	207.771	-465.355
80 岁及以上	-214.307	818.981*	-1 033.29	-266.240	677.473	-943.713	-526.669	827.109*	-1 353.778
女性	-167.535	213.173*	-380.708	-202.714	184.242	-386.956	-120.505	219.423*	-339.928
在婚	-779.026	-480.320*	-298.706	-466.120	-584.312**	118.192	-1 167.496	-495.059*	-672.436
初中及以上	-15.778	655.300	-671.078	103.044	607.138	-504.094	61.364	708.105	-646.741
患有慢性病	-20.342	-187.734	167.392	-74.562	-130.037	55.475	18.357	-169.700	188.058
日常活动存在困难	-98.368	-65.249	-33.118	118.291	-118.329	236.620	-50.574	-93.871	43.296
家庭规模	-351.918	146.845	-498.763**	-250.858	188.341	-439.199*	-375.007	142.344	-517.351**
扣减医疗支出后的家庭人均转移前收入	-167.505**	65.235***	-232.740***	-147.965**	60.210***	-208.174***	-171.996**	66.132***	-238.128***
等分较低（参照组：最低）	1 091.772***	139.021	952.751**	1 008.398**	154.029	854.369**	1 237.742**	139.137	1 098.606**

续表

项目	半径匹配（N = 4 542）			K 最近邻匹配（N = 3 160）			核匹配（N = 4 524）		
	子女→父母	父母→子女	转移净值	子女→父母	父母→子女	转移净值	子女→父母	父母→子女	转移净值
较高	1 589.519***	252.457*	1 337.062***	1 855.783***	313.080*	1 542.703***	1 698.493***	310.602*	1 387.891***
最高	2 078.622***	856.041**	1 222.581**	2 116.323***	738.670**	1 377.653**	2 199.374***	858.041***	1 341.333**
单独居住（参照组：仅与配偶居住）	-306.124	-125.860	-180.265	408.187	-125.446	533.633	-616.431	-157.639	-458.792
与子女和配偶以外的人的人居住	2 248.167***	-121.112	2 369.279***	2 429.937***	-338.398	2 768.335***	2 436.703***	-113.571	2 550.274***
照料孙子女	819.669**	-135.517	955.186**	740.556*	-37.780	778.336*	705.674**	-151.726	857.400*
健在成年子女数量	443.295***	-26.253	469.548***	546.642***	-15.402	562.044***	442.106***	-25.167	467.273***
健在成年子女平均年龄	-17.613	-67.709**	50.096	-36.515	-62.512**	25.996	-7.131	-66.348**	59.217
健在成年子女平均受教育年数	337.187***	138.081***	199.105***	318.914***	129.931***	188.983***	331.456***	143.460***	187.996***
R-squared	0.207	0.090	0.237	0.202	0.083	0.224	0.212	0.091	0.243

注：①表中 N 代表共同支撑域内的样本数量；
②半径匹配中，caliper = 0.01；K 最近邻域匹配中，k = 10，并且 caliper = 0.01；核匹配中，核类型为正态（normal），并且 bwidth = 0.01；
③ *** p < 0.01，** p < 0.05，* p < 0.10。

表 10 – 5 中来自三种匹配方法的估计结果均发现，除了农村低保之外，其他一些特征变量也对老年父母从成年子女处获得的代际总转移有显著的影响。家庭经济特征变量中，老年父母扣减医疗支出后的家庭人均转移前收入越高，其从成年子女处获得的代际转移水平越低。转移前收入与代际转移之间的关系为负，该结论与大多数来自发展中国家的证据一致（Cox and Fafchamps，2008）。表 10 – 5 还显示，老年父母的家庭人均财产水平越高，其从成年子女处获得的代际转移水平越高。老人财产水平和从子女处所获代际转移之间的正向关系可能反映了代际转移中的遗产继承机制（Chen et al.，2017）。老人的财产水平越高，其子女为了未来继承父母遗产而愿意为其提供更高的代际转移。居住安排模式同样对代际转移有显著的影响。和仅与配偶居住的老人相比，那些与子女和配偶以外的人居住的老人能够获得更高的来自子女的代际转移。在与子女与配偶以外的人居住的农村老人中，相当比例的老人是与其留守在村庄的未成年孙子女共同居住。在这种居住安排模式下，老人为共同居住的未成年孙子女提供照料，这使得老人可以获得更多的来自外出打工成年子女汇回的代际转移。与此同时，表 10 – 5 也显示，照顾孙子女对老人所获来自成年子女的代际转移水平有显著的正向效应。这说明，照顾非共同居住的孙子女同样有助于提高老人来自其成年子女的代际转移。最后，子女特征对代际转移也表现出显著的影响。具体地，健在成年子女数量越多，健在成年子女受教育水平越高，老年父母从其成年子女处获得的代际转移水平越高。子女数量和子女受教育水平可以在一定程度上反映老人所归属的代际转移网络的经济能力（Cai et al.，2006）。代际转移网络经济能力越高，老人可以获得的来自该网络的代际转移水平自然会越高。

基于倾向值匹配方法，我们还进一步考察了农村低保对定期代际转移和非定期代际转移的影响效应。表 10 – 6 结果表明，三种匹配方法一致支持，农村低保对代际转移净值的挤出效应主要体现在非定期转移中，而农村低保对定期代际转移净值则没有表现出显著的影响。进一步地，农村低保对非定期代际转移净值的挤出效应主要来自低保对子女向父母转移的影响。那么，为什么农村低保会挤出老人来自子女的非定期转移，而对相应的定期转移没有显著影响呢？首先，正如表 10 – 2 所示，在中国农村地区，老人来自子女

的定期转移远低于非定期转移。由于定期转移水平更低，因此农村低保对其
的挤出效应就倾向于更不显著。其次，子女给老人的非定期转移中，有相当
一部分是出于应对老人所遭遇的负向冲击，比如为老人支付医疗费用。获得
农村低保后，老人可以同时享受与低保相捆绑的医疗救助。医疗救助有助于
提高就医报销比例，从而显著降低自付医疗支出。在这种制度设置下，获得
农村低保必然会有效降低子女为老人支付的医疗费用，从而大大降低其给予
父母的非定期代际转移。

表 10 - 6 　农村低保对定期代际转移和非定期代际转移的影响效应

项目	定期转移			非定期转移		
	子女→父母	父母→子女	转移净值	子女→父母	父母→子女	转移净值
半径匹配（N=4 542）						
农村低保	- 94. 803	- 63. 516	- 31. 288	- 990. 969 ***	122. 049	- 1 113. 018 ***
	(135. 735)	(52. 537)	(142. 846)	(272. 893)	(189. 140)	(326. 685)
R-squared	0. 040	0. 022	0. 046	0. 183	0. 076	0. 204
K 最近邻匹配（N=3 160）						
农村低保	- 139. 364	- 58. 871	- 80. 493	- 1 038. 663 ***	107. 541	- 1 146. 204 ***
	(146. 862)	(56. 659)	(151. 945)	(280. 275)	(185. 860)	(329. 107)
R-squared	0. 044	0. 016	0. 045	0. 171	0. 076	0. 189
核匹配（N=4 524）						
农村低保	- 98. 931	- 90. 254	- 8. 677	- 1 098. 844 ***	121. 016	- 1 219. 860 ***
	(135. 581)	(60. 854)	(143. 900)	(310. 274)	(189. 875)	(356. 578)
R-squared	0. 040	0. 024	0. 046	0. 187	0. 076	0. 208

　　注：①匹配后回归校正模型的自变量同表 10 - 5，为了节省篇幅，本表仅汇报了农村低保的回归
结果；

　　②表中 N 代表共同支撑域内的样本数量；

　　③半径匹配中，caliper = 0. 01；K 最近邻域匹配中，k = 10，并且 caliper = 0. 01；核匹配中，核类
型为正态（normal），并且 bwidth = 0. 01；

　　④ *** $p < 0.01$。

（四）异质性分析

　　公共转移对私人转移的影响效应在不同的收入水平下可能存在异质性。

考克斯（Cox）等通过理论分析指出：当转移接受方收入水平较低的时候，私人转移会更多出于利他性动机；而当转移接受方收入水平较高时，则私人转移会更多出于交换性动机（Cox et al.，2004）。将该结论应用到本章研究背景下则不难得出如下推论：当老人的收入较低时，子女更多出于利他动机而给予代际转移，此时获得农村低保更倾向于挤出代际转移；而当老人收入更高时，子女给老人的代际转移则更多出于交换动机，因此获得农村低保对代际转移的挤出效应更可能不显著。从低保政策实践来看，尽管农村低保应该以贫困人口为瞄准对象，但是众多的评估结果发现农村低保的错保较为严重，非贫困人口获得低保的现象并不少见（韩华为、高琴，2017；韩华为，2018；韩华为、高琴，2018）。换句话说，在现有的低保政策执行中，不仅低收入老人会获得低保，那些中高收入老人同样可能获得低保，这为我们检验低保对代际转移挤出效应在不同收入水平下的异质性提供了可能性。

按照"扣减医疗支出后的家庭人均转移前收入"从低到高的顺序，我们将总样本划分为五个样本量相等的组群。同样基于倾向值匹配方法，我们分别在这些收入五等分组群中考察了农村低保对亲子代际转移的影响效应。表 10-7 基于三种匹配方法的结果均表明，在收入五等分最低组群中，农村低保对老年父母来自成年子女的代际总转移有显著的挤出效应，而这种挤出效应在收入更高的其他组群中则并不显著。该实证结论与考克斯等（Cox et al.，2004）给出的理论推断相一致：即贫困老人所获得的来自子女的代际转移主要体现为利他性动机，因此获得低保会对这种代际转移产生挤出效应；而对于那些错保的非贫困老人，其所获代际转移更多出于交换动机，所以低保对代际转移的挤出效应并不显著。进一步的，我们还区分定期转移和非定期转移来考察上述挤出效应的异质性。表 10-7 结果表明，对非定期转移的挤出效应在五等分组群中存在异质性。具体的，低保获得对非定期转移的挤出效应在收入五等分最低组群中表现显著，而在收入更高的其他四个组群中不显著。然而，上述挤出效应的异质性在定期转移中却并不存在。

表 10－7 收入五等分组群中农村低保对代际转移的影响效应

项目	半径匹配			K 最近邻匹配			核匹配		
	子女→父母	父母→子女	转移净值	子女→父母	父母→子女	转移净值	子女→父母	父母→子女	转移净值
总转移									
收入五等分最低	-2 670.788 **	-264.624 ***	-2 406.163 ***	-2 441.247 **	-355.164 **	-2 086.083 **	-2 888.465 **	-394.919 **	-2 493.546 **
收入五等分较低	-94.104	162.054	-256.158	-41.979	183.924	-225.904	-122.224	162.438	-284.662
收入五等分居中	-2.294	-80.288	77.994	-9.359	-31.840	22.481	0.483	-79.677	80.160
收入五等分较高	-270.774	-132.655	-138.118	-242.036	-48.446	-193.590	-275.670	-141.362	-134.308
收入五等分最高	-18.275	1 858.613	-1 876.888	-172.933	1 710.807	-1 883.740	-4.859	1 821.602	-1 826.461
定期转移									
收入五等分最低	38.482	-183.489 **	221.971	-155.766	-268.433 **	112.667	5.753	-304.429 *	310.181
收入五等分较低	1.990	115.540 **	-113.551	25.105	139.459 **	-114.354	-4.208	116.460 **	-120.668
收入五等分居中	146.303	-1.486	147.789	142.030	-4.375	146.405	146.092	-0.922	147.014
收入五等分较高	-85.550	-21.585	-63.965	-84.038	-6.065	-77.973	-77.434	-22.096	-55.338
收入五等分最高	-26.489	-531.593	505.104	53.713	-497.079	550.792	-26.354	-552.800	526.445
非定期转移									
收入五等分最低	-2 709.269 ***	-81.135	-2 628.134 **	-2 285.480 **	-86.730	-2 198.750 **	-2 894.218 ***	-90.491 *	-2 803.728 ***
收入五等分较低	-96.094	46.514	-142.608	-67.084	44.466	-111.550	-118.016	45.978	-163.994
收入五等分居中	-148.597	-78.802 *	-69.795	-151.389	-27.465	-123.924	-145.609	-78.755 *	-66.854
收入五等分较高	-185.223	-111.070	-74.154	-157.998	-42.381	-115.617	-198.236	-119.266	-78.970
收入五等分最高	8.214	2 390.206	2 381.992	-226.646	2 207.885	-2 434.532	21.495	2 374.401	-2 352.906

注：①除了未包含扣减医疗支出后的家庭人均转移收入之外，匹配后回归校正模型的自变量同表10－5，为了节省篇幅，本表仅汇报了农村低保的回归结果；
②半径匹配中，caliper＝0.01；K最近邻匹配中，k＝10，并且caliper＝0.01；核匹配中，核类型为正态（normal），并且bwidth＝0.01；
③*** p＜0.01，** p＜0.05，* p＜0.10。

五、结论与讨论

在近年来老龄化日趋严重的背景下，农村低保对象中老年人口的比例一直维持在40%左右，这表明老年贫困人口已成为农村低保瞄准的重要目标。作为一项以兜底扶贫为目标的公共转移项目，农村低保对于老年人口的减贫效应不仅取决于其瞄准效果的优劣和待遇水平的高低，而且还取决于该项目是否会对相关主体产生负向行为激励。对于老年人来说，上述负向行为激励的一个重要方面就体现为，农村低保是否会挤出其来自子女的代际经济转移。在传统孝道文化的影响下，来自子女的代际转移一直是农村老人的重要经济来源。如果获得低保对来自子女的代际经济转移产生严重的挤出效应，那么农村低保对老年人口的经济减贫效果将会被大大削弱。由此观之，深入探讨这种挤出效应的存在性和严重性对于更准确地评估农村低保减贫效果以及进一步优化低保政策设置具有重要意义。

基于2015年中国健康与养老追踪调查数据，使用倾向值匹配分析方法，本章实证检验了农村低保对老年受助者和其成年子女之间亲子代际转移的挤出效应。研究发现：（1）总体来看，获得农村低保会显著挤出老年受助者来自成年子女的代际转移净值。（2）针对不同方向代际转移的检验结果表明，农村低保对成年子女→老年父母的代际转移有显著的挤出效应，而对老年父母→成年子女的代际转移并未表现出显著影响。（3）区分定期转移和非定期转移之后的检验结果表明，农村低保会显著挤出老年受助者来自成年子女的非定期代际转移，而对定期转移的挤出效应却并不显著。（4）将总样本按照收入五等分分组后的检验结果表明，农村低保对代际转移的挤出效应在不同收入组群中存在异质性。具体的，农村低保对老年受助者来自于子女的代际转移的挤出效应在收入最低组群中表现得非常显著，但是上述挤出效应在收入更高组群中则并不存在。

本章结论意味着农村低保会对老年受助者子女的代际转移行为产生显著的负向激励，从而导致子女减少向其老年父母的经济转移。对于贫困受助者来说，农村低保对其子女的这种负向行为激励尤其严重。在这种情况下，低保所带来的各种经济福利并不能全部由老年贫困受助者享受，其子女通过降低对其父母的代际转移间接的"分享"了部分低保待遇。因此，上述负向行为激励实际上严重削弱了农村低保对老年受助者的经济减贫效应。上述推论具有重要的现实意义：研究者在评估农村低保的政策效果时，不能简单地通过低保金数额来测算老年受助者收入水平的提高幅度，还必须考虑到农村低保对包括家庭代际转移在内的其他收入来源的挤出效应，否则可能会高估农村低保对于老年受助者经济层面的减贫或福利改善效果。

那么，农村低保对代际经济转移的挤出效应是否必然会降低受助老人的总体福利水平呢？根据上文分析，这种挤出效应会对受助老人的经济福利水平产生负面影响。但是，对代际经济转移的挤出效应也可能对受助老人的非经济福利产生正面效应。首先，在农村低保挤出来自子女的代际经济转移之后，受助老人降低了对子女的经济依赖，这可能会缓解由于这种经济依赖导致的亲子之间的关系冲突，从而提高受助老人的关系性福利水平。其次，与子女给予的代际转移相比（以非定期转移为主），按期获得的低保金收入更加规律，这有助于提高受助老人的经济安全感受。最后，在上述挤出效应作用下，虽然子女降低了对老年父母的经济转移，但在传统孝道文化的影响下，子女可能通过增加对老年父母的非经济转移来补偿经济转移的减少。如子女可能会向老年父母提供更多的陪伴和照料，这对于改善老人心理福利状况有重要作用。考察农村低保对代际非经济转移的影响，并在此基础上探讨上述各类机制对受助老人总体福利水平的影响将是未来研究拓展的重要方向。

参考文献

［1］陈华帅，曾毅. 新农保使谁受益：老人还是子女［J］. 经济研究，2013（8）.

［2］程令国，张晔，刘志彪. 新农保改变了中国农村居民的养老模式吗［J］. 经济研究，2013（8）.

［3］韩华为. 农村低保户瞄准中的偏误和精英俘获：基于社区瞄准机制的分析［J］. 经济学动态，2018（2）.

［4］韩华为，高琴. 中国农村低保制度的保护效果研究：来自中国家庭追踪调查（CFPS）的经验证据［J］. 公共管理学报，2017（2）.

［5］韩华为，高琴. 代理家计调查与农村低保瞄准效果：基于 CHIP 数

据的分析 [J]. 中国人口科学, 2018 (6).

[6] 贺雪峰. 农村低保实践中存在的若干问题 [J]. 广东社会科学, 2017 (3).

[7] 李振刚. 普惠性抑或选择性: 农村收入保障制度对农村老年人贫困的影响 [J]. 中共福建省委党校学报, 2018 (10).

[8] 林宝. 人口老龄化城乡倒置: 普遍性与阶段性 [J]. 人口研究, 2018 (3).

[9] 刘丽娟. 我国城乡低保家庭基本状况分析: 基于2016年中国城乡困难家庭社会政策支持系统建设项目的调查 [J]. 中国民政, 2017 (21).

[10] 宁满秀, 王小莲. 中国农村家庭代际经济支持行为动机分析 [J]. 农业技术经济, 2015 (5).

[11] 王翌秋, 陈青霞. 养老金收入对农村家庭代际转移的影响 [J]. 金融经济学研究, 2017 (5).

[12] 于建华, 薛兴利, 毕红霞. 农村基本养老保险保障水平及其差异性分析 [J]. 农业经济问题, 2016 (8).

[13] 张川川, 陈斌开. 社会养老能否替代家庭养老: 来自中国新型农村社会养老保险的证据 [J]. 经济研究, 2014 (11).

[14] 张昊. 农村低保评审乱象的成因及治理: 基于定性定量混合研究方法的分析 [J]. 中国农村观察, 2017 (1).

[15] 张婷, 王三秀. 新中国70年农村养老保险制度改革历程与基本经验 [J]. 改革, 2019 (8).

[16] Amuedo-Dorantes, C., & Juarez, L. (2013). Old-age government transfers and the crowding out of private gifts: The 70 and above program for the rural elderly in Mexico. *Southern Economic Journal*, 81 (3), 782–802.

[17] Becker, G. S. (1974). A theory of social interactions. *Journal of Political Economy*, 82 (6), 1063–1093.

[18] Cai, F., Giles, J., & Meng, X. (2006). How well do children insure parents against low retirement income? An analysis using survey data from urban China. *Journal of Public Economics*, 90 (12), 2229–2255.

[19] Cai, F., Giles, J., O'Keefe, P., & Wang, D. (2013). *The elderly*

and old age support in rural China: Challenges and prospects. Washington, DC: The World Bank.

[20] Chen, T., Leeson, G., Han, J., & You, S. (2017). Do State Pensions Crowd Out Private Transfer? A Semiparametric Analysis in Urban China. Chinese Sociological Review, 49 (4), 293 – 315.

[21] Cox, D. (1987). Motives for private income transfers. Journal of Political Economy, 95 (3), 508 – 546.

[22] Cox, D., Eser, Z., & Jimenez, E. (1998). Motives for private transfers over the life cycle: An analytical framework and evidence for Peru. Journal of Development Economics, 55 (1), 57 – 80.

[23] Cox, D., & Fafchamps, M. (2008). Extended family and kinship networks: Economic insights and evolutionary directions. In Schultz, P., & Strauss, J. (Eds.), Handbook of Development Economics Volume 4 (pp. 3711 – 3784). Amsterdam: North-Holland.

[24] Cox, D., Hansen, B. E., & Jimenez, E. (2004). How responsive are private transfer to income? Evidence from a laissez – faire economy. Journal of Public Economics, 88 (9), 2193 – 2219.

[25] Cox, D., & Jimenez, E. (1992). Social security and private transfers in developing countries: The case of Peru. The World Bank Economic Review, 6 (1), 155 – 169.

[26] Dehejia, R. H., & Wahba, S. (1999). Causal effects in nonexperimental studies: Reevaluating the evaluation of training programs. Journal of the American Statistical Association, 94 (448), 1053 – 1062.

[27] Gerardi, K., & Tsai, Y. (2013). The effect of social entitlement programmes on private transfers: New evidence of crowding out. Economica, 81 (324), 721 – 746.

[28] Gibson, C. M. (2003). Privileging the participant: The importance of sub – group analysis in social welfare evaluations. American Journal of Evaluation, 24 (4), 443 – 469.

[29] Han, H., & Gao, Q. (2019). Community-based welfare targeting and

political elite capture: Evidence from rural China. *World Development*, 115, 145 –159.

[30] Huang, W., & Zhang, C. (2016). *The power of social pensions*. IZA Discussion Paper No. 10425.

[31] Jensen, R. T. (2004). Do private transfers 'displace' the benefits of public transfers? Evidence from South Africa. *Journal of Public Economics*, 88 (1 –2), 89 –112.

[32] Jung, H., Pirog, M. A., & Lee, S. K. (2016). Do public pensions crowd out private transfers to the elderly? Evidence from South Korea. *Journal of Pension Economics & Finance*, 15 (04), 455 –477.

[33] Korenman, S., & Remler, D. (2013). *Rethinking elderly poverty: Time for a health inclusive poverty measure*. National Bureau of Economic Research Working Paper No. 18900.

[34] Lei, X., Giles, J., Hu, Y., Park, A., Strauss, J., & Zhao, Y. (2012). *Patterns and correlates of intergenerational non-time transfers: evidence from CHARLS*. World Bank Policy Research Working Paper No. 6076.

[35] Liu, H., Han, X., Xiao, Q., Li, S., & Feldman, M. W. (2015). Family structure and quality of life of elders in rural china: The role of the new rural social pension. *Journal of Aging & Social Policy*, 27 (2), 123 –138.

[36] Ning, M., Liu, W., Gong, J., & Liu, X. (2019). Does the New Rural Pension Scheme crowd out private transfers from children to parents? Empirical evidence from China. *China Agricultural Economic Review*, 11 (2), 411 –430.

[37] World Bank. (2018). *The state of social safety nets* 2018. Washington, DC: The World Bank.

[38] Wu, X., & Li, L. (2014). The motives of intergenerational transfer to the elderly parents in China: Consequences of high medical expenditure. *Health Economics*, 23 (6), 631 –652.

第四篇

中国农村低保制度政策效果
研究述评与展望

第十一章

中国农村低保制度政策效果评估

——我们知道什么，我们还应该知道什么？*

一、引　　言

改革开放后，中国开始大力推进政府主导的农村减贫事业。1986 年开始，随着国家专门的反贫困机构的建立，有组织、有计划、大规模的开发式扶贫成为农村减贫的主要手段。各类开发式扶贫项目通过促进贫困地区区域发展，以此来间接带动贫困人口脱贫。在农村贫困人口呈现区域集中的分布态势下，大规模的开发式扶贫效果卓著（汪三贵，2018）。但到 2000 年以后，农村贫困模式发生了新的变化，贫困人口分布日趋分散、由于劳动能力不足导致的持续性贫困和由于风险冲击导致的暂时性贫困并存，区域性扶贫开发项目的边际减贫效应越来越小（都阳、蔡昉，2005）。2007 年，随着《国务院关于在全国建立农村最低生活保障制度的通知》的发布，中国农村减贫事业进入了开发式扶贫和救助式扶贫双轮驱动的新阶段。时至今日，在"精准扶贫、精准脱贫"的减贫新方略下，作为救助式扶贫的核心制度，农村低保在当前脱贫攻坚进程中仍然扮演着重要的角色。

农村低保的政策目标在于为农村绝对贫困人口提供经济救助，从而保障其基本生活水平。尽管中央政府在低保政策顶层设计和财政筹资方面发挥着重要作用，但农村低保在执行层面则高度依赖区县及以下各级基层政府。按

---

　　* 本章为笔者和高琴教授合作的一篇文章。原文以"中国农村低保政策效果评估：研究述评与展望"为题发表于《劳动经济研究》2020 年第 1 期。收入本书时做了适当改动。本章为韩华为主持的国家自然科学基金项目"中国农村低保救助的瞄准、减贫效应和行为激励研究"（71703008）的成果之一。

照政策规定①，农村贫困家庭向乡镇政府提出低保申请，乡镇政府组织开展针对申请家庭的经济状况核查，在村庄内部民主评议和公示之后，最后由县级民政部门审查和批准。对于获得批准的贫困家庭，农村低保将按照家庭人均纯收入低于当地低保标准的差额进行现金补贴。农村低保户不仅可以定期获得上述现金救助，当遇到医疗、教育、住房等方面的特殊困难时，还可以通过申请获得相应领域的专项救助。农村低保以及与其相捆绑的专项救助将为受助家庭提供食品、住房、教育和医疗等多维度的综合性兜底保障，力图全方位地改善贫困人口的福祉水平。

2007～2018年，中国农村低保经历了在调整中不断发展完善的过程。在此期间，农村低保覆盖人数经历了先上升后下降的变化趋势。农村低保推行初期，覆盖人口快速增长，到2013年达到峰值5 388万人。此后，随着政策执行的日趋规范化，农村低保覆盖人数逐步下降至2018年的3 519万人。从覆盖人口的结构来看，2013年之后，农村低保人口中有接近49%为劳动年龄人口，而老年人和未成年人的占比则分别大致为40%和11%。尽管近年来覆盖人数逐步下降，但农村低保在财政投入和保障标准方面却始终呈现出不断增长的势头。2007～2018年，农村低保各级财政总支出从109亿元稳步提升至1 057亿元，全国农村低保平均保障标准也从840元/人·年持续上升至4 833元/人·年②。至今，中国农村低保已经成为发展中国家中规模最大的减贫性现金转移支付项目之一（World Bank，2018）。

在此背景下，农村低保是否能够有效改善受助对象的福祉水平呢？进一步的，农村低保对受助对象的福祉效应可能受到哪些因素影响呢？为了回答上述两个问题，基于不同来源的数据资料和实证方法，近年来越来越多的国内外学者针对农村低保展开了严格的效果评估（impact evaluation）。对已有的农村低保效果评估文献进行全面的总结和归纳既有助于指导政策实践，也有助于拓展该领域未来的研究方向。鉴于此，本章将从福祉效应、瞄准效果和行为激励效应三个角度对农村低保效果评估文献进行梳理和评论。需要说明的是，受到篇幅限制，本章将主要关注基于微观调查数据和定量方法所展

---

① 更加具体的政策设置请参见《社会救助暂行办法》相关条目。
② 本段中关于农村低保的宏观数据均来自民政部公布的各个年度《社会服务发展统计公报》。

开的政策效果评估研究。本章的结构安排如下：第二部分构建一个理解农村低保政策效果的分析框架，第三部分综述农村低保福祉效应评估文献，第四部分综述农村低保瞄准效果评估文献，第五部分综述农村低保行为激励效应评估文献，第六部总结并展望进一步的研究方向。

二、农村低保政策效果：一个分析框架

评估减贫项目福祉效应的前提是如何科学地界定人类福祉（human well-being）。尽管人类福祉具有多维性已经成为全球性的共识，但是关于人类福祉应该具体包括哪些核心维度却仍然存在不同的观点（Sen，1999；Stiglitz et al.，2010；檀学文、吴国宝，2014）。3－D 福祉框架认为，人类福祉主要涵盖物质福祉、关系福祉和主观福祉三个维度（McGregor，2007）。作为一种理解多维度福祉的重要视角，3－D 框架在福祉研究和政策效果评估领域展现出越来越大的影响力（Devereux and McGregor，2014；McGregor and Pouw，2017）。在 3－D 福祉框架所涵盖的三个维度中，物质福祉反映了人在客观性物质需求方面的满足程度。物质福祉不仅包括传统的以收入、消费和财产等货币性指标度量的经济福祉，而且还包括生理健康、营养、教育、就业等其他客观领域。关系福祉反映了人在与其他主体的互动关系中社会性需求的满足程度。这种互动关系既可以是人与人之间的互动，也可能是人与政府或其他组织实体之间的互动。关系福祉一般通过社会参与、社会信任、非正式联系等指标来度量。最后，主观福祉反映了人在获取物质福祉和社会关系互动过程中所感受到的价值或意义。主观福祉一般通过信心、渴望、价值感、心理健康、生活满意度等指标来度量。

以减贫为主旨的现金转移支付项目不仅可能促进受助者的物质福祉，而且对于受助者的关系福祉和主观福祉都可能产生显著影响。在物质福祉效应方面，来自众多发展中国家的证据表明，现金转移支付项目对提高受助家庭消费水平（Case and Deaton，1998；Haushofer and Shapiro，2016）、降低受助家庭收入贫困状况（Maitra and Ray，2003；Skoufias and Di Maro，2008）、保障受助家庭食品安全（Miller et al.，2011）、提高受助家庭成员的医疗服务利用率（Taaffe et al.，2017）和儿童入学率（Gutierrez et al.，

2017）、改善受助家庭成员的健康和教育成就（Ranganathan and Lagarde，2012；Baird et al.，2013）等方面都有显著的效果。在关系福祉效应方面，已有证据发现，现金转移项目能够促进受助者的社会参与水平（Drucza，2016）、提升受助者的社会信任程度（Attanasio et al.，2009）、降低家庭暴力的发生概率（Hidrobo et al.，2016），但是现金转移项目也可能引致社区内部受助家庭和非受助家庭之间的紧张关系，从而降低受助者的关系福祉水平（MacAuslan and Riemenschneider，2011）。大多数关于主观福祉效应的评估研究表明，现金转移支付项目能够显著改善受助者的主观福祉水平（Galama et al.，2017；Kilburn et al.，2018），但也有少数研究发现，由于项目执行过程中引发的福利耻感，现金转移可能对受助者的主观福祉产生负面影响（Gao and Zhai，2017）。

当现金转移支付项目仅以贫困人口为瞄准对象时，其瞄准效果的优劣会对项目的福祉效应产生重要影响。严重的瞄准偏误不仅会削弱现金转移项目的物质福祉效应，而且还可能损害社区内部的社会团结和社区成员的社会公正感，从而对关系福祉以及主观福祉产生负面影响。大量实证研究表明，瞄准偏误在发展中国家现金转移支付项目实践中非常普遍（Coady et al.，2004；Grosh et al.，2008；Barrientos，2013）。对于瞄准偏误的成因，现有文献主要从贫困识别、精英俘获和福利耻感三个角度来进行解释。一些学者认为较高的瞄准偏误是由于评估中和项目实际执行中使用差异化的贫困识别策略所导致（Ravallion，2008；Alatas et al.，2012）。现金转移项目在瞄准实践中往往通过多维度指标来识别贫困。如果在瞄准评估中仅仅通过收入或消费支出来识别贫困家庭，那么以此为基础"评估出的瞄准偏误"就会高估"真实的瞄准偏误"。另外一些学者认为，社区内部的经济精英和政治精英利用其权力优势获取本来应该转移给贫困家庭的救助金，这种精英俘获效应也是造成现金转移项目出现较高瞄准偏误的重要原因。该结论在关于南亚和撒哈拉以南非洲国家的证据中得到广泛支持（Galasso and Ravallion，2005；Besley et al.，2012；Caeyers and Dercon，2012）。最后，还有一些学者强调了福利耻感在瞄准偏误形成过程中的作用（Edmonds，2005；Li and Walker，2017）。贫困个体在项目申请过程中经常会遭遇福利耻感，他们可能为了避免这种负面感受而放弃项目，这显然会导致项目的瞄准偏误。

在评估现金转移支付项目的福祉效应时，还需要密切关注项目可能对相关个体产生的负向行为激励，因为这些行为激励效应很可能会削弱项目的福祉效应。现有文献主要关注了三种可能削弱项目福祉效应的行为激励。第一种是项目对受助者的就业激励效应。关于该问题的实证结果存在较大分歧。来自肯尼亚、马拉维和吉尔吉斯斯坦的证据发现，现金转移项目会对受助者就业产生显著的负向激励（Covarrubias et al.，2012；Asfaw et al.，2014；Gassmann and Trindade，2019）。而来自巴西、洪都拉斯、印度尼西亚、菲律宾等国的实证研究却发现，项目并未对受助者的就业行为产生显著影响（Alzúa et al.，2013；de Brauw et al.，2015；Banerjee et al.，2017）。第二种负向行为激励体现为现金转移支付项目可能会对亲友向受助家庭的私人转移行为产生影响，从而挤出受助家庭本来可以获得的私人转移收入。这种挤出效应得到大量发展中国家实证研究的支持（Cox and Jimenez，1992；Jensen，2004；Amuedo-Dorantes and Juarez，2015）。第三种负向行为激励考察了现金转移项目对受助者诱惑性商品（temptation goods）消费行为的影响。有证据支持现金转移会引致更高的酒精消费（Cunha，2014），但也有一些研究发现获得现金救助并不会刺激受助者消费更多的烟酒（Evans and Popova，2017）。

基于 3-D 福祉视角，以及对其他发展中国家现金转移支付项目效果评估文献的梳理，我们构建了一个理解中国农村低保政策效果的分析框架（见图 11 -1）。首先，农村低保对受助对象的福祉效应会体现在物质福祉、关系福祉和主观福祉三个层面。其次，农村低保的瞄准效果会对其福祉效应产生显著的影响。较高的瞄准偏误对贫困人口的物质福祉、关系福祉和主观福祉都会产生负向效应。在农村低保政策执行过程中，贫困识别、精英俘获和福利耻感可能是导致瞄准偏误的三大潜在原因。最后，农村低保对受助个体产生的负向行为激励会削弱该政策的物质福祉、关系福祉和主观福祉效应。因此，在对农村低保的政策效果评估中，我们还应该对其所引致的就业行为激励、私人转移支付行为激励，以及诱惑性商品消费行为激励展开考察。按照该框架的结构，下文将从福祉效应、瞄准效果和负向行为激励三个角度对农村低保效果评估文献进行综述。

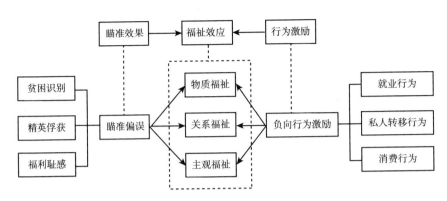

图 11 -1　农村低保政策效果分析框架

三、农村低保的福祉效应

（一）物质福祉效应

已有文献主要从降低收入贫困和促进消费支出两个方面来考察农村低保的物质福祉效应。表 11 - 1 总结了关于农村低保对收入贫困影响效应的研究。这些研究采用不同来源的大样本微观调查数据严格评估了农村低保对 FGT 贫困指数的影响效应[①]。在 FGT 指数中，FGT（0）、FGT（1）和 FGT（2）分别代表贫困发生率、贫困距指数和平方贫困距指数，这三个指数分别衡量了贫困广度、贫困深度和贫困群体内部的不平等程度。通过比较分析表 11 - 1 中文献得出的评估结果，我们可以得到以下几点结论。第一，尽管获得农村低保使得三个贫困指数均有所下降，但是农村低保对贫困发生率的减贫效应低于对贫困距指数和平方贫困距指数的减贫效应。这说明，相比其在降低贫困广度方面的作用，农村低保在降低贫困群体的贫困深度，以及在缓解贫困群体内部收入不平等方面的效果更为显著。第二，与针对总样本的评估结果相比，农村低保在降低低保样本收入贫困方面的效果更为突出（韩华为、徐月宾，2014；韩华为、高琴，2018）。第三，农村低保对于不同年龄群体的收

[①]　1984 年，三位经济学家福斯特（Foster）、格里尔（Greer）和索贝克（Thorbecke）发展出一组获得广泛应用的贫困指数（Foster et al. , 1984）。文献中一般将这组指数称为 Foster-Greer-Thorbecke 贫困指数，简称为 FGT 贫困指数。

入减贫效应可能存在差异。具体的，农村低保在老年群体中的收入减贫效应更加显著（李振刚，2018）。第四，比较基于不同年度中国家庭收入调查（CHIP）数据的评估结果发现，2007~2013 年，农村低保的收入减贫效应在逐步提高（Golan et al.，2017；韩华为、高琴，2018）。这说明，随着保障标准和待遇水平的逐年提高，农村低保在降低农村收入贫困方面发挥出越来越重要的作用。

表 11 -1　　　　　　　　　农村低保对收入贫困影响效应的研究

研究文献	在总样本中的减贫效应（%）			在低保样本中的减贫效应（%）			数据来源	样本数量	调查年份
	FGT(0)	FGT(1)	FGT(2)	FGT(0)	FGT(1)	FGT(2)			
Golan et al.（2017）	0.99	2.29					CHIP	8 000	2007
	1.38	2.85					CHIP	7 994	2008
	3.31	6.14					CHIP	7 955	2009
韩华为和高琴（2018）	4.59	7.40	9.74				CHIP	9 915	2013
韩华为和高琴（2017）	2.01	5.20	7.85	10.01	23.22	33.22	CFPS	8 251	2012
韩华为和徐月宾（2014）	3.40	7.59	11.25	15.70	29.66	40.39	中西部五省农户调查	9 107	2010
李振刚（2018）	12.76	20.86	23.78				贵州省老年人口调查	3 742	2015

注：①有些文献使用多条贫困线来测算农村低保的减贫效应，为了便于比较，该表仅呈现了基于农村官方贫困线（2 300 元/人·年，2010 年不变价）的测算结果；
②表中 CFPS 指由北京大学中国社会科学调查中心主持的中国家庭追踪调查。
资料来源：作者整理得到。

基于不同来源的微观数据，已有文献不仅实证分析了农村低保对受助家庭总消费支出水平的影响，而且还探索了农村低保对受助家庭消费支出结构的影响效应。表 11 -2 给出了这些文献的实证结果。通过对表 11 -2 结果的归纳，我们可以得到以下几个方面的结论。第一，获得农村低保能够显著提高受助家庭的总消费支出水平（Zhao et al.，2017；Wang et al.，2019）。第二，在用于维持基本生活的消费支出项目中，农村低保会对食品支出和居住支出产生显著的正向效应（梁晓敏、汪三贵，2015；Zhao et al.，2017；

Wang et al.，2019），但却会对衣着支出和交通支出产生显著的负向影响（Han et al.，2016；Zhao et al.，2017；Wang et al.，2019）。韩华为等人（Han et al.，2016）认为，农村低保对衣着支出和交通支出产生负向影响可能归因于低保瞄准过程中的公众监督机制。在村庄其他成员的监督下，为了维持自己的低保资格，低保受助者倾向于较少改善衣着和较少外出参与社会活动。这不仅限制了农村低保的物质福祉效应，同时还意味着可能对受助者的关系福祉产生负面影响。第三，农村低保对受助家庭的教育支出和健康支出表现出显著的促进效应（梁晓敏、汪三贵，2015；Han et al.，2016；Zhao et al.，2017；Wang et al.，2019）。这不仅体现了农村低保对教育维度和健康维度物质福祉的当期改善，同时还意味着农村低保可以通过促进人力资本投资来改善未来的物质福祉水平。

表 11 - 2 农村低保对消费支出影响效应的研究

研究文献	家庭人均消费支出							数据来源	样本数量	调查年份
	总支出	食品支出	衣着支出	居住支出	交通支出	教育支出	医疗支出			
梁晓敏和汪三贵（2015）	O	+	n. a.	O	n. a.	+	+	农村贫困监测抽样调查	52 342	2010
Zhao et al. (2017)	+	O	−	+	O	+	+	国家统计局农村住户调查	15 016	2012
Wang et al. (2019)	+	+	−	O	O	O	+	CHIP	1 684	2013
解垩（2016）	O	O	n. a.	n. a.	n. a.	n. a.	n. a.	CHARLS	7 128	2011
Han et al. (2016)	O	O	−	n. a.	−	O	+	中西部五省农户调查	9 107	2010

注：①表中 O 代表没有显著影响， − 和 + 分别代表显著的负向影响和正向影响，n. a. 代表该支出项目没有被研究；

②表中 CHARLS 指由北京大学国家发展研究院主持的中国健康与养老追踪调查。

资料来源：作者整理得到。

（二）关系福祉效应

已有文献主要从社会参与、社会信任和政府信任这几个角度来评估农村低保的关系福祉效应。在社会参与方面，一些学者考察了农村低保对受助者社会参与时间、社会参与频率和社会参与支出的影响。例如，高琴等（Gao et al.，2015）基于 2010 年 CFPS 数据和倾向值匹配方法分析了低保对受助家庭户主时间利用模式的影响。该研究结果发现，获得农村低保会导致受助家庭户主每天的总体社会参与时间降低 0.47 小时。在各类社会参与活动中，该研究发现农村低保对于在亲友交往、参与群体娱乐活动、看电视、听广播、使用互联网等方面所花费的时间都会产生显著的负向影响。程中培（2019）使用 2014 年 CFPS 数据考察了农村低保对受助家庭亲戚交往频率的影响，结果表明，与控制组相比，获得农村低保的干预组样本与非同住亲戚交往的频率更低。高琴（Gao，2017）基于 2010 年 CFPS 数据的实证分析进一步发现，农村低保还会显著降低受助者外出旅行和参与宗教活动的频率。此外，使用来自中西部五个省份的大样本农户调查数据，韩华为等（Han et al.，2016）发现获得农村低保与社会参与支出之间存在显著的负向关系。上述所有文献的结论均意味着，农村低保对受助者社会参与有显著的抑制作用。农村低保对社会参与的抑制作用可能仍然源于低保瞄准过程中的公众监督机制（Gao，2017）。如果低保受助者社会参与较多，那么她或他很可能被其他村庄成员看作"不应该获得救助"的福利依赖者。在如此情形下，为了避免遭到质疑和非议，低保受助者往往会有意识地降低其社会参与程度。

还有研究考察了农村低保对社会信任的影响。基于 2012 年和 2014 年 CFPS 构成的面板数据，使用倾向值匹配和双重差分相结合的因果识别策略，韩华为和陈彬莉（2019）严格评估了农村低保对受助者社会信任的影响效应。该研究发现获得农村低保会显著降低受助者对其父母的信任水平。按照贫困与否分组进行的评估结果表明，农村低保能够显著提高贫困受助者对邻居的信任水平，但该效应对于非贫困受助者并不显著。该研究进一步分析指出，农村低保之所以会降低受助者对其父母的信任水平，一个原因是受助者与同住父母可能就如何使用低保金产生冲突；另一个原因是低保救助可能对父母与子女之间的代际经济支持产生替代作用，从而降低彼此的信任程度。另外，对于农村低保未能显著提升非贫困受助者对邻居的信任水平，该研究认为这主要源于非贫困农户获得救助所引发的村庄内部的社会冲突。

在更广义的关系福祉视角下，受助者对政府的信任，以及对政府的正面评价同样体现了农村低保的关系福祉效应。基于不同来源的微观调查数据，一些实证文献定量评估了农村低保对政府信任的影响（韩华为、陈彬莉，

2019；谢治菊，2013）。这些研究的结论表明，农村低保能够显著改善受助者对基层政府的信任水平。此外，也有文献分析了低保获得和个体对基层政府评价之间的关系。例如，基于 2010 年 CFPS 数据和倾向值匹配方法，黄娴和高琴（Huang and Gao，2019）发现获得农村低保能够显著提高受助者对基层政府的正面评价。不论是对政府信任的改善，还是对政府评价的提高，这均意味着农村低保对关系福祉的正向影响。

（三）主观福祉效应

目前，关于农村低保主观福祉效应的研究较少，而且其研究结论也存在较大分歧。一些基于案例调查的质性研究发现，农村低保会给受助者贴上穷人标签，这种标签效应所引致的耻感会对受助者的主观福祉产生负面影响（Chen and Yang，2016；Li and Walker，2017）。另外一些学者则使用定量方法对农村低保的主观福祉效应展开考察，但其研究结论却与上述质性分析的推断正好相反。比如，基于 2015 年来自 7 个城市 921 个家庭的调查数据和有序多分类逻辑斯谛（Logistic）回归模型，梁土坤（2019）考察了低保政策对贫困人口主观福祉水平的影响，结果发现，农村低保能够显著降低贫困人口的困难感知度，并显著提升其心情愉悦度和生活满意度。

在定量评估农村低保的主观福祉效应时，获得低保作为自变量可能引致内生性问题，直接采用普通最小二乘（OLS）或 Logistic 回归得到的估计结果是有偏且不一致的。为了控制这种内生性，一些学者采用更严格的因果识别策略来考察农村低保对受助者主观福祉的影响效应。但是，采用不同的因果识别策略得到的主观福祉效应评估结果却存在差异。一方面，亓迪和吴一超（Qi and Wu，2018）使用 2014 年 CFPS 数据和模糊断点回归方法探讨了低保政策对受助者主观福祉水平的影响。该研究发现，农村低保不仅显著降低了受助者对未来的信心程度、主观幸福感和生活满意度，而且还显著提高了受助者精神紧张、坐卧不安以致难以平静、未来没有希望、做任何事都很困难、生活没有意义的感知频率。另一方面，基于 2012 年和 2014 年 CFPS 数据，韩华为和高琴（Han and Gao，2019b）使用倾向值匹配和双重差分相结合的计量方法评估了农村低保的主观福祉效应，结果发现农村低保能够显著提升受助者的未来信心程度和生活满意度。进一步的异质性分析表明，农村低保对受助者未来信心程度和生活满意度的正向效应在青年和老年群体中尤其突出，但在中年群体中却并不显著。

四、农村低保的瞄准效果

（一）瞄准效果实证评估

农村低保瞄准包括对象瞄准和补差瞄准两个方面[①]。一方面，对象瞄准衡量农村低保是否瞄准了政策所规定的目标（应保）群体。最常用的对象瞄准指标是漏保率和错保率。漏保率指所有应保家庭中未获得低保的比例，而错保率指所有低保家庭中不应保家庭的比例。另外一种常用的对象瞄准指标是应保家庭所获救助金占总救助金的份额（SHARE）。用 SHARE 除以应保家庭比例可以获得 CGH 指标（Coady et al.，2004）[②]。CGH 衡量了与普惠式分配方式相比，实际低保瞄准机制下应保家庭所获救助金份额的相对大小。文献中还使用 TD（targeting differential）指标来衡量农村低保的对象瞄准效果。TD 指标包括救助名额 TD 指标和救助金额 TD 指标两种。救助名额 TD 指标等于总样本中应保家庭获得低保的比例减去不应保家庭获得低保的比例。救助金额 TD 指标等于总样本中应保家庭户均获得的救助金额减去不应保家庭户均获得的救助金额。另一方面，补差瞄准则衡量了应保家庭实际获得的救助金和应该获得的救助金之间的差异。农村低保政策规定，应保家庭应该获得的救助金等于家庭人均收入与贫困线之间的差额。如果这个差额被实际获得的救助金充分填补，那么低保的补差瞄准效果较好。如果这个差额在实际获得救助金之后仍然较大，那么低保的补差瞄准效果较差。

表 11 - 3 总结了现有文献中基于大样本微观调查数据对农村低保对象瞄准效果的评估结果。这些评估研究通过比较家庭人均收入和贫困线的相对高

[①] 对于本段所述各类瞄准指标更详细的介绍请见韩华为（2018）、韩华为和高琴（2018）、Gao（2017）。

[②] 在柯迪等（Coady et al.，2004）的研究中，三位作者柯迪（Coady）、格罗什（Grosh）和霍迪诺特（Hoddinott）构建了一种用于比较不同现金转移项目瞄准效果的标准化指标，文献中一般将该瞄准指标简称为 CGH 指标。

低来识别应保（贫困）家庭。由于有些研究使用了多条贫困线①，所以其得出的对象瞄准指标包括多个取值。在这种情况下，表11-3中给出了这些取值构成的一个数值范围。总体来看，这些评估结果表明农村低保对象瞄准效果不佳，存在较为严重的对象瞄准偏误。首先，从漏保率和错保率来看，农村低保应保家庭中至少有70%未能获得救助，而在所有的低保家庭中至少有40%为不应该获得低保的非贫困家庭。其次，从 SHARE 指标来看，在各项评估结果中，应保家庭最多仅获得了57.43%的救助金总额，这意味着泄露至非贫困家庭的救助金份额至少为42.57%。再次，CGH 指标结果显示，与在总样本中平均分配救助金相比，实际低保瞄准机制下贫困家庭获得的救助金份额最多高出2.31倍，最少则仅仅高出89%。最后，TD 指标评估结果发现，农村低保的救助名额 TD 指标最高为0.14，其远低于理想瞄准状态下救助名额 TD 指标的最高值1。农村低保的救助金额 TD 指标最高为0.71，这意味着有相当比例的救助金泄漏至非贫困群体中。尽管农村低保的对象瞄准偏误总体较高，但其瞄准效果随时间的推移呈现出改善的势头。比较表11-3中基于各期 CHIP 数据的评估结果不难发现，农村低保的漏保率和错保率在2007~2013年均有所下降（韩华为、高琴，2018；Golan et al.，2017；Kakwani et al.，2019）。

表11-3　　　农村低保对象瞄准效果评估研究（收入贫困识别标准）

研究文献	漏保率	错保率	SHARE	CGH	救助名额 TD	救助金额 TD	数据来源	样本数量	调查年份
Golan et al.（2017）	93.70	93.60					CHIP	8 000	2007
	93.20~93.30	92.10~92.30					CHIP	7 994	2008
	89.10~91.60	85.70~89.40					CHIP	7 955	2009
朱梦冰和李实（2017）	81.89~82.61	85.94~90.82					CHIP	10 068	2013

---

①　这些贫困线包括中国农村官方贫困线（2 300 元/人·年，2010 年不变价）、世界银行提出的国际贫困线（1.25 美元/人·天和2.00 美元/人·天，2005 年 PPP 不变价；1.9 美元/人·天和3.1 美元/人·天，2011 年 PPP 不变价），以及各地政府确定的当地低保标准。

研究文献	漏保率	错保率	SHARE	CGH	救助名额 TD	救助金额 TD	数据来源	样本数量	调查年份
韩华为和高琴（2018）	83.30 ~ 84.96	79.83 ~ 87.59	15.69 ~ 35.56	2.53 ~ 3.06			CHIP	9 915	2013
Kakwani et al. (2019)	87.89	82.20					CHIP	>10 000	2013
Han and Gao (2019a)					0.08 ~ 0.09	0.68 ~ 0.71	CHIP	9 973	2013
韩华为和高琴（2017）	73.24 ~ 78.01	56.35 ~ 70.24	28.76 ~ 42.92	1.89 ~ 2.27			CFPS	8 251	2012
韩华为（2018）					0.12 ~ 0.14	0.53 ~ 0.55	CFPS	8 002	2012
张翔和张晓鑫（2017）	81.12	72.47					CFPS	6 149	2012
	74.69	62.77					CFPS	6 100	2014
乐章和程中培（2017）	82.08	75.51					CFPS	5 455	2014
解垩（2016）	84.49	76.67					CHARLS	7 128	2011
韩华为和徐月宾（2013）	70.32	65.74	32.20	3.31			河南和陕西农户调查	4 326	2010
韩华为和徐月宾（2014）	72.12 ~ 78.86	43.60 ~ 72.75	27.65 ~ 57.43	2.26 ~ 2.97			中西部五省农户调查	9 107	2010
刘凤芹和徐月宾（2016）	73.78	66.28	31.86	2.69			中西部五省农户调查	9 107	2010

注：①表中有些结果表示为一个数值范围，这源于对应文献在测算瞄准指标时采用了多条贫困线；

②漏保率、错保率和 SHARE 指标的单位为%，CGH 和 TD 指标的单位为1。

资料来源：作者整理得到。

图 11-2 总结了现有文献中对农村低保补差瞄准效果的评估结果。基于来自安徽、江西、河南、陕西和甘肃 5 个中西部省份 9 107 个农户的调查数据，韩华为和徐月宾（2014）分析了农村低保应保家庭在低保干预之后尚未填补的保障缺口的大小。统计结果显示，应保已保家庭在获得人均 433 元的低保金之后，其还有人均 78 元的保障缺口未得到填补。对于应保未保家庭，

由于其没有获得低保金，其人均保障缺口高达441元。对所有应保家庭来说，其人均低保金和人均低保缺口分别为121元和339元，后者是前者的2.8倍。韩华为和高琴（2017）使用2012年CFPS数据进行了类似的分析，结果发现应保已保、应保未保和全部应保三组家庭的人均保障缺口分别为379元、972元和813元。图11-2中两项研究的结果均说明，农村低保未能按照政策所规定的补差对应保家庭进行充分救助，其补差瞄准效果并不理想。

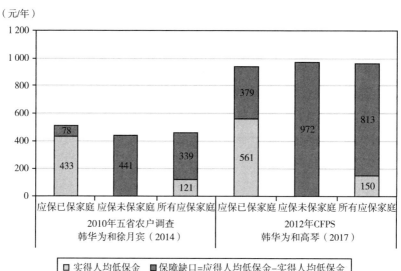

图11-2 农村低保补差瞄准效果评估研究

资料来源：作者整理得到。

（二）瞄准偏误的原因分析

现有文献主要从贫困识别、精英俘获和福利耻感三个角度来探讨农村低保瞄准偏误的原因。首先，一部分学者认为农村低保较高的瞄准偏误可以归因于在评估中采用了不恰当的贫困识别标准（Han and Gao，2019a）。政策文本规定，农村低保应当通过收入来识别贫困家庭[①]，但在具体的政策实践中，村庄内部更倾向于采用多维度贫困标准来识别贫困家庭。在这样的情况下，

---

① 参见2007年《国务院关于在全国建立农村最低生活保障制度的通知》和2010年《民政部关于进一步规范农村最低生活保障工作的指导意见》。

如果瞄准评估仍然使用收入水平作为唯一的贫困识别标准，那么就可能将"贫困测量误差"混淆为"低保瞄准偏误"。表11-4总结了基于多维度贫困识别标准的农村低保对象瞄准效果评估结果。比较表11-4和表11-3中相同文献的评估结果不难得出，当贫困识别标准从收入转变为多维度贫困指标后，农村低保的对象瞄准偏误大多显著下降。例如，在韩华为和徐月宾（2013）基于河南和陕西两省大样本农户数据的评估结果中，当采用收入贫困识别标准时，农村低保的漏保率和错保率分别高达70.32%和65.74%，SHARE和CGH指标分别仅为32.20%和3.31。当转而采用多维度贫困识别标准后，农村低保的漏保率和错保率分别下降到了42.28%和42.32%，而SHARE和CGH指标也分别显著上升至57.00%和7.86。另外，Han & Gao（2019a）基于2013年CHIP数据的评估结果显示，收入贫困识别标准下，农村低保的救助名额TD指标和救助金额TD指标最高值分别仅为0.09和0.71。转而采用多维度贫困识别标准后，两个指标最高值分别显著上升至0.33和0.89。

表11-4　农村低保对象瞄准效果评估研究（多维度贫困识别标准）

研究文献	漏保率	错保率	SHARE	CGH	救助名额 TD	救助金额 TD	数据来源	样本数量	调查年份
Golan et al.（2017）	84.60	84.60					CHIP	8 000	2007
	84.40	84.40					CHIP	7 994	2008
	83.50	83.50					CHIP	7 955	2009
朱梦冰和李实（2017）	85.34	57.96					CHIP	10 068	2013
Han and Gao（2019a）					0.14 ~ 0.33	0.78 ~ 0.89	CHIP	9 973	2013
韩华为和高琴（2017）	60.44	57.46	37.47	3.70			CFPS	8 251	2012
韩华为（2018）					0.28	0.69	CFPS	8 002	2012
韩华为和徐月宾（2013）	42.28	42.32	57.00	7.86			河南和陕西农户调查	4 326	2010

注：①表中有些结果表示为一个数值范围，这源于对应文献在测算瞄准指标时采用了多条贫困线；

②漏保率、错保率和SHARE指标的单位为%，CGH和TD指标的单位为1。

资料来源：作者整理得到。

其次，不少案例研究发现，政治精英和经济精英会利用其权力优势为其自身或帮助其亲友获取农村低保救助，这种精英俘获效应可能是造成农村低保瞄准偏误的重要原因（张昊，2017；Kuhn et al.，2016；Li and Walker，2018）。近期，一些学者使用微观调查数据和严格的计量方法检验了农村低保瞄准中的精英俘获效应。这些文献主要从社区和家户两个层面来对精英俘获效应展开分析。韩华为（2018）在社区层面构建了一个精英俘获效应检验框架。在该框架下，作者通过考察社区内经济不平等对社区内低保瞄准效果的影响来对低保瞄准中的精英俘获效应作出间接性检验。该研究基于2012年CFPS数据的分析结果表明，农村低保在村庄内部的分配过程中存在显著的精英俘获效应。韩华为和高琴（Han and Gao，2019a）则通过考察政治精英关联对低保获得和低保金额的影响从家户层面检验农村低保瞄准中的精英俘获效应。该研究基于2013年CHIP数据的检验结果发现，具有政治精英关联能够显著提高农户获得低保的概率及其所获低保救助金的水平。具体来看，家庭成员为社区外政治精英、家庭成员为党员，以及家庭近亲属为政治精英都会引致显著的精英俘获效应。

最后，也有一些研究从福利耻感的角度来解释农村低保瞄准偏误的形成原因。例如，基于中南部一个村庄的田野调查资料，李棉管和沃克（Li and Walker，2017）深入分析了福利耻感在农村低保瞄准过程中的重要影响。一方面，市场化导向的改革使得经济地位逐渐成为中国农村社会分层的基础，这使得"贫穷"变成了一个能够引发耻感的标签。对于那些真正的贫困家庭，为了避免低保会带来的与贫穷标签相关联的耻感，他们有时会倾向于不去申请低保。另一方面，尽管非贫困农户获得低保会使他们遭受与滥用福利或破坏公正相关联的耻感，但是一些文化层面的因素会使得这些错保农户能够有效消解上述耻感。其一，在以"差序格局"为特征的乡村社会关系模式下，通过"关系"获得低保被认为是亲戚朋友之间责任和义务的实现。其二，在集体主义的影响下，仍然有不少村民认为低保是国家给所有集体成员的福利，因此不管贫困与否，所有人都有权利申请低保。最终，与贫困标签相关的耻感就导致了漏保偏误，而与滥用福利或破坏公正相关的耻感被有效消解又导致了错保偏误。但是到目前为止，福利耻感对农村低保瞄准偏误的影响仍然没有得到严格的定量检验。

（三）　瞄准偏误的破解策略

在探明农村低保瞄准偏误主要原因的基础上，少数学者试图基于实证方法提出破解瞄准偏误的有效策略。张翔和张晓鑫（2017）通过对 2012 年和 2014 年 CFPS 数据的分析发现，农户电力消费与其家庭收入之间存在非常强的相关关系。因此，其尝试通过家庭电力消费排序法辨别现有低保户中的错保家庭。在设置的复查模型中，发现采用家庭电力消费排序法能够有效降低农村低保的错保率。考虑到电力消费数据精确完善、不易操控、调查成本低廉，认为将电力消费信息纳为贫困识别指标能够显著改善农村低保的瞄准效果。韩华为和高琴（2018）则基于 OLS 回归模型和分位数回归模型构建了系统的代理家计调查框架。在此基础上，他们还进一步使用 2013 年 CHIP 数据检验了这些代理家计调查框架在改善农村低保瞄准效果方面的表现。结果表明，采用代理家计调查瞄准方法时，农村低保的瞄准偏误显著降低。代理指标较为客观、不易操纵，这不仅降低了行政成本，而且还能有效地避免瞄准过程中的精英俘获效应。因此，指出将代理家计调查方法嵌入当前的低保瞄准实践中是未来破解低保瞄准偏误的重要策略。

五、农村低保的行为激励效应

一些特有的政策设置使得农村低保可能对相关个体的行为产生负向激励。首先，农村低保通过家计调查来确定低保对象，并且按照家庭人均收入低于低保标准的差额进行补差式救助。这意味着与低保相关的边际税率高达 100％，此时救助前收入任何数额的增加都会导致低保金相同数额的减少。在这样的条件下，农村低保会对所有有助于提高受助者救助前收入的行为产生潜在的负向激励。其次，在确定救助资格时，农村低保与多种专项救助相捆绑。在这样的政策安排下，低保户不仅可以按期获得现金救助，而且还可以获得医疗、教育、住房等诸多方面的专项救助。"福利捆绑"大大提高了农村低保的总体待遇水平，而较高的福利待遇水平可能导致更为严重的负向行为激励。最后，农村低保通过公共监督机制来改善瞄准效果，公共监督所引发的福利耻感也可能对受助者的行为产生潜在影响。

目前关于农村低保负向行为激励的实证研究还比较少，这些文献主要从就业行为、私人转移支付行为和诱惑性商品消费行为三个角度探讨了农村低保可能存在的负向行为激励效应。就业行为方面，一些研究通过考察农村低保对工资性收入的影响间接检验这种激励效应。基于 2012 年和 2014 年 CFPS 数据，采用双重差分和倾向值匹配相结合的计量方法，江克忠等（2019）实证检验了农村低保对不同来源家庭收入的影响效应。研究结果表明，农村低保导致受助家庭人均工资性收入的增长率下降了 38.6%。还有一些研究直接考察了农村低保对受助家庭成员就业意愿、就业参与概率和就业时间的影响。例如，韩华为（2019）使用 2012 年和 2014 年 CFPS 数据考察了农村低保对有劳动能力受助对象的就业激励效应。结果发现，获得农村低保会显著降低受助者的就业参与概率，当纳入就业意愿信息之后，农村低保的负向就业激励效应仍然表现得非常显著。高琴等（Gao et al.，2015）采用 2010 年 CFPS 数据和倾向值匹配方法考察了农村低保对受助家庭户主时间利用模式的影响，结果发现，获得农村低保导致受助家庭户主在每个工作日的劳动时间下降 0.38 小时。综上所述，从就业收入、就业意愿、就业参与概率和就业时间多个角度的实证研究都一致表明，农村低保会对受助家庭成员的就业行为产生显著的负向激励效应。

来自其他发展中国家的大量证据表明，公共减贫项目会对亲友向受助者的私人转移行为产生负向激励，该效应会通过挤出私人转移支付而削弱项目的整体福祉效应（Cox and Jimenez，1992；Jensen，2004；Amuedo-Dorantes and Juarez，2015）。那么，作为一种以减贫为主旨的公共转移支付项目，农村低保是否会产生类似的效应呢？现有文献中，只有朱炯（2018）对该问题进行了较为严格的实证分析。基于 2014 年 CFPS 数据和模糊断点回归方法，朱炯（2018）考察了获得农村低保对受助家庭来自亲友的私人转移支付水平的影响。实证结果表明，农村低保使得受助家庭所获私人转移支付总额提高了 57.2%。这说明农村低保不仅没有挤出私人转移支付，而且还带动了私人转移支付的提高。进一步的，作者认为私人转移的"交换动机"是导致该结果的主要原因。然而，受到数据约束，该研究未能更细致地考察农村低保对不同来源（如来自子女、亲戚、朋友等）私人转移的影响，这不仅限制了"交换动机"理论对实证结论的解释力度，而且也削弱了该研究结论的政策相关性。因此，该主题的研究需要基于更契合的数据和与之相匹配的实证方法进行拓展。

农村低保的负向行为激励还可能体现在刺激受助者消费更多的诱惑性商品。高琴等（Gao et al.，2015）发现获得农村低保会显著提高受助者的闲散时间。更多时间无所事事可能引发受助者对烟酒等诱惑性商品的消费。但是，韩华为等（Han et al.，2016）在考察农村低保对受助家庭的消费模式后却发现，获得低保显著降低了受助家庭的烟酒消费支出。作者认为，之所以出现该结论，主要原因在于农村地区的烟酒消费往往和参与社会活动有密切的联系。为了避免遭到质疑和非议，也为了缓解低保引发的福利耻感，受助者往往有意降低其参与社会活动的频率，这有效地抑制了农村低保对烟酒消费行为的激励效应。

六、总结和展望

本章构建了一个理解农村低保政策效果的分析框架，并基于该框架从福祉效应、瞄准效果和行为激励三个角度系统综述了农村低保效果评估文献。通过总结现有文献可以得出如下几点共识：第一，物质福祉效应方面，农村低保不仅能够显著降低受助者的收入贫困，而且也可以有效促进其食品、居住、教育和医疗等基本需求领域的消费支出。第二，关系福祉效应方面，尽管农村低保能够提升受助者的政府信任和对政府的评价，但是却对受助者的社会参与和社会信任存在负面影响。第三，农村低保存在较高的瞄准偏误，无论是对象瞄准效果还是补差瞄准效果都不够理想。第四，贫困识别、精英俘获和福利耻感是农村低保瞄准偏误较高的三个重要原因。开发代理家计调查指标框架，并将其纳入现有政策实践是改善低保瞄准效果的有效途径。第五，在现有的低保政策设置下，农村低保对有劳动能力的受助家庭成员存在显著的负向就业激励。

已有文献对农村低保政策效果做出了较为充分的评估研究，这些研究不仅促进了对公共转移支付政策作用机制的理论认识，而且也为优化农村低保政策设置提供了有力的实证支持。尽管如此，相关研究仍然需要在下述几个方面进行拓展。

　　首先，对农村低保福祉效应的实证研究仍需完善。在物质福祉方面，现有文献主要考察了农村低保对收入贫困和消费支出的影响，但是对营养、健康和教育等其他物质福祉领域的影响效应却还未得到直接检验。对收入贫困和消费支出的影响反映了农村低保的短期福祉效应，而农村低保对营养、健康和教育的影响还可能通过人力资本投资机制体现为长期福祉效应。探讨这些长期福祉效应有助于理解农村低保在克服贫困代际传递方面的作用。在关系福祉方面，现有文献主要研究了农村低保对受助对象与家庭外部主体关系的影响，未来研究需要进一步考察农村低保对家庭内部关系福祉的影响。例如，农村低保对家庭暴力、婚姻质量、亲子关系等方面的影响都是重要的研究主题。在主观福祉方面，现有文献对该问题的研究较少，而且研究结论存在较大分歧，未来需要基于高质量调查数据和更严格的因果识别策略来深入拓展。

　　其次，对农村低保瞄准效果的评估分析亟须拓展。为了密切监测农村低保瞄准效果的动态变化，未来需要基于更新的具有全国代表性的调查数据做跟踪性评估。此外，对农村低保瞄准偏误原因的探究还需要进一步深化，特别是精英俘获和福利耻感对农村低保瞄准效果的影响需要展开更严格的定量检验。最后，探索如何建立多种瞄准策略的协同作用机制，进而有效破解农村低保瞄准偏误问题仍然是未来研究的重要方向。

　　再次，对农村低保行为激励效应的研究有待深化。现有文献对农村低保的就业激励效应有较多研究，但是对低保引致的私人转移行为激励和诱惑性消费行为激励的考察却非常薄弱。在私人转移激励方面，未来需要针对不同方向、不同类型的私人转移做更为细致的分析。比如，不仅需要检验农村低保对亲友给予受助者私人转移的影响，而且还要检验农村低保对受助者给予亲友私人转移的影响。针对来自父母、子女、其他亲戚、朋友等不同类型的私人转移，农村低保对它们的影响效应可能存在显著的差异，因此需要对它们展开更精细化的分析。在诱惑性商品消费激励方面，现有文献还没有严格检验农村低保对受助者吸烟和饮酒行为的影响，该空白有待于采用恰当的数据和计量方法予以填补。

　　最后，农村低保的政策效果在不同群体中可能存在显著的异质性，未来研究需要针对不同群体展开更深入的考察。其中，儿童、老年人、残疾人、重慢病患者等传统弱势群体应该成为重要关注对象，考察农村低保对这些群体的政策效果将成为未来研究的重点。2020 年之后，中国扶贫事业将进入"后脱贫时代"。彼时，中国农村贫困将呈现出更显著的结构性特征。其中，儿童贫困、老年贫困、残疾人和重慢病患者的贫困将是结构性贫困中最突出的方面。如何通过农村低保在内的兜底扶贫手段来改善这些高贫困风险群体的福祉水平将是未来重要的研究课题。

参考文献

[1] 程中培 . 农村低保制度"福利污名"效应研究：基于"中国家庭追踪调查"数据的分析 [J]. 社会建设，2019（6）.

[2] 都阳，蔡昉 . 中国农村贫困性质的变化与扶贫战略调整 [J]. 中国农村观察，2005（5）.

[3] 韩华为 . 农村低保户瞄准中的偏误和精英俘获：基于社区瞄准机制的分析 [J]. 经济学动态，2018（2）.

[4] 韩华为 . 农村低保会引致负向就业激励吗？基于 CFPS 面板数据的实证检验 [J]. 人口学刊，2019（6）.

[5] 韩华为，陈彬莉 . 中国农村低保制度的政治社会效应：基于 CFPS 面板数据的实证研究 [J]. 农业经济问题，2019（4）.

[6] 韩华为，高琴 . 中国农村低保制度的保护效果研究：来自中国家庭追踪调查（CFPS）的经验证据 [J]. 公共管理学报，2017（2）.

[7] 韩华为，高琴 . 代理家计调查与农村低保瞄准效果：基于 CHIP 数据的分析 [J]. 中国人口科学，2018（3）.

[8] 韩华为，徐月宾 . 农村最低生活保障制度的瞄准效果研究：来自河南、陕西省的调查 [J]. 中国人口科学，2013（4）.

[9] 韩华为，徐月宾 . 中国农村低保制度的反贫困效应研究：来自中西部五省的经验证据 [J]. 经济评论，2014（6）.

[10] 江克忠，王洪亮，陈葵花 . 中国农村低保的收入激励效应研究 [J]. 学术研究，2019（5）.

[11] 李振刚 . 普惠性抑或选择性：农村收入保障制度对农村老年人贫困的影响——来自贵州的经验证据 [J]. 中共福建省委党校学报，2018

(10).

[12] 梁土坤. 低保政策、家庭结构与贫困人口幸福感 [J]. 现代经济探讨, 2019 (5).

[13] 梁晓敏, 汪三贵. 农村低保对农户家庭支出的影响分析 [J]. 农业技术经济, 2015 (11).

[14] 刘凤芹, 徐月宾. 谁在享有公共救助资源？中国农村低保制度的瞄准效果研究 [J]. 公共管理学报, 2016 (1).

[15] 檀学文, 吴国宝. 福祉测量理论与实践的新进展："加速城镇化背景下福祉测量及其政策应用"国际论坛综述 [J]. 中国农村经济, 2014 (9).

[16] 汪三贵. 中国 40 年大规模减贫：推动力量与制度基础 [J]. 中国人民大学学报, 2018 (6).

[17] 解垩. 中国农村最低生活保障：瞄准效率及消费效应 [J]. 经济管理, 2016 (9).

[18] 谢治菊. 农村最低生活保障制度与农民对政府信任的关系研究：来自两次延续性的调查 [J]. 中国行政管理, 2013 (6).

[19] 乐章, 程中培. 收入是低保制度的唯一认定标准吗？基于政策文本与中国家庭追踪调查数据的分析 [J]. 学习与实践, 2017 (7).

[20] 张昊. 农村低保评审乱象的成因及治理：基于定性定量混合研究方法的分析 [J]. 中国农村观察, 2017 (1).

[21] 张翔, 张晓鑫. 家庭电力消费、家庭收入与最低生活保障制度的瞄准率 [J]. 中国人口科学, 2017 (2).

[22] 朱炯. 私人转移支付的"利他动机"与"交换动机"：基于农村"低保"政策的自然实验证据 [J]. 经济科学, 2018 (5).

[23] 朱梦冰, 李实. 精准扶贫重在精准识别贫困人口：农村低保政策的瞄准效果分析 [J]. 中国社会科学, 2017 (9).

[24] Abadie, A., & Imbens, G. (2006). Large sample properties of matching estimators for average treatment effects. *Econometrica*, 74, 235–267.

[25] Alatas, V., Banerjee, A., Hanna, R., Olken, B., & Tobias, J. (2012). Targeting the poor: Evidence from a field experiment in Indonesia. *American Economic Review*, 102 (4), 1206–1240.

［26］Alzúa, M. , Cruces G. , & Ripani L. (2013). Welfare programs and labor supply in developing countries: Experimental evidence from Latin America. *Journal of Population Economics*, 26 (4), 1255 – 1284.

［27］Amuedo-Dorantes, C. , & Juarez L. (2015). Old-age government transfers and the crowding out of private gifts: The 70 and above program for the rural elderly in Mexico. *Southern Economic Journal*, 81 (3), 782 – 802.

［28］Asfaw, S. , Davis, B. , Dewbre, J. , Handa, S. , & Winters, P. (2014). Cash transfer programme, productive activities and labour supply: Evidence from a randomised experiment in Kenya. *Journal of Development Studies*, 50 (8), 1172 – 1196.

［29］Attanasio, O. , Pellerano, L. , & Sandra Polanía Reyes. (2009). Building trust? Conditional cash transfer programmes and social capital. *Fiscal Studies*, 30 (2), 139 – 177.

［30］Baird, S. , Ferreira, F. , Özler, B. , & Woolcock M. (2013). Relative effectiveness of conditional and unconditional cash transfers for schooling outcomes in developing countries: A systematic review. *Campbell Systematic Reviews*, 9 (1), 1 – 124.

［31］Banerjee, A. , Hanna, R. , Kreindler, G. , & Olken, B. (2017). Debunking the stereotype of the lazy welfare recipient: Evidence from cash transfer programs. *World Bank Research Observer*, 32 (2), 155 – 184.

［32］Barrientos, A. (2013). *Social assistance in developing countries*. Cambridge, UK: Cambridge University Press.

［33］Besley, T. , Pande, R. , & Rao, V. (2012). Just rewards? Local politics and public resource allocation in South India. *World Bank Economic Review*, 26 (2), 191 – 216.

［34］Caeyers, B. , & Dercon, S. (2012). Political connections and social networks in targeted transfer programs: Evidence from rural ethiopia. *Economic Development and Cultural Change*, 60 (4), 639 – 675.

［35］Case, A. , & Deaton, A. (1998). Large cash transfers to the elderly in South Africa. *Economic Journal*, 108 (450), 1330 – 1361.

［36］Chen, J., & Yang, L. (2016). Poverty and shame: Interactional impacts on claimants of Chinese Dibao. *International Journal of Social Quality*, 6 (2), 18 – 34.

［37］Coady, D., Grosh M., & Hoddinott, J. (2004). *Targeting of transfers in developing countries: Review of lessons and experience*. Washington, D. C.: The World Bank.

［38］Covarrubias, K., Davis, B., & Winters, P. (2012). From protection to production: Productive impacts of the Malawi Social Cash Transfer Scheme. *Journal of Development Effectiveness*, 4 (1), 50 – 77.

［39］Cox, D., & Jimenez, E. (1992). Social security and private transfers in developing countries: The case of Peru. *World Bank Economic Review*, 6 (1), 155 – 169.

［40］Cunha, J. (2014). Testing paternalism: Cash versus in-kind transfers. *American Economic Journal: Applied Economics*, 6 (2), 195 – 230.

［41］de Brauw, A., Gilligan, D., Hoddinott, J., & Roy, S. (2015). Bolsa Família and household labor supply. *Economic Development and Cultural Change*, 63 (3), 423 – 457.

［42］Devereux, S., & McGregor, J. (2014). Transforming social protection: Human wellbeing and social justice. *European Journal of Development Research*, 26 (3), 296 – 310.

［43］Drucza, K. (2016). Cash transfers in Nepal: Do they contribute to social inclusion? *Oxford Development Studies*, 44 (1), 49 – 69.

［44］Edmonds, E. (2005). Targeting child benefits in a transition economy. *Economics of Transition and Institutional Change*, 13 (1), 187 – 210.

［45］Evans, D., & Popova, A. (2017). Cash transfers and temptation goods. *Economic Development and Cultural Change*, 65 (2), 189 – 221.

［46］Foster, J., Greer, J., & Thorbecke, E. (1984). A class of decomposable poverty measures. *Econometrica*, 52 (3), 761 – 766.

［47］Galama, T., Morgan, R., & Saavedra, J. (2017). *Wealthier, happier and more self-sufficient: When anti-poverty programs improve economic and sub-*

jective wellbeing at a reduced cost to taxpayers. NBER Working Paper No. 24090.

［48］Galasso, E., & Ravallion, M. (2005). Decentralized targeting of an antipoverty program. *Journal of Public Economics*, 89 (4), 705 – 727.

［49］Gao, Q. (2017). *Welfare, work, and poverty: Social assistance in China.* New York: Oxford University Press.

［50］Gao, Q. & Zhai, F. (2017). Public assistance, economic prospect, and happiness in urban China. *Social Indicators Research*, 132, 451 – 473.

［51］Gao, Q., Wu, S., & Zhai, F. (2015). Welfare participation and time use in China. *Social Indicators Research*, 124, 863 – 887.

［52］Gassmann, F., & Trindade, L. (2019). Effect of means-tested social transfers on labor supply: Heads versus spouses-An empirical analysis of work disincentives in the Kyrgyz Republic. *European Journal of Development Research*, 31 (2), 189 – 214.

［53］Golan, J., Sicular, T., & Umapathi, N. (2017). Unconditional cash transfers in China: Who benefits from the Rural Minimum Living Standard Guarantee (Dibao) Program? *World Development*, 93, 316 – 336.

［54］Grosh, M., del Ninno, C., Tesliuc, E., & Ouerghi, A. (2008). *For protection and promotion: The design and implementation of effective safety nets.* Washington, D. C.: The World Bank.

［55］Gutierrez, E., Juarez, L., & Rubli, A. (2017). The effect of a transfer program for the elderly in Mexico City on co-residing children's school enrollment. *World Bank Economic Review*, 31 (3), 809 – 828.

［56］Han, H., & Gao, Q. (2019a). Community-based welfare targeting and political elite capture: Evidence from rural China. *World Development*, 115, 145 – 159.

［57］Han, H., & Gao, Q. (2019b). Does welfare participation improve life satisfaction? Evidence from panel data in rural China. *Journal of Happiness Studies*, 21, 1795 – 1822.

［58］Han, H., Gao, Q., & Xu, Y. (2016). Welfare participation and family consumption choices in rural China. *Global Social Welfare*, 3 (4), 223 – 241.

[59] Haushofer, J., & Shapiro, J. (2016). The short-term impact of unconditional cash transfer to the poor: Experimental evidence from Kenya. *The Quarterly Journal of Economics*, 131 (4), 1973 – 2042.

[60] Hidrobo, M., Peterman, A., & Heise, L. (2016). The effect of cash, vouchers, and food transfers on intimate partner violence: Evidence from a randomized experiment in northern Ecuador. *American Economic Journal: Applied Economics*, 8 (3), 284 – 303.

[61] Huang, X., & Gao, Q. (2019). Alleviating poverty or discontent: The impact of social assistance on Chinese citizens' views of government. *China: An International Journal*, 17 (1), 76 – 95.

[62] Jensen, R. T. (2004). Do private transfers "displace" the benefits of public transfers? Evidence from South Africa. *Journal of Public Economics*, 88 (1 – 2), 89 – 112.

[63] Kakwani, N., Li, S., Wang, X., & Zhu, M. (2019). Evaluating the effectiveness of the Rural Minimum Living Standard Guarantee (Dibao) Program in China. *China Economic Review*, 53, 1 – 14.

[64] Kilburn, K., Handa, S., Angeles, G., Tsoka, M., & Mvula, P. (2018). Paying for happiness: Experimental results from a large cash transfer program in Malawi. *Journal of Policy Analysis and Management*, 37 (2), 331 – 356.

[65] Kuhn, L., Brosig, S., & Zhang, L. (2016). The brink of poverty: Implementation of a social assistance programme in rural China. *Journal of Current Chinese Affairs*, 45 (1), 75 – 108.

[66] Li, M., & Walker, R. (2017). Shame, stigma and the take-up of social assistance: Insights from rural China. *International Journal of Social Welfare*, 26, 230 – 238.

[67] Li, M., & Walker, R. (2018). Targeting social assistance: Dibao and institutional alienation in rural China. *Social Policy & Administration*, 52 (3), 771 – 789.

[68] MacAuslan, I., & Riemenschneider, N. (2011). Richer but resented: What do cash transfers do to social relations? *IDS Bulletin*, 42 (6), 60 – 66.

[69] Maitra, P. , & Ray, R. (2003). The effect of transfers on household expenditure patterns and poverty in South Africa. *Journal of Development Economics*, 71 (1), 23 – 49.

[70] McGregor, J. (2007). Researching wellbeing: From concepts to methodology. In Gough, I. , & McGregor, J. (Eds.), *Wellbeing in Developing Countries: From Theory to Research* (pp. 316 – 350). Cambridge: Cambridge University Press.

[71] McGregor, J. , & Pouw, N. (2017). Towards an economics of wellbeing. *Cambridge Journal of Economics*, 41 (4), 1123 – 1142.

[72] Miller, C. , Tsoka, M. , & Reichert, K. (2011). The impact of the social cash transfer scheme on food security in Malawi. *Food Policy*, 36 (2), 230 – 238.

[73] Qi, D. , & Wu, Y. (2018). Does welfare stigma exist in China? Policy evaluation of the Minimum Living Security System on recipients' psychological health and wellbeing. *Social Science & Medicine*, 205, 26 – 36.

[74] Ranganathan, M. , & Lagarde, M. (2012). Promoting healthy behaviours and improving health outcomes in low and middle income countries: A Review of the impact of conditional cash transfer programmes. *Preventive Medicine*, 55, S95 – S105.

[75] Ravallion, M. (2008). Miss-targeted or miss-measured? *Economics Letters*, 100 (1), 9 – 12.

[76] Sen, A. (1999). *Development as freedom*. Oxford: Oxford University Press.

[77] Skoufias, E. , & Di Maro, V. (2008). Conditional cash transfers, adult work incentives, and poverty. *Journal of Development Studies*, 44 (7), 935 – 960.

[78] Stiglitz, J. , Sen, A. & Jean-Paul Fitoussi (2010). *Mismeasuring our lives: Why GDP doesn't add up*. New York: The New Press.

[79] Taaffe, J. , Longosz A. , & Wilson, D. (2017). The impact of cash transfers on livelihoods, education, health and HIV: What's the evidence? *Development Policy Review*, 35 (5), 601 – 619.

[80] Wang, Y. , Gao, Q. & Yang, S. (2019). Prioritising health and

food: Social assistance and family consumption in rural China. *China*: *An International Journal*, 17 (1), 48 – 75.

[81] World Bank. (2018). *The state of social safety nets* 2018. Washington, DC: The World Bank.

[82] Zhao, L., Guo, Y., & Shao, T. (2017). Can the minimum living standard guarantee scheme enable the poor to escape the poverty trap in rural China? *International Journal of Social Welfare*, 26, 314 – 328.

后　　记

本书收录了笔者近几年发表的 11 篇学术论文。这些论文从瞄准效果、减贫效应和行为激励三个角度对中国农村低保制度展开了系统性实证分析。2011 年入职北京师范大学社会发展与公共政策学院后不久，我就参与了徐月宾教授主持的"增强中国农村社会救助制度反贫困功能研究"课题。在参与这个课题过程中，我对贫困及减贫政策相关的问题逐渐萌生了强烈的兴趣。近 10 年间，我一直专注于中国农村贫困和减贫政策效果评估方面的研究。本书收录的 11 篇论文正是我在上述领域科研工作的一个总结。本书能以成型，得益于很多人的无私帮助。在这里，我要特别感谢三位论文合作者：哥伦比亚大学社会工作学院的高琴教授、北京师范大学社会发展与公共政策学院的徐月宾教授和陈彬莉博士。感谢三位老师慷慨地允许我将这些文章收录于本书。在与他们的合作研究中，我受益匪浅。在完成这些研究过程中，我得到学院各位领导和同事的大力支持。感谢他们的帮助，使我能在社会发展与公共政策学院这个大家庭中自由而专心地展开科研工作。

另外，本书所含各项研究得到下述资助：国家自然科学基金青年项目（71703008）、国家留学基金项目（201706045025）、中央高校基本科研业务费专项资金项目（2012WYB14）、北京师范大学青年教师社会科学研究基金项目（105502GK）。北京师范大学中国收入分配研究院主持的中国家庭收入调查（CHIP）、北京大学社会科学调查中心主持的中国家庭追踪调查（CFPS）和北京大学国家发展研究院主持的中国健康与养老追踪调查（CHARLS）为本书实证研究提供了高质量的数据资料。此外，亚洲开发银行和国家民政部所资助的中西部五省农户调查也为本书一些章节提供了不可或缺的数据资料。我们在此一并致谢。

在本书编辑过程中，我们基本保持了各篇论文在发表时的原貌，只是在行文和技术细节上稍有改动。为保证各篇论文在阅读上的独立性和流畅性，个别内容会略有重复。感谢发表这些论文的期刊惠允文章结集出版，并衷心感谢《中国人口科学》杂志社朱犁老师，《公共管理学报》杂志社王鸿谦老师、黄欣卓老师，《经济学动态》杂志社何伟老师，《经济评论》杂志社彭爽老师、赵锐老师，《农业经济问题》杂志社方静老师，《人口学刊》杂志社李新伟老师，《社会保障评论》杂志社郭林老师、李莹老师，《劳动经济研究》杂志社贾朋老师等在论文编辑中付出辛劳以及对我科研工作的长期支持。本书出版承北京师范大学社会发展与公共政策学院学科建设经费资助，特此致谢。

韩华为

2020 年 7 月 29 日

于京郊寓所